응답하라
한국사
1

응답하라 한국사 1

1판 1쇄 발행 2014년 8월 8일
1판 2쇄 발행 2017년 3월 31일

지은이 김은석
펴낸이 김승희
펴낸곳 도서출판 살림터

기획 정광일
편집 조현주
디자인 김경수

인쇄 · 제본 (주)현문
종이 월드페이퍼(주)

주소 서울시 영등포구 양평로21가길 19 선유도 우림라이온스밸리 1차 B동 512호
전화 02-3141-6553
팩스 02-3141-6555

출판등록 2008년 3월 18일 제313-1990-12호
이메일 gwang80@hanmail.net
블로그 http://blog.naver.com/dkffk1020

ISBN 978-89-94445-68-7 (03910)

선사시대부터 조선 후기까지

응답하라
한국사

1

김은석 지음

살림터

저는 1998년 역사 교사가 되어 현재까지 아이들이 올바른 역사관을
가질 수 있도록 열심히 가르치고 있습니다. 그리고 1999년부터 '김은석
의 역사 충격(gulliber.njoyschool.net)'이라는 역사 학습 누리집을 운영해왔
습니다. 역사 만화, 역사 플래시, 역사 뉴스, 역사 광고, 역사 동영상 등의
메뉴 등을 통해 우리 역사를 한층 더 재미있게 배울 수 있는 자료를 공
유해왔습니다. 또 문제은행에서는 제가 출제한 수능형 문제들을 공유해
왔습니다. 현재 수능에서도 출제되고 있는 만화, 연극, 신문, 가상 일기,
답사, 가상 체험 등을 이용한 문제를 출제하고, 영화나 드라마 대사가 등
장하는 문제도 출제해오고 있습니다.

제가 그동안 이렇게 다양한 형식을 이용한 시험문제 출제나 자료 공
유 등을 해온 이유는 살아 있는 역사 수업을 해야 한다는 생각 때문이었
습니다. 학생들은 옛날 역사책 같은 사료(史料)를 직접 접하는 것보다는
만화, 연극, 신문, 영화, 드라마 등으로 역사를 접하는 경우가 더 많을 것
입니다. 그렇기 때문에 우리가 현재 살아가고 있는 삶 속에서 생생하게
숨 쉬는 역사를 배우는 것이 더 중요하고 의미 있으며, 재미도 있으리라
고 생각합니다.

저는 수업시간에 역사와 관련된 다양한 수업자료를 활용해왔으며, 지

금까지의 교직 경력에서 얻은 경험을 통해 우리 역사의 흐름을 정리할 수 있었습니다. 학생들이 이해하기 쉬운 방식으로 설명하고 프린트로 정리하여 수업시간에 실제로 사용해본 결과 학생들의 반응이 좋았고 성적도 향상되었습니다. 그래서 이러한 자료들을 정리하여 2009년 『즐거운 국사 수업(고등 편)』과 『즐거운 한국 근현대사 수업』을 출간하였습니다. 그리고 2014년부터 사용되는 새 한국사 교과서들의 내용에 맞춘 개정판을 이렇게 출간하게 되었습니다. 이 책의 내용과 특징을 살펴보면 다음과 같습니다.

저는 2014년부터 사용되는 새 한국사 교과서들을 검토하면서 기존의 교과서들과 마찬가지로 새 한국사 교과서들도 너무 어려운 단어, 자세한 설명이 없는 사실들의 나열로 이루어진 어려운 교과서라는 것을 다시 한 번 느꼈습니다. 그리고 제 책을 다시 개정하면서 좀 더 쉽고 재미있게 역사를 설명하려고 노력하였습니다. 그런 가운데 2013년 tvN에서 방송된 드라마 「응답하라 1994」를 보면서 1994년으로 돌아가 20년 전의 삐삐, PC통신 등의 추억과 북한 핵 위기, 김일성 사망, 삼풍백화점 붕괴 사고, 1997년 외환위기, 2002 월드컵 등의 역사적 사건들을 다시 떠올릴 수 있었습니다.

드라마 「응답하라 1994」는 지방 각지에서 올라온 94학번 대학 신입생들이 '신촌하숙'에서 하숙을 하며 한 가족처럼 살면서 벌어진 이야기들을 재미있게 묘사한 드라마입니다. 이 드라마는 1994년부터 시작되는 과거와 2013년 현재를 오가며 이야기를 풀어가는 구조입니다. 특히 현재 여자 주인공의 남편은 감추면서 마지막회에 밝혀지게 하여 시청자들의 관심을 끌어들였습니다. 이러한 '남편 찾기'의 중요한 힌트이자 복선들이 과거와 현재를 오가며 제시가 되죠. 그리고 마지막회에 남편이 밝혀지면서 이 모든 복선들이 이해가 됩니다.

「응답하라 1994」는 기본적으로 역사의 특성을 바탕으로 한 드라마입니다. 흔히 역사는 '과거와 현재의 대화'라고 합니다. 이 드라마는 1994년부터 시작되는 과거와 2013년 현재를 왔다 갔다 보여주면서 과거의 사건이 현재의 결과에 어떤 영향을 주었는가를 재미있게 이야기해줍니다. 다시 말해 「응답하라 1994」는 현재의 친구들이 '신촌하숙'의 하숙생으로 한솥밥을 먹게 된 1994년을 시작으로 2013년 현재까지의 이야기를 '과거와 현재의 대화'를 통해 '남편(역사) 찾기'를 한 역사 드라마라고 할 수 있죠.

이 책은 「응답하라 1994」의 이야기 구조가 기본적으로 역사를 이해하는 데에도 큰 도움이 된다는 점에 착안하여 편집되었습니다. 예를 들어 이 책의 2권 근현대사 편의 '응답하라 1894'는 동학농민운동에서 시작하여 갑오개혁, 청·일 전쟁, 삼국간섭, 을미사변, 을미개혁, 아관파천으로 이어지는 역사적 사건들이 서로 어떻게 영향을 주었으며, 어떠한 역사적 계기가 있었는지 살펴보는 형식으로 이루어집니다. 즉 역사적 계기가되는 중요한 연도를 중심으로 한국사의 흐름이 어떻게 이어졌는지를 살펴보는 이야기 구조입니다. 또한 이 책은 학생들이 이해하기 쉽게 설명하는 방식으로 되어 있습니다. 학생들이 잘 모르거나 이해하기 어려운 내용은 괄호 안에 더 자세하게 덧붙이고, 문답식·대화식으로 설명하였으며, 또한 누구나 쉽게 접할 수 있는 드라마나 영화를 통해 역사를 이해할 수 있는 '영화와 드라마로 역사 읽기'를 중간중간에 배치하여 더욱 재미있게 한국사를 읽을 수 있습니다.

이 책을 통해 많은 학생들이 우리 역사를 재미있게 공부할 수 있었으면 하고 소망합니다. 그리고 우리가 살고 있는 현재도 살아 숨 쉬는 역사의 일부라는 것을 잊지 말았으면 좋겠습니다. 사람들에게 가장 중요한 것은 현재입니다. 그래서 현재를 어떻게 살 것인가를 깊이 생각해야 합니다. 우리는 미래를 경험하지 못했기 때문에 과거를 반성하여 교훈을 얻고 현재를 어떻게 살아야 하고 미래를 어떻게 준비해야 하는지를 깨달을 수 있습니다.

역사적인 시각으로 볼 때 우리는 현재에만 존재하는 것이 아니라 과거에도 미래에도 존재합니다. 우리가 어떻게 살아왔는지를 반성하고 미래의 우리와 후손들을 위해 어떻게 살아야 할 것인지를 생각할 때 우리는 보다 나은 현재를 살 수 있을 것입니다. 아이들이 역사를 즐겁게 배우며 우리 민족의 과거, 현재, 미래를 생각하며 올바른 삶을 살아갈 수 있기를 바라며 이 책이 조금이라도 도움이 되었으면 좋겠습니다. 끝으로 이 책이 개정 출판될 수 있도록 많은 도움을 주시고, 애를 쓰신 도서출판 살림터 여러분께 깊은 감사의 말씀을 전합니다.

2014년 7월

김은석

차례

Ⅱ

응답하라 고려시대

응답하라 조선시대

I.

응답하라

선사시대 ~ 남북국시대

1.
응답하라
구석기시대~신석기시대

■ 사냥감이 있는 곳에
　우리가 있다

　　　　　　　　　　할리우드 영화 「투모로우」는 현대에
갑자기 빙하기가 시작된다면 어떤 일이 벌어질 것인가를 보여주는 재미
있는 영화입니다. 과학자들의 연구에 의하면 지구에는 여러 차례 빙하기
가 나타났다고 합니다. 그리고 지금 우리가 살고 있는 시대는 간빙기, 즉
빙하기와 빙하기 사이에 있는 따뜻한 시기입니다. 그런데 간빙기가 시작
된 것이 지금으로부터 약 1만 년 전입니다. 지금이 2014년이니까 기원전
8000년경입니다. 그리고 신석기시대 역시 기원전 8000년경 시작되었습
니다. 왜 이때 신석기시대가 시작되었을까요?

　　약 1만 년 전 추운 빙하기가 끝나고 간빙기가 다시 시작되어 기후가
따뜻해졌습니다. 날씨가 따뜻해지자 큰 짐승들이 줄어들고 작고 빠른 짐
승들이 늘어났습니다. 그래서 사람들도 작고 빠른 짐승들을 사냥하기 위
해 멀리서도 쏠 수 있는 활을 발명하였죠. 활 이외에도 슴베찌르개(창),
톱, 작살 등이 발명되었는데, 이를 이음 도구라고 합니다. 구석기시대 말

기의 대표적 도구인 슴베찌르개는 슴베(자루 속에 박히는 부분)가 달린 찌르개로 창으로 이용되었습니다. 이음 도구는 잔석기(구석기시대의 석기보다 더욱 작고 정교하게 만들어진 석기)를 나무나 뼈에 꽂아 쓰기 때문에 잔석기와 나무(또는 뼈)를 이어서 만든 도구라는 뜻입니다.

그렇다면 약 1만 년 전까지 인간들은 어떤 도구들을 사용했을까요? 신석기는 '새로운 돌 도구'라는 뜻입니다. 당연히 그 반대는 구석기, 즉 '옛 돌 도구'입니다. 그래서 신석기시대 이전의 시대를 구석기시대라고 합니다. 그리고 우리가 살고 있는 이 땅의 구석기시대는 약 70만 년 전부터 시작되었습니다.

구석기시대는 크게 세 시기로 나뉘는데, 뗀석기를 제작하는 기술의 발전에 따라 전기, 중기, 후기로 구분합니다. 먼저 전기는 하나의 석기로 다양하게 사용하는 시기였는데, 아직까지 석기를 다듬는 기술이 발달하지 못했기 때문에 주먹도끼나 찍개처럼 하나의 석기를 이용하여 사냥할 때, 고기를 자를 때, 가죽을 벗길 때 등 여러 용도로 썼습니다. 중기는 큰 몸돌에서 떼어낸 돌조각들의 모양을 보고 잔손질로 다듬어 필요한 석기를 만드는 시기인데, 석기의 크기가 작아지며 각각의 용도에 맞게 만들어졌습니다. 즉 팔매돌은 멀리 있는 동물을 돌팔매질로 사냥할 때, 긁개는 동물 가죽을 긁어서 벗겨낼 때, 밀개는 동물의 고기를 저미는 등 음식을 조리할 때 쓰였습니다. 후기는 이러한 기술이 더욱 발달하여 만들고 싶은 석기를 원하는 만큼 만들 수 있었습니다. 쐐기를 이용하여 똑같은 모양의 석기를 여러 개 만들 수 있는 시기였죠. 중기에는 깨진 돌조각의 모양을 보고 필요한 도구로 잔손질을 하였다면 후기에는 필요한 도구가 있으면 그 석기를 원하는 대로 만드는 기술이 생겨난 것입니다.

구석기 유적은 평양 상원 검은모루 동굴, 평남 덕천 승리산 동굴, 경기 연천 전곡리, 충북 청원 두루봉 동굴, 충남 공주 석장리 등 전국 곳곳에서 발견되었습니다. 사람 뼈 화석, 동물 뼈 화석, 뗀석기, 동물 뼈로 만든 도구(뼈도구) 등의 유물이 발견되었죠. 또한 동물의 뼈나 뿔로 만든 조각품, 고래와 물고기 등을 새긴 조각 등이 발견되기도 하였는데, 짐승과 물고기가 많이 잡히기를 기원하였던 주술적 의미를 담고 있습니다. 이러한 유적과 유물은 대개 동굴이나 바위 그늘에서 발견되는데, 구석기 사람들이 이러한 장소에서 주로 살았다는 것을 보여줍니다. 또한 구석기시대 후기에는 강가에서 막집 자리가 발견되고 있습니다. 막집은 가운데에 기둥을 세우고 대충 둥글게 담을 세운 후 그 안에서 불을 피우기도 한 인류가 만든 최초의 집입니다.

구석기시대에는 사람들이 큰 동물을 사냥하기 위해 무리를 이루어 협동하였습니다. 사람들이 협동할 수 있게 된 결정적 계기가 바로 언어의 사용이었습니다. 오랜 세월 맹수들에게 잡아먹히던 인간들이 서로 대화하면서 협동을 통해 오히려 덩치 큰 동물들을 잡아먹게 되었던 것이죠. 또한 동물들의 이동이나 나무열매에 따라 사람들도 이동하는 생활을 하였습니다. 도망 다니는 동물들을 잡기 위해, 열매가 많이 달린 나무들을 찾아, 사람들은 돌아다닐 수밖에 없었던 것이죠.

한편, 무리의 모든 사람들은 평등하였지만 지도자는 있었습니다. 구석기시대에는 먹을 것이 부족했기 때문에 전체가 나눠 먹지 않으면 무리가 유지될 수 없었죠. 그래서 사람들은 똑같이 나눠먹는 평등한 사회생활을 하였습니다. 그리고 무리 중에서 경험 많고 지혜로운 사람이 지도자가 되어 무리 사회를 이끌어나갔던 것입니다.

전남 해남 우항리 공룡 발자국 화석 : 수천만 년의 시간이 지난 후에도 역사를 기록하고 있는 화석은 유적과 유물의 힘을 잘 보여주는 유적입니다.

■ 집에서 살며
농사를 짓다

　　　　　　신석기시대는 기원전 8000년경에 시작되었습니다. 신석기는 돌을 갈아서 만들었기 때문에 우리말로 간석기라고 합니다. 신석기시대를 대표하는 또 하나의 유물은 토기입니다. 토기는 말 그대로 흙으로 만든 그릇이죠. 토기는 인간의 문화를 바꾼 혁명적 발명품입니다. 토기를 발명하기 전 인간은 음식을 구워 먹거나 생으로 먹는 두 가지 방법밖에는 몰랐습니다. 그런데 토기는 음식을 삶아 먹거나 쪄서 먹는 등 다양한 요리를 할 수 있게 해주었죠. 음식 문화가 생겨난 것입니다. 또 토기는 음식물을 저장하기 쉽게 만들어주었습니다. 요즘 사람들이 음식을 그릇에 담아놓는 것과 같죠. 구석기시대에는 사냥, 채집 등으로 먹을 것이 생기면 바로바로 먹어버렸습니다. 남겨둘 여유가 없었죠. 하지만 신석기시대부터는 농경과 목축을 함으로써 식량이 남았고, 그러다 보니 보관할 필요성이 생긴 것입니다.

　　우리나라에서 발견되는 토기 중 가장 먼저 만들어진 것은 무늬가 없는 이른바 민무늬토기입니다. 처음 만드는 토기였기 때문에 아직은 무늬를 내는 기술이 없었죠. 이어서 덧무늬토기, 눌러찍기무늬토기, 돋을무늬토기 등이 만들어졌습니다. 그 뒤에 신석기시대의 가장 대표적인 토기라고 할 수 있는 빗살무늬토기가 만들어졌습니다. 바닷가나 강가의 땅은 모래나 부드러운 흙이 많았기 때문에 빗살무늬토기처럼 밑이 뾰족한 그릇을 땅에 묻어서 사용하기 좋았습니다. 신석기시대 유적에서 발견되는 가락바퀴는 실을 만드는 도구이고, 뼈바늘은 옷이나 그물을 꿰매는 도구입니다. 이를 통해 당시 사람들이 옷을 만들어 입고, 그물로 물고기를 잡았다는 것을 알 수 있습니다.

　　구석기시대까지 인간은 자연 그대로의 식물이나 동물을 채집, 사냥하여 먹을 것을 얻었지만 신석기시대부터 인간은 자신의 노동으로 식물, 동물을 생산하여 식량을 얻는 혁명적 변화를 이루었기 때문에 이를 신석기 혁명이라고 합니다. 우리나라에서도 신석기시대부터 좁쌀 등 잡곡을 농사짓기 시작하였다는 것을 유적을 통해 알 수 있어요(황해도 봉산 지탑리, 평양 남경에서 탄화된 좁쌀이 발견되었죠. 또한 여러 신석기시대 유적들에서는 돌괭이, 돌보습, 돌삽, 돌낫 등의 농기구도 발견되었어요). 그런데 구석기시대보다는 그 비중이 줄어들었지만 신석기시대에도 사냥, 물고기 잡이가 농경보다 더 많이 이루어졌습니다. 아직은 농업 생산량이 적었기 때문에 사냥, 물고기 잡이를 통해 여전히 식량을 얻었던 것입니다.

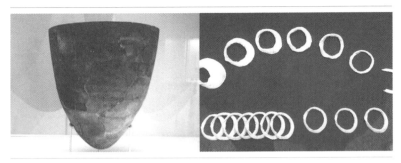

빗살무늬토기(왼쪽)와 조가비로 만든 치레걸이(오른쪽)

신석기시대 유적에서 많이 발견되는 것 중의 하나가 조개더미입니다. 조개더미는 신석기시대의 쓰레기장입니다. 신석기시대 사람들이 쓰레기장에 버린 것들 중에 조개껍데기가 많이 발견되고 있어서 이른바 '조개더미'라고 하죠. 이것은 신석기시대 사람들이 조개류를 많이 먹었다는 증거입니다. 또한 깊은 물속에 사는 조개류도 나오는데, 이것들은 잡기 어려워 귀했기 때문에 당시에 장식으로 이용되곤 하였습니다. 구하기 어려운 금이나 다이아몬드를 반지나 목걸이로 달고 다니는 것과 비슷하답니다.

신석기시대 사람들은 대개 움집에 거주하였습니다. 선사시대 유적지에 가면 움집이 복원되어 있는 경우가 있습니다. 그런데 신석기시대 움집인데 직사각형으로 만들어놓고, 움집 안에는 평평한 바닥으로 되어 있는 경우도 있어요. 신석기시대 움집을 청동기시대 움집으로 잘못 복원한 것이죠. 올바르게 복원한 경우를 살펴보면, 일단 움집 자리를 둥글게 만들거나 사각형의 모서리라도 둥그스름하게 만들어져 있습니다. 움집의 출입문은 남쪽으로 만들어져 있는데, 햇빛을 많이 받는 방향이 남쪽이기 때문이죠. 지금도 사람들은 남향집을 더 좋아하잖아요? 움집 안에 들어가면 땅을 움푹 파서 구덩이처럼 만들었어요. 움집 중앙에는 불을 피웠던 화덕이 복원되어 있죠. 이 화덕으로 맛있게 음식을 조리하여 먹고, 따뜻하게 난방을 하였던 것입니다. 화덕 옆이나 출입문 옆에는 작은 구덩이가 있는데, 이것이 바로 식량과 도구를 보관하던 '저장 구덩'이랍니다. 집터의 규모는 네다섯 명 정도의 사람들이 살기에 적당한 크기로 한 가족이 살았다고 볼 수 있습니다.

신석기시대 사회의 기본 구성단위는 씨족이었습니다. 씨족은 부계(아버지, 할아버지) 중심의 혈연으로 연결된 집단이었고, 족외혼(다른 씨족과의 혼인)을 통하여 부족사회를 이루었어요. 지금도 결혼을 통하여 두 가문이 하나의 친척을 이루는 것처럼 신석기시대에는 결혼을 하는 씨족들끼리 뭉쳐 하나의 부족이 되었던 것이죠. 또한 신석기시대 역시 구석기시대와 마찬가지로 평등한 사회로서 계급이 없었지만 지도자는 있었습니다.

한편, 신석기시대에는 신앙이 시작되었습니다. 애니미즘은 신석기시대에 시작된 농사에 큰 영향을 미치는 자연현상에 대한 숭배입니다. 그때나 지금이나 날씨가 좋지 않으면 농사를 망치는 건 마찬가지입니다. 그래서 날씨와 같은 자연현상을 숭배의 대상으로 삼아 두려워하고, 농사가 잘 되고 풍요롭게 살기를 기원하였던 것입니다. 또 영혼 숭배, 조상 숭배는 죽은 사람의 영혼이나 죽은 조상(부모, 조부모 등)이 자기를 보호해줄 것이라고 믿고 숭배하는 것입니다. 지금도 제사 지내는 집이 많은데, 이러한 신앙이 계승된 것이라고 할 수 있죠. 샤머니즘의 '샤먼'은 '무당'이란 뜻입니다. 현재의 무속 신앙과 같습니다. 무당은 하늘(또는 영혼)을 인간과 연결시켜주는 존재입니다. '무당 무(巫, 하늘과 땅과 사람들을 연결시켜 주는 존재라는 뜻)' 자의 뜻이 이와 같습니다. 그리고 토테미즘은 한마디로 곰이나 호랑이를 자기 부족의 조상으로 생각하고 숭배했던 것입니다.

신석기시대에도 예술품이 만들어졌는데, 흙을 빚어 구운 얼굴 모양, 동물을 형상화한 조각품, 조개껍데기로 만든 가면, 조가비 또는 짐승의 뼈나 이빨로 만든 치레걸이 등이 있어요. 무당이 주술을 부리며 사용했던 것으로 주술적 의미가 있습니다. 이와 같이 구석기시대와 신석기시대는 많은 차이점이 있기도 하지만 공통점도 있는데, 대표적으로는 평등한 공동체적 생활(지도자는 무리 중에서 나이가 많으면서도 다양한 경험을 통하여 지혜를 갖춘 사람이 추대됨)을 했다는 점과 주술적 의미를 담고 있는 예술품들을 만들었다는 점입니다.

구분	구석기시대	신석기시대
도구	뗀석기, 뼈 도구	간석기, 토기, 가락바퀴, 뼈바늘
경제	사냥, 어로 등 채집 경제	농경, 목축 등 생산 경제
주거	동굴, 바위 그늘, 막집	움집(원형, 모가 둥근 사각형)
신앙	없음	애니미즘, 샤머니즘, 영혼·조상 숭배, 토테미즘 발생
사회	평등한 공동체적 생활, 지도자가 있음	
예술	주술적 의미를 갖고 있음	

■ 우리 민족이
시작되다

우리 민족의 기원은 언제부터일까요? 우리나라 곳곳에서는 우리 민족의 기원을 알려주는 구석기시대에 해당하는 유적과 유물들이 많이 발견되었습니다. 이를 통해 구석기시대부터 우리나라에 사람이 살기 시작하였다는 것을 알 수 있죠. 하지만 구석기시대에 살았던 사람들이 우리 민족의 직접적 조상은 아니라고 봅니다. 현재 우리 민족의 신체적 특징과 큰 차이가 있으며, 구석기시대는 정착생활을 하던 시대도 아니었기 때문에 그들이 우리 민족의 직접적 조상은 아닙니다.

그러나 신석기시대부터는 정착생활이 시작되었고, 신석기시대, 청동기시대 유적에서 발견되는 사람 뼈 화석의 신체적 특징이 우리 민족의 신체적 특징과 비슷하게 나타나고 있기 때문에 신석기시대, 청동기시대에 살았던 사람들은 우리 민족이라고 할 수 있죠. 즉 신석기시대와 청동기시대를 지나오면서 우리 민족이 형성된 것입니다.

특히 비파형 동검, 거친무늬 거울, 탁자식 고인돌, 미송리식 토기 등은 그 분포 지역 범위가 랴오닝 지방에서 한반도 북부까지로 거의 일치합니다. 이는 이 지역이 하나의 청동기 문화권이었음을 보여주는 것으로 고조선의 세력 범위를 말해주는 유물들이랍니다. 왜냐하면 랴오닝 지방에서 한반도 북부까지를 하나의 청동기 문화권으로 하는 정치세력은 고조선밖에 없었기 때문이죠. 당시 중국의 역사 자료에도 우리 민족의 뿌리인 예, 맥, 한 등의 종족 이름들이 나오는데, 바로 이 종족들이 고조선, 부여, 고구려, 삼한 등의 나라들을 세웠던 것이죠.

2.
응답하라 BC 2333

■ 금속을 사용하기 시작하다

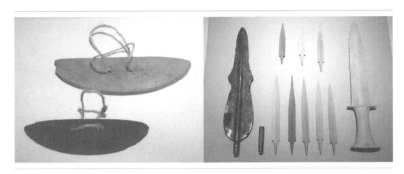

반달돌칼(왼쪽)과 비파형 동검, 마제석검(오른쪽)

　　　　매년 10월 3일은 국경일인 개천절입니다. 이날
은 방송에서 단기 '4347년, 서기 2014년'이라는 말을 많이 하죠. 그리고
4347-2014=2333입니다. 2333은 기원전 2333년을 뜻하는 숫자이죠. 다
시 말해 개천절은 단군왕검이 고조선을 기원전 2333년에 세웠다는 사실
을 기념하기 위한 날입니다. 고려 후기의 승려 일연이 지은 『삼국유사』에
는 기원전 2333년 단군왕검이 고조선을 건국하였다는 기록이 신화의 형

태로 나옵니다. 이후 편찬된 『동국통감』, 『제왕운기』, 『동국여지승람』 등의 역사책에도 단군왕검의 고조선 건국이 기록되어 있습니다. 그런데 인류가 나라를 세우기 위해서는 적어도 청동기시대가 시작되어야 합니다. 그렇다면 우리나라의 청동기시대는 언제 시작되었을까요?

　우리나라의 청동기시대는 기원전 2000년~기원전 1500년경에 시작되었습니다. 기록들에 나오는 기원전 2333년에는 미치지 못하지만 약 300년의 차이만 있을 뿐이죠. 그리고 유적, 유물의 발견은 계속되고 있기 때문에 언젠가는 기원전 2333년 무렵의 청동기들이 발견될 수도 있습니다. 청동기는 구리와 주석, 아연을 섞어 만든 금속입니다. 구리와 주석, 아연은 비교적 쉽게 녹일 수 있었기 때문에 인류가 가장 먼저 이용한 금속들이죠. 청동기시대에는 청동기(비파형 동검, 거친무늬 거울)뿐만 아니라 석기(반달돌칼, 바퀴날도끼, 홈자귀)도 사용되었고, 토기(민무늬토기, 미송리식 토기, 붉은간토기)도 더욱 발전하였습니다.

　청동기시대의 집터 유적은 우리나라 전국 각지에서 발견되는데, 대개 앞에는 시냇물이 흐르고, 뒤에는 바람을 막아주는 낮은 야산이 있는 곳에 있어요. 지금도 농촌 마을에 가면 이러한 전통적인 자연 취락들이 많죠. 이 시기의 유적에서 발견되는 집터의 모양은 대부분 직사각형으로 그 규모가 커졌고, 움집은 그 깊이가 얕아지며 점차 지상 가옥으로 바뀌어갔습니다. 신석기시대 집터의 모양이 원형이나 모가 둥근 방형(사각형)이었고, 땅을 약간 파고 움집을 만들었다는 것과 비교해서 기억해야 합니다.

　신석기시대부터 시작된 농경은 청동기시대에 더욱 발달하였습니다. 농경이 생산 활동의 중심이 된 것입니다. 그런데 벼농사는 물이 많이 필요하기 때문에 일부 저습지에서만 이루어졌어요. 아직은 조, 보리, 콩, 수

수 등을 재배하는 밭농사가 중심이었죠. 사냥이나 물고기 잡이도 계속되었지만 농경이 발달하면서 점차 그 비중이 줄어들었습니다. 대신 소, 돼지, 말 등의 가축은 이전보다 더 많이 키우게 되었죠. 이러한 농경과 목축의 발달은 비약적인 생산력의 증가를 가져왔고, 그에 따라 인구도 증가하여 정착생활은 점차 그 규모가 확대되며 안정되어갔습니다. 청동기시대 유적에서는 많은 수의 집터가 밀집되어 발견되고, 그 범위도 매우 넓습니다. 또한 집터의 크기가 다양한 것으로 보아 주거용 집, 창고, 공동작업장, 집회소, 공공 의식 장소 등이 있었다는 걸 짐작할 수 있습니다. 이는 사회조직이 발달한 사회였음을 보여줍니다.

고인돌 아래에 시체를 매장한 모습을 복원한 전시물(왼쪽)과 무거운 돌을 통나무 등으로 이동시켜 고인돌을 만드는 모습을 복원한 전시물(오른쪽)
전북 고창 고인돌 유적지 소재.

청동기시대부터 계급사회가 나타났다는 것을 보여주는 대표적인 무덤이 바로 고인돌입니다(이 외에도 돌널무덤, 돌무지무덤이 있죠). 고인돌은 그 무게가 적게는 수 톤에서 많게는 수십 톤이나 되어서 고인돌을 만들기 위해서는 많은 사람의 힘이 필요하였습니다. 보통 젊은 남자 수백 명 이상의 힘이 필요하였죠. 집터 크기로 볼 때 한 가족의 규모는 4~8명 정도로 추산되므로 한 부족의 규모는 수천 명에 이르렀을 것입니다. 어떤 사람이 죽었을 때 "야, 모두 나와서 고인돌 만들자!"라고 말하면 수백 명 또는 천 명 이상이 나와서 고인돌을 만들 정도로 강력한 권력과 경제력을 지닌 사람들이 있었다는 증거입니다. 그렇다면 이러한 고인돌(무덤)의 주인공은 누구일까요? 당연히 당시의 족장이나 가진 자 그리고 그 가족들(지배층)이었습니다. 그렇다면 이러한 지배층은 어떻게 나타나게 되었을까요?

청동기시대부터 농업 생산력이 증가하면서 잉여(남는) 생산물이 발생하였습니다. 남는 것은 누가 차지할까요? 당연히 힘이 강한 자가 차지합니다. 덩치 크고 주먹 센 인간이 "남은 거 내가 먹을 건데 불만 있냐?"라고 하면 누가 감히 반대하겠습니까? 이처럼 남는 것을 힘이 강한 자가 가져가서 자신의 소유로 만든 것을 사유재산이라고 합니다. 이러한 현상이 반복되어 소수의 지배자들은 시간이 갈수록 부자가 되고 대부분의 많은 사람들은 시간이 갈수록 가진 게 없는 빈자가 되었죠. 이것을 빈부 격차의 발생 및 심화라고 합니다. 결국 소수의 부자는 지배층이 되고 다수의 가난한 자는 피지배층이 되는 계급의 분화가 발생하였던 것입니다. 이러한 계급의 분화는 사람이 죽은 다음에도 영향을 미쳐서, 지배계급을 위하여 무덤의 크기가 거대한 고인돌이 생겼고, 고인돌 밑에는 청동 검, 청동 거울 등 당시의 귀한 물건들을 껴묻거리(무덤 안에 시체와 같이 묻는 물건들)로 묻었습니다. 지금도 돈 많고 권력 있는 사람이 죽으면 무덤을 크고 화려하게 만드는 것과 비슷하다고 보면 됩니다.

계급의 분화와 함께 남녀 간의 불평등도 시작되었습니다. 농업 생산력이 증가하면서 남자(男=田+力)들은 밭(田)에서 힘(力)을 쓰며 경제 활동에서 여성을 압도하게 됩니다. 계급의 분화과정에서 잉여 생산물을 누가

전북 고창 고인돌군 : 고창은 우리나라에서 가장 많은 고인돌이 몰려 있는 지역입니다.

차지하였죠? 바로 힘이 강한 자입니다. 남자와 여자 중에 누가 더 힘이 강한가요? 남자가 강하죠. 앞서와 마찬가지로 힘이 강한 남자들이 여자들을 지배하고 억압하는 사회가 시작된 것입니다. 이후 남자들은 밖에서 농사를 짓거나 전쟁터에 나갔습니다. 여자들은 애 보고, 밥하고, 빨래하는 등등 집안일을 하게 되었습니다. 이렇게 남녀가 하는 일이 나눠지며 남녀(성) 간의 불평등은 점차 심화되고 고착화되었습니다.

더구나 청동제 무기 등 금속으로 만든 무기의 사용은 전투력의 향상을 가져와 대외적인 정복 활동이 활발히 일어났습니다. 이에 따라 전쟁에서 승리한 부족은 지배자가 되고, 패배한 부족은 피지배자가 되는 계급 분화가 더욱 촉진되었습니다. 그리하여 모든 사람들이 평등한 공동체적 생활을 누렸던 평등 사회는 이기적인 계급사회로 변질되었고, 막강한 권력과 경제력을 소유한 지배자가 출현했는데, 이 지배자가 바로 군장입니다. 힘이 강한 부족은 스스로 천손 사상(하늘의 자손이라고 믿는 것입니다. 우리들은 특별하다. 우리들은 평범한 너희하고는 다르다 이거죠. 난 특별하니까, 난 노는 물이 달라. 왕자병, 공주병 비슷한 거예요)으로 정신적인 무장을 하여 정복 활동을 벌였습니다. 나아가 승리한 부족은 패배한 부족에 대한 자신들의 지배와 수탈 역시 천손 사상으로 설명하고 합리화하였습니다. 자신의 부족은 하늘의 자손이기 때문에 다른 부족을 지배하는 것이 당연하다는 것이죠.

청동 검, 청동 거울, 청동 방울, 청동 방패 등의 청동제품이나 진흙으로 구워 만든 토제품(짐승 모양, 사람 모양의 흙인형) 등은 당시의 제사장이나 군장들이 사용한 물건들입니다. 그중에서도 특히 청동제품은 의식 행사용 도구로서, 당시의 사회와 종교를 지배하고 정치권력을 갖고 있었던 지배층의 무덤에서 발굴·출토되었습니다.

당시의 지배층인 제사장이나 군장들은 청동 거울을 가슴에 걸어 태양빛을 반사시켜 사람들이 눈이 부셔 제대로 바라보지 못하게 만들고, 청동 방울을 흔들며 청동 검을 하늘 높이 들어 주문을 외우면서 하늘의 소리를 전했습니다. 이것은 당시의 지배층이 하늘의 소리를 전하는 제천의식을 통해 그 권위와 능력을 인정받아 많은 사람들(피지배층)을 지배·통치하였음을 의미합니다. 이렇듯 청동기, 철기시대의 예술은 종교나 정치와 매우 밀접한 관계였습니다. 결국 이러한 예술품들은 장식용 의미와 농경, 목축, 사냥, 어로 등의 생산이 늘어나기를 기원하는 주술적 의미를 띤 것입니다.

또한 이 시기에는 바위그림도 새겨졌는데, 제사장이나 군장들의 제사 터였던 것으로 보입니다. 울주 대곡리 반구대 바위그림에는 새, 사슴, 고래, 그물에 잡힌 동물, 우리 안에 갇혀 있는 동물 등이 새겨져 있습니다. 이는 사냥, 물고기 잡이, 목축의 성공을 비는 주술적 의미가 있죠. 또한 고령 장기리 바위그림에는 동심원, 십자형, 삼각형 등 기하학 무늬가 새겨져 있는데, 동심원은 태양을 상징하는 것으로 보입니다. 즉 태양 숭배 등을 비는 제사 터인 것입니다. 태양은 자연현상, 즉 날씨나 기후를 상징하며, 태양 숭배는 농경, 목축, 사냥, 어로 등의 생산이 늘어나기를 기원하는 것이었습니다.

■ 철 없이 살 수 없는 세상이 오다

철기시대는 기원전 5세기경에 시작되었습니다. 철기시대에는 철제 농기구가 사용되어 농업 생산력이 증가하였습니다. 그런데 청동기시대에는 청동 농기구가 없었습니다. 청동이 매우 귀한 금속이었기에 농기구로는 사용할 수가 없었죠. 그러나 철기시대에는 철이 비교적 흔한 금속이 되었기 때문에 철제 농기구가 만들어진 것입니다.

초기 철기시대에도 여전히 청동기(세형 동검, 잔무늬 거울)가 발견됩니다. 그러나 철기시대가 되자 청동기는 실제 생활에 사용되지 못하고 제사 등에 쓰이는 의식용 도구로 바뀌었어요. 철기가 청동기보다 더 단단하기 때문에 전쟁, 농사에서 철기를 쓰는 것은 당연하죠. 자연히 청동기는 실제 생활에서 쓰이지 않게 되고 제사 등의 의식에만 쓰이게 되었어요. 하지만 철기시대에 발견되는 청동기들은 청동기시대에 발견되는 청동기보다 더 정교해지고 세련되어졌습니다. 제작 기술이 더 좋아졌으니까요. 청동기가 의식용 도구로 계속 사용된 또 하나의 이유는 사람들이 제사 등의 의식에 관련된 관습은 좀처럼 바꾸려고 하지 않기 때문입니다. 즉 초기 철기시대에도 청동기시대처럼 제사 등의 의식에 청동기를 계속 사용하였답니다. 지금도 제사 지낼 때 쓰는 의식용 제기로 나무 제기를 계속 쓰고 있죠? 왜일까요? 의식에 관련된 관습이기 때문에 쉽게 바뀌지 않는 것입니다.

거친무늬 거울(왼쪽)과 잔무늬 거울(오른쪽)

철기시대 무덤(널무덤, 독무덤)에서는 또한 거푸집이 발견되었습니다. 거푸집은 청동 주물을 부어 청동기를 만드는 틀입니다. 청동기가 우리나라에서 만들어졌다는 것을 말해주죠. 그래서 거푸집의 발견은 독자적 청동기 문화의 증거인 것입니다. 철기시대 무덤에서는 중국 돈(명도전, 오수전, 반량전)도 발견되었습니다. 이는 중국 사람들이 우리나라에 와서 물건을 사며 돈을 사용했음을 말해줍니다. 즉 중국과 활발하게 교류했다는 증거입니다. 그리고 경남 창원 다호리 유적에서는 붓도 발견되었습니다. 붓은 글을 썼다는 증거이고, 당시의 글은 한자밖에 없었기 때문에 한자를 사용했다는 대표적 증거랍니다. 붓의 발견 역시 중국과 활발한 교류를 했음을 보여주는 것이죠. 먼 훗날 우리나라 땅에서 미국의 돈인 '달러'를 발견한 역사학자들은 우리가 미국과 활발한 교류를 했다고 생각할 것이고, 컴퓨터 자판을 발견한 역사학자들은 우리가 한글과 영어, 한자를 사용했음을 알게 되는 것과 같습니다.

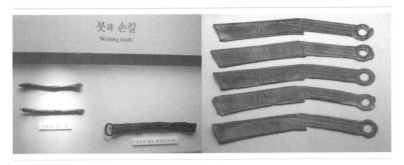

경남 창원 다호리 유적에서 출토된 붓(왼쪽)과 명도전(오른쪽)

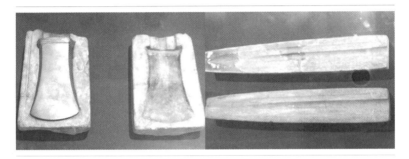

거푸집(왼쪽, 오른쪽) : 독자적 청동기 문화의 증거.

■ 고조선의
건국과 멸망

　　　　　　　　　　드라마 「응답하라 1994」의 이야기를 끌어가는 핵심이 '남편 찾기'인 것처럼 단군신화의 핵심 역시 환웅의 '아내 찾기'라고 할 수 있습니다. 드라마에서 남편 후보가 쓰레기와 칠봉이, 이렇게 둘이었던 것처럼 하늘에서 내려온 영웅 환웅과 결혼한 아내 후보 역시 곰과 호랑이, 이렇게 둘이었죠. 그럼 누가 환웅의 아내가 되었는지 단군신화를 살펴보도록 하겠습니다.

    단군의 건국에 관한 기록인 단군신화는 신비한 이야기로 이루어진 신화로 포장되어 있지만 그 안에는 역사적 사실이 담겨 있습니다. 지금부터 신화 속에 숨겨진 역사적 사실을 하나씩 알아봅시다. 환웅은 환인(하늘 신)의 아들입니다. 환웅은 아버지 환인으로부터 천부인 3개를 얻어 3,000여 명의 무리를 거느리고 하늘에서 이 땅으로 내려왔습니다. 이것은 당시의 선진 문화인 청동기 문화를 갖고 있던 환웅 부족이 아직 신석기 문화에 머물러 있던 지역으로 이주해 왔다는 사실을 의미합니다. 환웅 부족은 하늘의 자손이라는 천손 사상을 갖고서 하늘로부터 받은 앞선 청동기 문화를 내세우며 우월성을 과시하고 자신들의 지배를 합리화하였던 것입니다. 또한 환웅은 풍백, 우사, 운사를 거느리고 왔습니다. 바람(風), 비(雨), 구름(雲)을 주관하는 자들이죠. 바람, 비, 구름 등은 농사일에 아주 결정적인 영향을 끼칩니다. 고조선이 농경을 가장 중요한 경제적 기반으로 삼는 농경사회였음을 알 수 있습니다.

    환웅이 무리를 거느리고 인간 세상에 내려와 내세운 이념은 홍익인간(널리 인간 세상을 이롭게 하다)입니다. 당시의 지배층은 홍익인간이라는 통치 이념을 내세워 자신들의 지배를 정당화하고 합리화하며 피지배층을 다스리고자 하였습니다. 앞에서 우리는 청동기시대부터 사유재산이 나타나고, 빈부 격차가 심해지면서 계급이 분화되었다는 것을 배웠습니다. 지배층은 자신들이 소유하게 된 권력과 재산을 지키기 위해 법과 형벌이라는 새로운 사회 질서를 만들었어요. 한마디로 지배층의 재산을 탐내거나 지배층의 권위에 저항하거나 도전하면 법에 따라 강력히 처벌하였던 것이죠. 이러한 새로운 사회 질서의 성립과정을 보여주는 것이 바로 홍익인간의 통치 이념입니다. 다시 말하면, 이전과는 다른 새로운 사회 질서인 사유재산제도, 계급 질서 그리고 그것들을 지키기 위한 법질서 등은 널리 인간 세상을 이롭게 하는 것이니까 잘 따르라는 것이죠.

　이어지는 단군신화에서는 곰과 호랑이가 환웅을 찾아와 사람이 되게 해달라고 간청합니다. 그러자 환웅은 사람이 되려면 동굴 속에서 마늘과 쑥만 먹으면서 100일 동안 견디라고 하죠. 며칠 못 버티고 호랑이는 도망가고, 곰은 '계속 먹으니까 먹을 만하네.' 하면서 마늘과 쑥을 꾸역꾸역 먹으면서 잘 견디어 여자(웅녀)가 되었습니다. 그리고 환웅이 웅녀와 결혼하여 낳은 아이가 단군왕검이고, 단군왕검은 기원전 2333년에 마침내 고조선을 세웠습니다. 이것은 환웅 부족과 곰을 숭배하는 부족이 결합하여 고조선을 세웠고, 호랑이를 숭배하는 부족은 고조선의 성립과정에서 제외되었다는 것을 의미합니다. 드라마 「태왕사신기」에서도 웅녀를 곰 부족의 족장으로, 호녀를 호랑이 부족의 족장으로 묘사하였죠. 그리고 환웅은 호녀와 호랑이 부족을 쫓아내고, 웅녀를 선택하여 결혼한 후 아기 단군왕검을 낳은 것으로 묘사하였습니다. 곰, 호랑이 같은 동물을 숭배하는 것을 뭐라고 했죠? 맞아요, 토테미즘. 그리고 단군왕검은 제정일치의 지배자를 뜻합니다. 단군은 무당을 뜻하는 우리말인 '당골'이나 몽골어인 '텡그리' 등을 표현한 말입니다. 왕검은 '임금'을 가리키는 말이죠. 즉 단군왕검은 '무당(제사장)이면서 동시에 왕'이라는 뜻의 칭호입니다.

　그렇다면 고조선은 신화 속에만 존재하는 나라일까요? 아닙니다. 고조선에 대한 기록은 이미 중국에서 기원전 7세기경 "제나라와 교역하였다"는 기록(『관자』)이 나타나기 시작합니다. 또 연나라(전국 7웅-진, 초, 연, 제, 한, 위, 조-중의 하나)와 전쟁을 벌일 만큼 강한 나라였죠. 이러한 나라가 실제로 존재했다는 것은 나라를 세운 왕이 있었으며 그가 바로 단군왕검이라는 뜻이니, 이는 명백한 역사적 사실입니다.

　이러한 역사 기록 이외에도 고조선의 다양한 유물들이 발견되고 있습니다. 비파형 동검, 거친무늬 거울, 탁자식 고인돌, 미송리식 토기 등이 나오는 지역은 거의 비슷한 지역 범위를 보입니다. 이것은 이 지역이 하나의 청동기 문화권이었다는 증거이며 동시에 이 지역에 일정한 세력 범위를 갖고 있는 국가, 즉 고조선이 있었음을 보여줍니다. 또한 이러한 유물의 분포를 통해 우리는 고조선이 초기에는 랴오닝 지방을 중심으로 성장하다가 점차 그 중심지가 한반도 북부인 평양 부근으로 이동했음을 알 수 있습니다. 비파형 동검, 거친무늬 거울 등의 유물이 발견되는 랴오닝 지방을 중심으로 발전하다가 세형 동검, 잔무늬 거울 등의 유물이 발견되는 한반도 북부의 평양 부근으로 그 중심지가 이동하여 발전하였던 것입니다.

중국은 기원전 403년 이후 전국시대의 대혼란기로 빠져들었습니다. 전쟁 등 혼란을 피해 중국의 유민들이 대거 고조선으로 넘어왔습니다. 그 뒤 진나라가 전국시대의 혼란을 잠재우고 최초로 중국을 통일하였습니다. 이후 진시황제가 죽고 진나라가 망하면서 초나라 항우와 한나라 유방은 중국의 패권을 놓고 다투었는데, 결국은 한나라 유방의 승리로 돌아가 중국이 재통일됩니다. 바로 이 시기가 전쟁의 혼란기이자 재통일기인 진·한 교체기입니다. 이 시기에 또 한 차례 유민들이 넘어왔는데, 그중 위만이 자신의 무리를 이끌고 고조선으로 이주해 왔습니다. 그런데 위만이 고조선으로 들어올 때에 상투를 틀고 조선인의 옷을 입고 있었다고 합니다. 본래 고조선 계통의 사람인데 중국 연나라 땅에 살다가 다시 들어온 것으로 볼 수 있죠. 또한 위만은 왕이 된 뒤에도 조선이라는 나라 이름을 그대로 유지하였으며, 위만 정권에는 토착민 출신 고위 관리가 많았습니다. 이는 위만의 고조선이 단군의 고조선을 계승한 나라라는 것을 의미합니다.

철기 문화를 가지고 고조선에 들어온 위만은 준왕의 신임을 얻어 서쪽의 국경을 수비하게 되었습니다. 결국 위만은 자신의 세력을 확대한 후, 준왕을 몰아내고 왕이 되었습니다(기원전 194). 단군 조선과 구분되는 위만 조선이 시작된 것입니다. 철기 문화는 기원전 5세기경부터 중국에서 들어오기 시작하였는데, 위만왕조의 고조선부터는 철기 문화를 본격적으로 받아들여 더욱 발전시켰습니다.

위만의 집권 이후 고조선은 철기 문화를 배경으로 한층 발전하여 강력한 국가가 되었습니다. 또 고조선은 한나라가 동방의 예, 남방의 진과 직접 교역하는 것을 막고, 독점적인 중계무역을 하여 많은 이익을 얻었습니다. 이렇게 경제적·군사적으로 강력해진 고조선을 제거하기로 결심한 한나라의 무제는 대규모 침략을 시작하였습니다. 그 뒤 고조선은 1년 가까이 한나라 군대에 맞서 잘 싸웠지만, 결국 지배층 내부의 분열로 한나라와 내통한 세력에 의해 우거왕이 암살되고, 왕검성이 함락되어 멸망하였습니다(기원전 108).

한나라는 고조선의 멸망 후 고조선의 옛 땅에 한 군현을 설치하여 다스리고자 하였으나, 고조선 유민들의 강력한 투쟁으로 한 군현은 얼마 지나지 않아 없어지거나 그 힘이 현저히 약화되었고, 결국 고구려의 끈질긴 공격으로 소멸되었습니다.

★ **영화**와 **드라마**로 **역사** 읽기 – 드라마 「태왕사신기」

　　드라마 「태왕사신기」에서 광개토대왕은 환웅의 환생으로 환웅의 나라인 '쥬신 제국'을 부활시킬 것으로 예정된 '쥬신의 왕'이죠. 이 드라마에 나오는 '쥬신 제국'은 환웅이 하늘에서 내려와 신시를 열고 세운 광활한 대제국입니다. 이러한 역사인식은 이른바 재야사학자들이 『환단고기』 등을 바탕으로 주장하는 내용으로, 일반적으로 역사학계에서는 받아들여지지 않고 있습니다. 역사학계에서는 『환단고기』를 위서(僞書), 즉 '가짜 책'이라고 평가합니다. '가짜 책'이라고 평가하는 가장 대표적인 이유는 20세기에 들어와서 사용되는 용어가 쓰였기 때문입니다. 실제로 이 책에는 인류, 전 세계, 국가, 세계만방, 문화, 남녀평권, 부권 등 20세기 초 일본 등을 통하여 들어온 현대적 용어들이 사용되고 있습니다. 또한 청나라 때부터 쓰인 '영고탑'이라는 지명이 등장하고, 1923년 발견된 연개소문의 아들 연남생의 묘지에서 알려진 연개소문의 할아버지 '자유'라는 이름이 나오죠. 이러한 사례들로 보아 이 책은 20세기 초 이후 조작된 '가짜 책'이라는 평가가 일반적입니다.

　　그런데 이 책의 어떠한 점 때문에 재야사학자들이 그토록 열광했고, 드라마에까지 이러한 내용이 등장한 것일까요? 이 책에 의하면 우리 민족 최초의 나라로 1만 년 전 세워진 환국이 있었는데, 7명의 환인이 3,300년 동안 다스렸으며, 신시라고 불리는 배달국이 그 뒤를 이어 18명의 환웅이 1,500년 동안 다스렸다고 합니다. 또한 우리가 단군신화를 통해 알고 있는 고조선은 배달국의 뒤를 이은 단군 조선으로 47명의 단군이 통치한 국가라고 합니다. 그리고 5대 환웅의 아들 태호복희가 중국으로 가 중국의 시조가 되었다거나, 14대 환웅 치우천황은 오천 년 전 배달국을 통치한 인물인데 쇠로 된 투구와 무기, 즉 철기를 만들어 사용하였다는 내용도 들어 있습니다. 결국 재야사학자들은 우리 민족의 역사를 지금까지 알고 있던 오천 년에서 일만 년으로 늘리고, 철기시대의 시작을 오천 년 전으로 앞당기고, 중국 역사의 시작도 우리 민족에서 갈라져 나온 것으로 기록된 '영광스러운 역사'를 담고 있는 이 책에 열광하였던 것이죠.

　　그러나 이러한 기록들은 이 책의 신빙성을 떨어뜨리기도 합니다. 환국이나 배달국을 입증할 만한 다른 역사 자료는 없습니다. 세계적으로도 신석기시대가 시작된 것은 환국이 나타났다는 기원전 8000년경입니다. 그러나 구석기시대가 끝나자마자 국가가 나타났다는 것은 난센스입니다. 역시 세계 최초로 철기를 사용한 히타이트 인의 등장도 기원전 2000년경으로 보는 게 일반적입니다. 이것은 이 책이 '가짜 책'이 아닌 '진짜 책'이라고 해도 믿을 수 없는 내용들이죠.

그렇다면 『환단고기』는 '가짜 책'이고, 내용도 허무맹랑하므로 전혀 연구할 가치조차 없는 것일까요? 여기에서 한 가지 중요한 사실을 살펴볼 필요가 있습니다. 『환단고기』에는 '오성취루'란 천문 현상이 13대 단군흘달 50년(기원전 1733)에 일어났다고 기록되어 있습니다. '오성취루'란 수성, 금성, 화성, 목성, 토성의 다섯 행성이 한 줄로 늘어서는 현상을 말하는데, 현재 사용되고 있는 천문 관측 프로그램으로 확인해본 결과 매우 놀라운 일이 밝혀졌습니다. 기원전 1734년에 이 현상이 발생했던 것으로 나온 것이죠. 단지 1년의 오차가 있을 뿐인 이것을 천문학자들은 매우 정확한 기록으로 평가하고 있습니다. 이는 『환단고기』의 천문 기록이 가짜가 아니라는 결정적 증거입니다. 현대 천문학의 과학적 방법으로 『환단고기』의 기록이 적어도 기원전 1734년부터 내려오는 역사적 사실을 일부 담고 있다는 것을 입증한 것입니다.

하지만 이 책이 모두 역사적 사실을 담고 있다는 의미는 아닙니다. 앞에서 살펴본 것처럼 이 책은 20세기에 들어 사용된 현대적 용어로 '가필'이 되어 있으며, 세계 고고학적 상식과 어긋나는 환국, 배달국 등의 기록도 '소설'로 조작되었다고 볼 수 있습니다. 그러나 단군 조선을 47대의 단군들이 계승하여 다스렸다는 『환단고기』의 기록은 단군왕검 1명이 나라를 세우고 1,908세까지 살며 나라를 다스렸다는 단군신화보다 더 신빙성이 있는 게 아닐까요? 결론적으로『환단고기』의 모든 내용을 신뢰할 수는 없지만 '일부의 역사적 사실'까지도 모두 가짜로 매도하는 것은 잘못입니다. 과학적인 사실이나 다른 역사 자료들과의 비교 연구를 통해 입증될 수 있는 『환단고기』의 기록들은 충분히 연구할 가치가 있답니다.

■ 고조선의 관직과 8조법

고조선은 기원전 4세기경부터 왕권이 세습되기 시작하였습니다. 부왕·준왕처럼 왕위를 세습하는 등 강력한 왕권을 가진 국왕이 나타나고, 왕 아래 비왕·상·경·대부·대신·장군·박사 등의 관직을 두어 중앙 정치조직을 갖추었고, 위만의 집권 이후에는 철제 무기 등으로 무장한 강력한 군사력을 기반으로 영토를 확장하였습니다. 또한 중국의 역사서인『한서』에는 고조선의 법 8조 중 3개 조목이 기록되어 있습니다. 그 내용을 살펴보면 다음과 같습니다.

≫ 사람을 죽인 자는 즉시 죽인다.

다른 사람을 죽이지 말라는 것입니다. 죽고 싶으면 살인해라 이거죠. 개인의 생명(노동력)을 보호하려는 목적이 있는 법입니다.

≫ 남에게 상처를 입힌 자는 곡식으로 갚는다.

남에게 폭력을 쓰지 말라는 것입니다. 그리고 갚는다는 것은 너의 것, 나의 것이 구분되어 있음을 전제로 하기 때문에 사유재산이 있었음을 나타내는 것입니다.

≫ 도둑질을 한 자는 노비로 삼는다. 용서받고자 하는 자는 한 사람마다 50만 전을 내야 한다.

도둑질하지 말라는 것, 즉 사유재산을 보호하려는 목적입니다. 그리고 노비가 있다는 것은 계급이 있다는 것을 의미하죠. 50만 전은 화폐가 사용되었음을 의미합니다.

이 법들의 공통점은 죽인다, 갚는다, 노비로 삼는다는 등의 엄격한 형벌입니다. 당시는 사형, 배상, 노비형 등의 형벌로 통치하는 사회였던 것입니다. 『한서』에는 이 외에도 고조선에 대한 설명에서 "여자는 모두 정조를 지키고 신용이 있어 음란하고 편벽된 짓을 하지 않았다."는 기록이 있습니다. 이것은 고조선이 가부장(家父長, 아버지가 집안의 대장이란 뜻이죠)적 사회였음을 보여주는 기록입니다. 여자에 대해서만 정조를 지킨다는 기록이 있고 남자에 대해서는 아무 기록이 없다는 것은 남자는 정조를 지키지 않았다는 것으로 해석할 수 있죠. 여자는 오로지 한 남자만 배우자로 섬겨야 하고, 남자는 여러 여자를 배우자로 삼을 수 있었던 남녀 불평등 사회였던 것입니다.

고조선이 멸망한 후 한 군현이 설치되자 법 조항도 60여 조로 늘었고, 풍속도 점점 사나워졌습니다. 이것은 한 군현의 지배자들이 중국인들이었기 때문에 우리 민족의 저항이 더욱 강력하게 전개되었음을 보여줍니다. 우리 민족이 중국인들의 생명과 재산에 대한 공격을 가하자 자신들의 생명과 재산을 보호하기 위해 법을 더욱 많이 만들었음을 의미합니다.

■ 부여의 왕은
   비가 많이 와도 걱정
   안 와도 걱정

부여는 만주의 쑹화 강 유역에서 발전하였습니다. 농경과 목축을 함께하였으며, 말·주옥·모피 등의 특산물을 생산하였습니다. 또한 1세기 전후에 왕이라는 중국식 칭호를 사용하였고, 중국과 외교를 맺는 등 친선관계를 맺으며 연맹왕국으로 성장하였죠. 또한 왕 아래에는 대사자·사자 등의 관리도 있었습니다. 드라마 「주몽」에서 부여와 한나라 사이에 사신을 교환하는 등 친선관계를 묘사한 장면과 대사자나 사자 등의 관직명이 많이 나왔는데, 바로 이와 같은 배경에서 나온 장면들이죠.

　부여에서는 군장을 '가'라고 하였는데, 왕 아래에는 말, 소, 돼지, 개 등 가축의 이름을 붙여서 마가, 우가, 저가, 구가 등으로 불린 이들 '가'가 행정구획인 4출도를 각기 다스렸습니다. 즉 왕이 직접 다스리는 중앙과 4출도를 합쳐 5부를 갖추었죠. 이처럼 부여는 5부족으로 이루어진 연맹 왕국이었습니다. 왕권은 약했고 '가'들의 세력은 컸습니다. 예를 들면 '가'들은, 장마나 홍수로 인한 수해, 가뭄으로 인한 한해 등 자연재해로 인하여 농사를 망쳐 흉년이 들면 그 책임을 왕에게 물어 '쫓아내거나 죽여야 한다.'고 할 정도였으니까요. 또한 '가'들은 왕을 추대하기도 할 만큼 강력한 정치권력을 갖고 있었습니다. 드라마 「주몽」에 마가, 우가, 저가, 구가 등이 세력을 합쳐 금와왕의 권력을 빼앗아 큰아들 대소에게 권력을 넘기는 장면, 대소가 폭정을 일삼고 가뭄까지 겹쳐 민심이 흉흉해지자 대소의 권력을 다시 빼앗아 금와왕이 권력을 되찾는 장면 등이 등장했는데, 바로 이러한 역사적 배경을 바탕으로 한 것이죠.

　부여의 법은 고조선의 8조법과 비슷한 성격이었습니다. 그 내용을 살펴보면 다음과 같습니다.

　　▶▶ 살인자는 사형에 처하고 그 가족은 노비로 삼는다.

　다른 사람을 죽이지 말라는 것입니다. 죽고 싶으면 살인해라 이거죠. 개인의 생명(노동력)을 보호하려는 목적이 있는 법입니다. 그리고 죄인의 가족을 노비로 삼는다는 것은 계급과 연좌제가 있었음을 의미하죠.

≫ 남의 물건을 훔쳤을 때에는 물건 값의 12배를 배상한다(1책12법).

도둑질하지 말라는 것입니다. 사유재산을 보호하려는 목적입니다. 배상한다는 것은 너의 것, 나의 것이 있다는 것을 전제로 하기 때문에 사유재산이 있었음을 나타내는 것입니다.

≫ 간음한 자와 투기가 심한 부인은 사형에 처한다.

가부장적 사회였음을 보여주는 기록입니다. 여자가 투기(질투)를 하면 죽여버리고, 반면에 남자는 자유롭게 아내 이외의 다른 여자를 첩으로 삼을 수 있었죠. 여성에 대한 차별이 심한 남녀 불평등 사회여서, 여자는 오로지 한 남자만 배우자로 섬겨야 하고 남자는 여러 여자를 배우자로 삼을 수 있었습니다.

이 법들의 공통점 역시 사형에 처한다, 배상한다, 노비로 삼는다는 등의 엄격한 형벌입니다. 즉 사형, 배상, 노비형 등의 형벌로 통치하는 사회였음을 알 수 있습니다.

의미	고조선 8조법	부여 4조목
생명 보호, 사형	사람을 죽인 자는 즉시 죽인다.	살인자는 사형에 처하고
폭행 금지	남에게 상처를 입힌 자는 곡식으로 갚는다.	
사유재산 보호, 계급	도둑질을 한 자는 노비로 삼는다. 용서받고자 하는 자는 한 사람마다 50만 전을 내야 한다.	그 가족은 노비로 삼는다. 남의 물건을 훔쳤을 때에는 물건 값의 12배를 배상한다.
남녀 불평등	여자는 모두 정조를 지키고 신용이 있어 음란하고 편벽된 짓을 하지 않았다(8조법은 아님).	간음한 자와 투기가 심한 부인은 사형에 처한다.

부여의 풍속으로는 순장, 영고, 점치기 등이 있습니다. 순장은 왕이 죽으면 많은 사람과 껴묻거리를 함께 왕의 무덤에 묻는 것을 말하죠. 이는 내세적 가치관과 함께 신분제가 있었음을 보여줍니다. 영고는 12월에 열리는 제천행사입니다. 하늘에 제사를 지내고 노래와 춤을 즐기며, 죄수를 풀어주기도 하였죠. 또 전쟁이 발생하면 제천의식을 치르고, 소를 죽여 소의 굽으로 길흉을 점치기도 하였습니다.

부여는 중앙집권 국가로 성장하지 못하고 연맹왕국 단계에서 망하였습니다. 하지만 고구려와 백제의 건국 주도 세력이 자신들의 뿌리가 부여에 있음을 스스로 인정하였고, 고구려와 백제의 건국 신화도 부여의 건국 신화와 같은 원형을 바탕으로 하고 있다는 점에서 볼 때, 부여가 갖는 역사적 의미는 대단히 크다는 것을 꼭 기억해야 하겠습니다.

■ 주몽, 고구려를 세우다

고려 중기 김부식이 지은 『삼국사기』에는 기원전 37년 주몽이 고구려를 건국하였다는 기록이 설화의 형태로 나옵니다. 정치적 박해를 피해 부여에서 남쪽으로 내려온 주몽은 압록강의 지류 동가강(훈장 강) 유역의 졸본(환런) 지방에 나라를 세웠습니다. 그런데 이 지역의 대부분은 산악지대로 이루어져 농사지을 땅이 별로 없어

피땀 흘려 일을 해도 양식이 부족하였어요. 그래서 고구려는 일찍부터 주변의 작은 나라들을 정복하며 농토가 많은 평야지대로의 진출을 꾀하였습니다. 압록강 가의 국내성(집안)으로 수도를 옮긴 고구려는 5부족 연맹을 기반으로 발전하였습니다. 그 후 고구려는 활발한 정복사업을 벌여 한 군현을 공략하며 요동 지방으로 진출하였고, 옥저를 복속시켜 공물을 받는 등 동쪽으로도 정복사업을 벌여나갔습니다.

고구려는 각 부족이 자치권을 가진 5부족 연맹체로 왕 밑에 상가, 고추가 등의 대가들이 있었습니다. 이들은 일종의 귀족회의인 제가회의를 운영하며 중죄를 지은 자를 사형에 처하거나 그 가족을 노비로 삼는 등 중요한 결정을 하였습니다. 대가들은 왕과 똑같이 각각 사자·조의·선인 등의 관리를 거느리고, 독자적으로 자기 부족을 다스렸습니다. 고구려 초기에는 왕권이 약한 반면 부족장 그룹인 대가들의 세력은 강하였던 것입니다.

고구려의 풍속으로는 서옥제, 형사취수제, 동맹, 조상신 제사 등이 있었습니다. 서옥제는 남녀가 결혼한 다음 처갓집 옆에 작은 '사위집(서옥)'을 짓고 살다가, 부인이 아이를 낳아 성장하면 부인과 아이를 데리고 남자 집으로 돌아가는 제도입니다. 형사취수제는 형이 죽으면 그 동생이 형수와 다시 혼인하는 결혼 풍습인데, 이것은 아마도 형제 상속제도와 연관이 있었던 것으로 보이며 집안의 사람(노동력)과 재산을 지키려는 데 그 목적이 있었습니다. 동맹은 추수가 끝나면 10월에 하늘에 감사하는 제사를 지냈던 제천행사로, 부여의 영고나 동예의 무천처럼 노래와 춤 그리고 음주를 즐겼습니다. 또 조상신 제사로는 고구려를 세운 주몽과 그 어머니인 유화부인을 지극히 숭배하여 정성껏 제사를 모셨습니다.

★ **영화**와 **드라마**로 **역사** 읽기 - **드라마** 「주몽」

드라마 「주몽」을 보셨나요? 주몽의 아버지 해모수를 고조선의 옛 땅을 되찾기 위해 한나라에 맞서 싸우는 고조선 유민들로 조직된 저항군의 지도자로 각색하고, 주몽이 한나라와 끈질기게 투쟁하면서 고구려를 건국하는 과정이 그려졌죠. 「주몽」은 바로 이러한 배경에서 만들어진 드라마입니다. 신화 속의 해모수는 '천제의 아들'이지만 드라마 속의 해모수는 한나라와 투쟁하는 '저항군 지도자'입니다. 고구려가 한 군현과 항쟁하면서 성장한 이유를 주몽의 몸에 고조선 저항군의 피가 흐르고 있는 것으로 묘사한 것이죠.

그런데 드라마 「주몽」에서 주몽이 어느 나라의 왕자였죠? 맞습니다. 부여입니다. 부여에서 탈출한 주몽이 자신을 따르는 무리들을 이끌고 고구려를 세웠죠. 그리고 주몽과 결혼하여 고구려의 왕비가 되었던 소서노가 자신의 두 아들 비류, 온조와 함께 따르는 무리들을 이끌고 남쪽으로 내려갔는데, 그중 온조가 세운 나라가 백제입니다. 부여에서 고구려가 나오고, 고구려에서 백제가 나온 것입니다. 간단하죠!

■ 옥저와 동예,
   성장을 멈추다

옥저는 현재의 함경도 함흥평야를 중심으로 한 북부 지역, 동예는 현재의 강원도 북부의 동해안 지역에 위치한 소국이었습니다. 이 지역은 산으로 막힌 바닷가 주변, 즉 동해안에 치우쳐 있어 대륙의 선진 문화(철기 문화)의 수용이 늦었습니다. 또한 고구려라는 힘센 나라가 자주 침략하며 계속 압력을 가했기 때문에 성장하기 힘들었죠. 한마디로 고구려에게 툭하면 두들겨 맞아 주눅이 들어서 크게 성장하지 못했습니다. 따라서 옥저와 동예에는 왕이 없었고, 읍군·삼로라는 군장이 자기 부족을 다스리는 단계에 멈추어 있다가 고구려에게 흡수되었던 것입니다.

옥저와 동예는 바닷가 주변에 위치하여 어물, 소금 등 해산물이 풍부하였습니다. 또 토지가 비옥하여 농사가 잘 되었습니다. 각각의 풍속과 생활을 살펴볼까요? 먼저 옥저는 민며느리제, 가족 공동 무덤 등의 풍습이 있었습니다. 민며느리(민며느리는 '어릴 때 시집 온 며느리'를 말하죠)제는 미래에 결혼할 것을 약속한 다음 어린 여자가 남자 집에 가서 살다가 결혼 적령기가 되면 여자 집에 잠시 돌아와서 결혼을 하는 풍습인데, 이때 남자는 여자 집에 예물을 치르고 결혼을 했죠. 가족 공동 무덤은 가족이 죽으면 시체를 풀이나 흙으로 임시로 묻는 가매장을 하였다가, 세월이 흘러 뼈만 남으면 그 뼈를 추려서 집에 있는 커다란 목곽에 안치하는 풍습이었습니다. 목곽 입구에는 쌀을 담은 항아리를 매달아놓았는데, 죽은 자의 양식이라는 의미죠. 옥저 사람들은 죽은 자에게도 양식이 필요한 사후 세계가 있다고 믿는 내세관이 있었던 것입니다.

동예는 명주(명주실로 무늬 없이 짠 천), 삼베(삼실로 짠 천)를 짜는 방직 기술이 발달하였고, 단궁(활), 과하마(조랑말처럼 키가 작은 말), 반어피(바다표범 가죽) 등의 특산물이 유명하였습니다. 풍속으로는 무천, 족외혼, 책화 등이 있었습니다. 무천이라는 추수감사제 성격의 제천행사가 10월에 열렸는데, 부여의 영고, 고구려의 동맹처럼 노래와 춤 그리고 음주를 즐겼습니다. 또 족외혼(다른 씨족에서 배우자를 구하는 혼인 형식)을 철저히 지켰으며, 다른 부족의 생활 영역을 존중하여 침범을 금하였습니다. 만약에 다른 부족의 생활권을 침범하면 노비·소·말로 변상하게 하였는데, 이것을 책화라고 하였습니다. 이러한 풍습은 신석기시대부터 나타난 것으로 농경이나 사냥 등에 필요한 부족의 생활권을 서로 겹치지 않도록 제한하여, 이웃한 부족 집단 간의 다툼과 분쟁을 사전에 막으려는 사회 풍속이었답니다.

■ 삼한, 초기 국가로 성장하다

　　　　　　　　　　고조선 당시에 한반도 남쪽에는 진이라는 세력이 있었습니다. 그런데 위만 조선의 성립, 고조선의 멸망 등의 사회 변동에 따라 고조선에서 진으로 내려온 유이민들에 의해 새로운 문화(철기 문화)가 보급되면서 사회가 점차 발전하였고, 그 결과 마한(현재의 경기도, 충청도, 전라도 지역에 분포한 54개의 소국), 변한(현재의 경상남도에 분포한 12개의 소국), 진한(현재의 경상북도에 분포한 12개의 소국)의 부족연맹체들이 나타나기 시작하였습니다. 삼한 중 마한의 세력이 가장 컸는데, 마한 54개국 중 목지국의 지배자가 마한왕(진왕)으로 추대되어 삼한 전체의 주도 세력이 되었습니다. 하지만 각각의 소국을 지배하는 것은 신지·읍차 등의 군장이었어요.

삼한에는 정치적 지배자인 군장 이외에 제사장(무당)인 천군이 있었습니다. 천군은 제사권을 가지고 농경과 종교에 대한 의례를 주관하는 종교적 지배자입니다. 천군은 소도를 다스렸는데 이곳은 군장의 세력이 미치지 못하는 성역으로, 아무리 죄인이라도 도망하여 소도에 숨으면 잡아가지 못할 정도였습니다. 이를테면 군사독재 정권 시절, 민주화운동을 하던 사람들이 명동성당에 들어가면 잡아가지 못하던 것과 같습니다. 성당은 종교적 성역이기 때문에 경찰, 검찰 등의 공권력이 함부로 들어갈 수 없었어요. 이와 같이 삼한에서는 정치적 지배자인 군장이 다스리는 지역과 종교적 지배자인 천군이 다스리는 지역이 분리되어 있었습니다. 그래서 삼한 사회를 제정분리 사회라고 합니다. 반면에 고조선은 제사장이 곧 왕이었던 제정일치 사회였어요.

삼한 사람들은 대개 초가지붕의 반움집이나 귀틀집(큰 통나무를 井 자 모양으로 귀를 맞추어 층층이 없고 그 틈을 흙으로 메워 지은 집. 일종의 통나무집)에서 살았으며, 공동체적인 성격의 두레 조직을 통하여 다양한 공동 작업을 하였습니다. 그리고 삼한에서는 매년 씨뿌리기를 마친 후인 5월과 곡식을 수확하는 시기인 10월에 계절제라는 제천행사를 열어 하늘에 제사를 지냈는데, 날마다 모두 모여서 음식과 술을 나누고, 노래를 부르고 춤을 추며 밤낮을 가리지 않고 즐겁게 놀았습니다. 삼한 사회는 철제 농기구를 사용하여 벼농사를 짓는 등 농업 생산력이 뛰어난 농경사회였습니다. 특히, 변한은 철이 많이 생산되어 낙랑과 왜 등에 수출하였고, 교역을 할 때 화폐처럼 사용하기도 하였습니다. 삼한은 사회 변동 과정에서 한강 유역에서는 백제국이 성장하면서 마한 지역을 통합하였고, 낙동강 유역에서는 가락국(가야)이 중심이 되어 가야연맹체로 성장하였으며, 동쪽에서는 경주의 사로국이 중심이 되어 신라로 성장하였습니다.

3.
응답하라 삼국시대

■ 고대국가에서는 왕의
　힘이 세다

구분	군장국가	연맹왕국	고대국가
국왕	×	○	○
왕권	×	약함	강함

　　　　　　　　국가의 발전은 크게 3단계로 볼 수 있습니다. 군장국가(소국) ⇒ 연맹왕국 ⇒ 고대국가(중앙집권국가) 순입니다. 먼저 군장국가는 군장이 다스리는 국가로 왕이 없습니다. 대표적으로 옥저, 동예는 왕이 없는 군장국가 단계에서 멈춰 더 이상 발전하지 못하고 고구려에 흡수되었던 것이죠. 2단계로 여러 군장국가들이 연맹을 형성하여 왕을 추대한 나라가 연맹왕국입니다. 대표적으로 부여, 고구려 등은 5부족 연맹으로 출발한 연맹왕국이었죠. 연맹왕국은 왕은 있지만 왕권이 약합니다. 3단계로 왕권이 점차 강화되어, 각 지방의 군장 세력은 귀족으로 편입되고, 각 지방에는 지방관이 파견되는, 중앙집권이 이루어진 나라가 바로 고대국가입니다.

　　고대국가의 기본적 특징은 왕권 강화, 영토 확장 등입니다. 각각의 특징에 대해 살펴보겠습니다. 고대국가의 가장 기본적 성격은 왕권이 강화되었다는 것입니다. 그렇다면 왕권이 강화되었음을 알 수 있는 가장 중요한 근거가 뭘까요? 맞습니다. 독점적인 왕위 세습입니다. 연맹왕국 단계에서는 왕을 뽑는 경우가 많았습니다. 왕위를 자신의 자식이나 동생에게 함부로 넘겨줄 수가 없었죠. 왕이 자신의 핏줄에게 왕위를 주더라도 감히 그 누구도 반대하지 못할 만큼 강한 왕권을 갖게 되면서 비로소 왕위 세습이 이루어질 수 있었죠. 지금도 독재 국가에서는 최고 권력자가 죽을 때까지 정권을 잡고 있다가, 자신의 아들에게 그 자리를 물려주는 경우가 많습니다. 사실상 강력한 힘으로 왕위를 세습하는 것입니다. 다시 강조하지만, 독점적인 왕위 세습은 왕권 강화의 대표적 상징입니다.

고대국가의 발전과정에서 정복 활동은 필수적입니다. 정복 활동으로 영토 확장을 이루는 것은 왕권이 강화되었음을 보여주는 가장 확실한 증거입니다. 활발한 정복 활동을 통한 영토 확장은 국가의 경제력과 군사력의 성장을 가져왔고, 이것을 기반으로 왕권을 더욱 강화하였습니다. 또 영토 확장을 위해서는 전쟁을 해야 했는데, 고대에 전쟁을 이끄는 중심은 바로 왕이었습니다. 전쟁과정에서 자연스럽게 왕권이 강화되었던 것입니다. 지금도 세계 곳곳의 권력자들 중에는 자신의 권력을 강화하기 위해 대외적인 전쟁, 분쟁 등을 일으키는 경우가 종종 있습니다. 이와 같은 이유로 정복 전쟁을 통해 왕들의 힘이 강해지면서 고대국가로 발전해갔다고 볼 수 있습니다.

이와 같이 삼국시대는 고대국가(중앙집권국가)로서 왕권이 강하였습니다. 그러나 왕이 혼자 정치를 할 수는 없기 때문에 귀족들이 정치에 참여하였죠. 대표적인 귀족회의로는 고구려의 제가회의, 백제의 정사암회의, 신라의 화백회의가 있습니다.

■ 고구려의 성장

　　　　　　　　　삼국 중에서 가장 먼저 발전한 것은 고구려입니다. 그리고 고대국가의 기틀을 마련하기 시작한 왕이 바로 태조왕입니다. 태조왕 때(1세기 후반)부터 정복 활동(한 군현을 공격하여 요동 지방으로 진출하였고, 옥저를 복속하여 풍부한 물자를 확보함)이 활발해지고, 왕족인 계루부 고씨가 왕위를 독점적으로 세습하였죠. 왕위를 세습하는 왕족이 나타났다는 것은 왕권이 강화되었음을 의미합니다. 고국천왕 때(2세기 후반)에는 부족적 전통의 5부(연맹왕국 단계의 5부족 연맹의 성격-소노부, 계루부, 저노부, 관노부, 순노부)가 행정적 성격의 5부(중앙집권국가의 행정구역의 성격-동부, 서부, 남부, 북부, 중부)로 바뀌었고, 왕위 계승도 형제 상속에서 부자 상속으로 바뀌었습니다. 다시 말해, 5부의 성격이 바뀌었다는 것은 부족 자치적인 전통을 약화시키고 중앙집권을 더욱 강화하였다는 의미입니다. 그리고 왕위의 부자 상속은 아버지의 왕위를 아들이 계승한다는 것으로 왕권이 더욱 강화되었다는 것을 의미합니다. 형제보다 가까운 핏줄이 아들이기 때문이죠. 자신과 가장 가까운 핏줄에게 왕위를 넘겨줄 만큼 왕권이 강하다는 뜻입니다.

　　고구려의 대외 팽창은 위나라 관구검의 침략(3세기 중반)으로 잠시 위축되었습니다. 그러나 곧이어 유목민족들의 침입에 의해 중국의 화북 지방이 5호. 16국 시대라는 혼란기에 접어들고, 중국의 원래 주인공인 한족들이 남쪽으로 도망하자, 그 힘의 공백을 이용하여 적극적인 대외 정복 활동을 전개하였습니다. 그 결과, 미천왕 때(4세기 초반) 한의 군현 중에서 마지막으로 남아 있던 낙랑군을 깨끗이 몰아냈습니다. 영토 확장에 가장 큰 적이었던 중국 세력과의 싸움에서 승리하였던 것이죠.

■ 백제의 성장

　　　　　　　　　　　백제는 고구려에서 갈라져 나온 유이민 세력을 중심으로 한강 유역의 토착 세력과 결합하여 이루어진 나라입니다. 드라마「주몽」의 마지막회에 소서노가 아들 비류와 온조를 데리고 고구려를 떠나 남쪽으로 내려가는 장면이 나왔죠. 이들이 한강 유역으로 가서 백제를 세웠다고 생각하면 됩니다. 그럼 비류와 온조 중 누가 백제를 세웠을까요? 형인 비류는 현재 인천 쪽에서 나라를 세우는 데 실패하고, 동생인 온조는 현재 서울 송파·경기 하남 쪽에 백제를 세우는 데 성공하였습니다(기원전 18). 백제는 초기 한성 시기에 계단식 돌무지무덤을 만들었습니다. 대표적인 것이 서울 석촌동 고분군입니다. 백제의 계단식 돌무지무덤은 고구려 돌무지무덤의 영향을 받았죠. 이렇게 고구려와 백제의 초기 무덤 양식이 비슷하다는 것은 고구려 건국의 주도 세력(주몽)과 백제 건국 주도 세력(소서노, 온조)이 같은 부여 계통이라는 건국 이야기 내용을 뒷받침해주는 증거랍니다.

　　고구려의 태조왕처럼 백제가 고대국가로 성장할 수 있는 기틀을 마련한 왕은 고이왕(3세기)입니다. 참고로 신라는 내물왕이죠. 고이왕은 정복 활동을 통해 한강 유역을 차지하였고, 율령을 반포하고, 관등제와 관복제를 정비하는 등 통치체제를 정비하였답니다.

■ 신라의 발전

　　　　　　　　　　　신라의 원래 이름은 사로국입니다. 사로국은 진한의 소국이었죠. 경주 지역에서 원래 살고 있던 토착민과 다른 지역에서 이동해 온 유이민이 결합해 성장하였습니다. 박혁거세가 나라를 세웠다고 합니다(기원전 57). 이후 석탈해를 중심으로 하는 유이민 집단이 동해안을 통해 들어오면서 박씨, 석씨, 김씨가 돌아가면서 왕위를 차지하였습니다. 즉 이사금(신라에서 왕을 부르는 말이었죠)을 추대하여 돌아가면서 왕위를 차지하였던 것입니다. 다시 말하면 초기의 신라는 연맹왕국 단계로 왕위 세습을 못할 정도로 왕권이 약했습니다.

신라가 고대국가로 성장하는 기틀을 마련한 왕은 내물왕(4세기)입니다. 이때부터 왕호가 마립간으로 바뀌었는데, 대군장, 다시 말해 군장 중의 군장, 즉 왕을 의미합니다. 왕권이 강화되었던 것이죠. 내물왕 이후로 왕위 계승은 모두 김씨가 하게 됩니다. 이제 박·석·김이 돌아가면서 왕을 하지 않게 됩니다. 이제 왕은 우리 김씨가 하겠다는 거죠. 그러니까 왕권이 강화되었다고 할 수 있습니다. 그렇다면 왜 내물왕 때부터 이러한 변화가 나타났을까요? 내물왕은 왜가 신라에 침입하자 광개토대왕에게 구원을 요청하였죠. 광개토대왕은 기병 5만을 보내 왜를 격퇴하고, 가야 연맹의 중심 세력이었던 금관가야까지 박살냈죠. 왜와 가야를 격퇴한 고구려 군대는 신라에 주둔하며 영향력을 행사했습니다. 이렇게 신라는 고구려의 영향력 아래에서 고대국가로 성장하였던 것입니다. 이후 신라는 눌지왕(5세기 초) 때 고구려의 영향력에서 벗어나 홀로서기 위하여 백제와 동맹을 맺었습니다. 혼자 힘으로는 약하니까 백제와 힘을 합쳐 고구려에 대항할 힘을 키워갔던 것이죠. 5세기 말에는 부족적 성격의 6촌을 행정 구역인 6부로 개편하였습니다. 연맹왕국 단계의 성격에서 중앙집권국가 단계의 성격으로 바뀐 것이죠.

■ 가야의 발전

변한의 소국이었던 가락국을 중심으로 발전하던 이 지역에서는 3세기경에 김해의 금관가야(김수로가 1세기에 건국)를 중심으로 한 전기 가야연맹이 발전하고 있었습니다. 가야 연맹은 철제 농기구를 써서 벼농사를 짓는 등 농경 문화가 발달하였고, 철이 풍부하게 생산되어 철기 문화가 발전하였습니다. 이를 바탕으로 가야연맹은 낙랑과 왜를 연결하는 해상 중계무역의 중심지가 되어 경제적인 성장을 이룩하였죠.

그러나 가야연맹은 4세기 말~5세기 초에 광개토대왕이 이끄는 고구려 군대의 공격을 받고 거의 몰락하였습니다. 이후 중심 세력이었던 금관가야는 몰락하고, 대가야를 중심으로 한 후기 가야연맹으로 세력이 크게 약화되었습니다.

김수로왕릉(왼쪽)과 왕릉 입구 출입문 위에 그려진 쌍어문(오른쪽)
경남 김해에 소재한 김수로왕릉 입구에는 물고기 두 마리가 마주 보고 있는 그림이 그려져 있습니다. 김수로왕의 왕비 허황옥의 고향인 인도 아요디아 지방에는 지금도 집집마다 현관문에 이러한 그림이 그려져 있습니다.

★ **영화**와 **드라마로 역사** 읽기 - **드라마** 「김수로」

　　드라마 「김수로」는 가야의 건국 설화를 바탕으로 만들어진 드라마입니다. 주요 인물 김수로, 허황옥, 석탈해 등을 중심으로, 특히 철 제련 기술을 둘러싼 이야기 전개로 가야가 왜 철기 문화가 발달했는지 잘 보여준 작품이었습니다. 제가 쓴 『선생님이 궁금해하는 한국 고대사의 비밀』 중 김수로의 부인 허황옥과 관련된 내용을 간략하게 소개합니다.

　　이에 주목한 고고인류학자 김병모는 김수로왕비릉 앞에 세워져 있는 능비에 '駕洛國首露王妃普州太后許氏陵'이라는 글이 새겨져 있다는 사실로부터 연구를 시작하였습니다. 이 글 중 가락국 수로왕비나 허씨는 모두 허황옥을 뜻하는 말이라는 것을 쉽게 알 수가 있습니다. 그런데 '普州太后'는 허황옥을 뜻하는 말이지만 '보주(普州)'는 허황옥과 무슨 관련이 있는지 알 수가 없었습니다. 그러나 김병모는 연구조사를 거듭한 결과 '보주(普州)'가 현재 중국 사천성 안악현임을 알아내고, 실제 답사를 통하여 현재도 안악현 내에 14개의 보주 허씨(普州許氏) 집성촌이 남아 있다는 것을 밝혔습니다.

　　특히 2003년에는 보주 허씨 집성촌 중 하나인 안악현 서운향(瑞雲鄕)에서 후한 때 새겨진 '신정기(神井記, 神井이라는 우물 암벽에 새겨진 금석문)'를 발견하고, 그 내용을 국내에 알렸습니다. '신정기'의 핵심은 동한(東漢, 후한) 초 "허씨의 딸 황옥(許女黃玉)이 용모가 수려하고 지혜와 용기가 남들보다 나았다."는 글과 "하루에 (물고기) 두 마리를 잡아 삶아 국으로 유즙을 만들어" 허씨의 조상을 구해주었다는 내용입니다. 이것은 허황옥의 고향이 보주였다는 것을 밝혀주는 결정적인 증거가 되었습니다. 즉 쌍어문의 고향인 아요디야 출신의 집단이 어느 시기 중국 보주로 이동하였고, 이들은 물고기를 숭배하는 보주 허씨들이 되었던 것이죠. 그리고 허황옥은 후한 초 보주에 살다가 48년에 가야에 도착하여 김수로왕과 결혼하여 왕비가 되었습니다. 이를 입증해 주는 자료 역시 김병모에 의해 밝혀졌습니다. 다음은 『후한서』의 기록입니다.

　　(광무제) 건무 23년 남군(南郡)에서 만족이 반란을 일으켰다.

광무제 건무 23년은 서기 47년입니다. 즉 허황옥이 가야에 도착한 48년으로부터 정확히 1년 전이죠. 남군(南郡)은 현재 사천성으로 허황옥이 살던 보주 인근입니다. 즉 반란이 일어난 혼란 속에 허황옥 세력이 이동을 시작하여 1년 뒤 한반도의 김해에 나타난 것입니다.

■ 삼국의 항쟁이 시작되다

우리는 앞에서 고대 국가 체제의 기틀을 마련한 왕들이 고구려의 태조왕(1세기), 백제의 고이왕(3세기), 신라의 내물왕(4세기)이었음을 배웠습니다. 그러나 고대 국가 체제를 완성한 시기는 순서가 다릅니다. 백제의 근초고왕(4세기 중후반), 고구려의 소수림왕(4세기 후반), 신라의 법흥왕(6세기)으로 순서가 바뀝니다. 또한 각국의 전성기 역시 백제의 근초고왕(4세기), 고구려의 광개토대왕, 장수왕(5세기), 신라의 진흥왕(6세기)으로 이어지죠.

한편, 이 시기에 삼국은 율령 반포(통치체제 정비), 불교 수용(사상적 통일, 왕권 강화의 합리화) 등으로 고대 국가 체제를 확립해나갔습니다. 먼저 율령 반포에 대해 살펴보겠습니다. 율령 반포는 법률을 만들어 세상에 알렸다는 뜻입니다. 법률은 왕의 말씀을 상징하는 것이죠. 왕권이 강화되면서 모든 것을 왕이 결정하게 되었습니다. 그렇다고 모든 것을 일일이 왕에게 물어 처리할 수는 없었죠. 그래서 법률을 만들었습니다. 왕의 말씀을 법률로 만들어 세상에 알리니 그 법을 따르고 지키면 된다는 것이죠. 즉 왕권이 강화되면서 율령 반포를 통하여 통치체제를 정비하였다는 뜻입니다. 그러면 통치체제 정비의 내용 가운데 가장 중요한 것은 무엇일까요? 바로 관등제와 관복제입니다. 관등제는 관리들의 등급을 나누어 서열을 정해놓은 것입니다. 예를 들면, 백제는 관리들의 등급을 1~16등급까지 나누어 순서대로 서열을 정하였죠. 지금도 우리나라 공무원들은 1~9급까지 등급에 따라 서열이 매겨져 있습니다. 이러한 관등제는 특히 군대에 잘 발달되어 있습니다. 이병, 일병, 상병, 병장 등을 관등이라고 합니다. 관등을 명백히 나누어 서열을 뚜렷이 정해야 명령이 잘 전달되고 잘 시행될 수 있기 때문입니다. 이처럼 왕의 명령이 말단 관리들에게까지 잘 전달·시행될 수 있는 시스템이 바로 관등제인 것입니다. 관복제는 관리들의 등급에 따라 관복(옷)의 색깔을 다르게 입는 것입니다. 옷의 색깔을 달리하여 서열을 명백히 하는 것이죠. 한마디로 통치체제 정비의 핵심 내용인 관등제와 관복제의 시행을 통하여, 왕권을 더욱 강화하고 중앙집권적인 국가 체제의 형성을 서둘렀던 것입니다.

고대국가의 발전과정에서 마지막으로 중요한 것이 바로 불교 수용을 통한 국가의 사상적 통일과 왕권 강화입니다. 삼국은 중앙집권국가로 발전하는 과정에서 각 부족마다 다른 신앙을 하나로 통합하기 위해서 불교를 받아들였습니다. 그러나 통합을 위한 여러 신앙 중 왜 하필이면 불교였을까요? 불교에는 윤회사상, 즉 업설이 있습니다. 업설은 사람들이 어떤 행위를 했느냐에 따라 그 결과로서 업보를 받는다는 이론입니다. "내가 전생에 무슨 죄를 지어서 이 고생을 하나?"라고 말하는 경우가 있습니다. 이 말은 전생에 지은 죄(업)의 대가로 현생에서 고생을 하고 있다는 뜻이죠. 현재 가난하고 신분이 낮은 사람들은 전생에 죄를 많이 지었기 때문이고, 왕이나 부자, 귀족 같은 사람들은 전생에 공덕(업)을 쌓아 그 대가로 현생에서 잘사는 것이라는 뜻입니다. 결국 업설은 왕의 권위를 높여주고, 귀족들의 특권을 합리화하는 데 이용되었던 이론입니다. 전생에 공덕을 많이 쌓은 '왕이 곧 부처'라는 왕즉불 사상으로 자연스럽게 이어진 거죠. 한마디로 당시에 불교를 믿는다는 것은 왕을 믿는다는 것이었고, 따라서 삼국의 왕실은 불교 수용에 가장 앞장섰습니다. 불교 수용을 통한 국가적인 사상의 통일은, 지배층의 통치를 정당화하고 왕권을 더욱 강화시켜 국가적인 차원의 집단 통합을 더욱 가속화시켰습니다.

삼국은 고대국가로 발전하면서 관등제(고구려는 10여 관등, 백제는 16관등, 신라는 17관등)가 발전하였습니다. 관등제는 신분제와 연결되어 있었는데, 대표적인 것이 바로 신라의 골품제입니다. 골품제는 귀족들을 골(성골, 진골)과 품(6, 5, 4, 3, 2, 1두품)으로 나누는 신분제입니다. 같은 귀족이라고 하더라도 신분이 높은 귀족과 낮은 귀족이 구별되었죠. 자신이 어느 골품에 속하느냐에 따라 사회·정치 활동의 범위가 달라집니다. 승진할 수 있는 상한선이 정해져 있었습니다. 즉, 진골은 승진의 상한선이 없기 때문에 1등급까지 올라갈 수 있었지만, 6두품은 아무리 능력이 있어도 6등급(6 곱하기 1은 6. 외우기 쉽죠?)까지만 승진할 수 있었습니다. 5두품은 10등급(5 곱하기 2는 10. 외우기 쉽죠?), 4두품은 12등급(4 곱하기 3은 12. 외우기 쉽죠?)이 승진할 수 있는 상한선입니다. 만약 여러분이 진골이면 반에서 성적이 1등이 될 수 있지만 6두품이라면 아무리 공부를 열심히 하더라도 5등 안엔 들어갈 수 없다는 것입니다. 정말 열 받는 일이죠. 고구려와 백제도 이러한 골품제와 비슷한 제도가 있었다고 추정하고 있습니다.

삼국시대에도 현재의 국무총리 같은 관직이 있었는데, 왕 밑에서 국정을 총괄하는 역할입니다. 고구려의 대대로(막리지), 백제의 좌평, 신라의 상대등(귀족회의를 주관하면서 왕권을 견제)이 이러한 총리 역할을 했습니다. 그 아래에는 여러 부서(백제의 22부 등)와 관직을 두어 국가체제를 정비하였습니다.

삼국은 각각 중앙집권화하면서 지방에 지방관을 파견하였습니다. 그러나 주요 거점에만 지방관을 파견하고 거점 이외의 지역은 지방관 없이 지방 토착 세력의 자치를 허용하는 등 중앙 정부의 지배력은 강력하지 못했습니다. 고구려는 지방을 5부로 나누고 각 부에 지방 장관을 파견하였습니다. 백제는 지방을 5방으로 나누고 각 방에 지방 장관을 파견하였습니다. 신라는 지방을 5주로 나누고 각 주에 지방 장관을 파견하였습니다. 또한 삼국 모두 5부·5방·5주 아래의 성·군에도 지방관을 파견하였으나, 촌(말단 행정 단위)에는 촌주(토착 세력)에게 지방 실무행정을 맡겼기 때문에 지방관이 파견되지 않았습니다. 삼국의 지방 행정조직은 곧 군사조직이었습니다. 지방관은 곧 군대를 이끄는 장군이었단 말이죠. 따라서 삼국시대의 주민 통치는 곧 군사적 지배라고 할 수 있습니다.

구분	고구려	백제	신라
최고 회의 기구	제가회의	정사암회의	화백회의
국정 총괄	대대로(막리지)	좌평	상대등
관등	10여 관등	16관등	17관등
지방 행정조직	5부	5방	5주
특수 행정구역	3경	22담로	2소경
군사조직	지방 행정조직과 일치		

■ 가장 먼저 전성기를 이룩한 백제

이러한 체제 정비 후 더욱 발전한 백제는 근초고왕(4세기)이 영토 확장을 하면서 전성기를 이룩하고 고대국가 체제를 확립하였습니다. 근초고왕은 마한의 여러 소국들을 모두 정복하고 현재의 경기도를 중심으로 남쪽으로는 충청도와 전라도, 북쪽으로는 황해도까지 영토를 넓혔습니다. 고구려와 대결한 대표적인 싸움인 평양성 전투에서는 고구려의 고국원왕이 전사하였습니다. 또한 가야에도 영향력을 행사하였고, 바다 건너 중국의 요서 지방으로 진출하였습니다. 백제는 이후 중국의 산둥 지방, 일본의 규슈 지방까지 진출하였습니다. 이러한 내용들은 새 한국사 교과서에도 다루고 있는 것으로 백제의 중국 진출을 표시한 지도를 제시하여 설명하고 있습니다.

근초고왕 때 전성기를 이룩한 백제는 왕권이 더욱 강화되어 근초고왕의 아들 근구수왕(4세기)이 즉위하면서 왕위의 부자 상속이 이루어지기 시작하였습니다. 침류왕(4세기) 때는 불교 공인을 통하여 왕권 강화를 사상적으로 합리화하였습니다. 5세기에 들어 고구려는 장수왕의 남하 정책으로 백제와 신라를 압박하였습니다. 그 결과 백제는 중심지였던 한강 유역의 한성을 잃고 남쪽으로 도망갔죠. 웅진(현재의 충남 공주)으로 서울을 옮긴(475) 백제의 국력은 매우 약화되었습니다. 그러나 동성왕(5세기 후반) 때부터 다시 힘을 키우기 시작하고, 고구려에 대항하기 위해 신라와 동맹을 강화하였습니다. 이어 무령왕(6세기 초반)은 지방에 22담로라는 특수 행정구역을 설치하고 왕족을 파견하여 지방통제를 철저히 하는 등 중앙집권을 강화하였습니다. 즉 왕권 강화죠. 국력이 점차 회복되고 있었음을 보여줍니다.

백제의 중흥을 어느 정도 이룩한 왕은 성왕(6세기)이었습니다. 성왕은 먼저 사비(현재 충남 부여)로 도읍을 옮겼습니다. 웅진은 산으로 둘러싸인 좁은 지역으로 방어용 수도였습니다. 고구려에게 한성을 빼앗기고 도망친 백제는 일단 살아남아야 했기 때문에 좁아도 산으로 둘러싸인 안전한 곳을 택했죠. 그러나 동성왕, 무령왕을 거치면서 국력을 회복한 이후 즉위한 성왕은 넓은 지역에 위치한 사비로 천도하여 중흥을 이룰 수 있는 기반으로 삼았던 것이죠. 또한 국호도 백제에서 남부여로 바꾸었습니다. 앞에서 배웠다시피 백제는 그 기원을 부여에 두고 있었죠. 그래서 백제 왕족의 성씨도 부여씨잖아요? 사비의 현재 지명도 부여입니다. 그만큼 부여라는 이름은 백제 사람들에게 큰 의미가 있었던 것입니다. 남부여라는 국호를 사용하였다는 것은 정통성을 다시 강조하고 옛 영광을 되살리겠다는 뜻이었을 것입니다. 성왕은 중앙 관청을 22부, 수도를 5부, 지방을 5방으로 정비하는 등 통치체제를 재정비하였습니다. 국가의 통치 시스템을 새롭게 바꾸어 국가 분위기를 쇄신하였던 것이죠.

또한 성왕은 불교를 더욱 장려하고 일본에 불교를 전파하였습니다. 불교는 왕권 강화를 뒷받침하는 사상이었다고 배웠잖아요? 이것이 불교를 장려한 이유죠. 일본은 백제의 영향력 아래에 있는 나라였으니까 불교 등 문화적으로도 영향을 주어 백제의 위상을 높였던 것입니다. 또 중국의 남조와 교류하여 선진 문화를 수입하고, 외교관계를 강화하였습니다. 이러한 통치체제 정비를 바탕으로 성왕은 신라의 진흥왕과 힘을 합쳐 한강 유역을 되찾아 신라와 반반씩 나누어 가졌습니다. 그러나 진흥왕의 배신으로 한강 유역 모두를 신라에게 다시 빼앗겼죠. 열 받은 성왕은 군사를 이끌고 신라를 공격하였지만 관산성 싸움에서 전사하였습니다. 이렇게 성왕의 중흥은 실패로 돌아가고 말았습니다.

★ **영화**와 **드라마**로 **역사** 읽기 – 드라마 「근초고왕」

드라마 「태왕사신기」에서는 광개토대왕의 영토 확장 과정을 묘사하였는데, 광개토대왕릉비에도 기록되어 있듯이 백제를 공격하는 것으로 시작합니다. 그런데 드라마에서 광개토대왕이 공격한 곳은 서백제입니다. 동백제를 치는 척하면서 광개토대왕의 군대는 배를 타고 서백제 땅에 기습적으로 상륙하였죠. 그렇다면 서백제는 어디를 말하는 것일까요? 드라마 자료 화면으로 나온 지도에서도 묘사하였지만 그것은 요동반도 옆의 요서 지방입니다. 드라마 「근초고왕」에서도 근초고왕이 중국 요서 지방에 건너가 5호 16국 시대의 혼란스런 중국의 상황을 이용해 영토를 차지하는 상황을 묘사하기도 했습니다. 그럼 먼저 백제가 중국의 요서·진평 지역을 점령한 적이 있음을 전해주는 중국의 사료들을 볼까요?

"백제국은 본래 고구려와 함께 요동의 동쪽 천여 리에 있다. 그 후 고구려가 요동을 영유하자 백제가 요서를 영유했다. 백제의 치소를 진평군 진평현이라고 했다(『송서』)."

"백제 변진의 나라는 진나라 때에 일어나 번작을 받아 백제군을 스스로 두었는데 고구려의 동북에 있었다(『남제서』)."

"그 나라(백제)는 본래 고구려와 함께 요동의 동쪽 천여 리에 있다. 진나라 때에 고구려가 요동을 영유하자 백제 역시 요서 진평 2군을 영유하여 스스로 백제군을 두었다(『남사』)."

이상의 사료는 자구상 약간의 차이가 있지만 대략 같은 내용입니다. 즉 백제가 중국의 진대에 요서와 진평을 점령하고 통치기관으로 진평군 진평현을 두었다는 것을 직접적으로 밝혀주고 있습니다. 다음은 북조의 북위와 백제 사이에 전쟁이 있었음을 기록한 기사들입니다.

"위나라 군사가 공격해 와서 우리(백제)가 그들을 패하게 만들었다(『삼국사기』)."

"이때 위나라 오랑캐가 기병 수십만을 일으켜 백제를 공격하였다. 모대(동성왕)가 장수 사법명, 찬수류, 해례곤, 목간나를 보내 병사를 이끌고 오랑캐 군대를 크게 이겼다(『남제서』)."

위 사료들에 나오는 전쟁이 가능하려면 백제가 고구려와 서해를 사이에 두고 떨어져 있는 상황에서 북위가 고구려의 영역을 통과한 것이거나 바다를 건넌 것이거나 둘 중 하나일 것입니다. 그러나 고구려가 북위의 군대를 통과시켰을 가능성은 거의 없으며, 유목민족의 왕조인 북위가 바다를 건넜다는 것도 어려운 일입니다. 게다가 기병으로 공격했다는 『남제서』 「백제조」의 기록이 있기 때문에 바다를 건너 공격하는 건 거의 가능성이 없죠. 여기에서 제기된 것이 북위가 침입한 백제의 영역이 중국 대륙에 설치된 백제의 군이었으리라는 주장입니다. 이것은 위 사료들을 분석할 때 얻을 수 있는 가장 합리적인 결론입니다.

다음은 백제가 중국에 진출했다고 하는 요서군과 진평군의 위치에 대해 살펴보겠습니다. 지금까지 이 문제에 대해서는 다양한 견해가 제시되지 않았습니다. 진평군이나 진평현의 이름이 중국 사서의 어느 곳에도 나타나지 않기 때문에(물론 이것은 잘못된 생각이었죠) 요서와 근처의 지역을 요서·진평으로 생각해왔던 것입니다. 그럼 요서·진평군의 위치는 어디일까요? 요서는 요하를 경계로 요동의 서쪽 지역입니다. 이 명칭은 고구려의 요동에 대응되는 지명이므로 분명히 긴 요서 지역 해안을 따라 존재했음이 틀림없습니다. 진평군의 위치를 찾아낸 사람은 중국동포 역사학자인 황유복 교수입니다. '진평군 진평현'이란 기록에서 착안을 하여 진평현의 위치를 찾아냈던 것입니다.

"광주…… 울림태수…… 진평령은 오나라 때 장평이라 했다가 진 무제 태강원년에 이름을 진평이라 바꿨다(『송서』)."

이것은 광주 울림군의 진평현은 오나라 때 장평이라 했다가 진 무제 태강원년(280)에 이름을 진평으로 바꾸었다는 기록입니다. 진평현의 이름은 『진서』와 『남제서』에서도 나타나고 있습니다. 여기에서 다음 기록을 보시죠.

"백제는 광동흠현 서북 180리에 위치한다. 허가 있는데 오·계 2성의 경계

이것은 『중국역사지명대사전』에 나오는 것으로 백제(지명)는 광동흠현 서북쪽 180리에 허(墟, 옛날에 성을 중심으로 한 도시가 있었다는 말)가 있는데 오·계 2성의 경계가 되고 있다는 것입니다. 이 지역 또한 광서장족자치구 창오현에서 가까운 지역입니다. 또한 『광서장족자치구 행정구역자료일람』에는 백제향이란 지명이 보이고, 그곳엔 백제허가 기록되어 있습니다. 그 기록을 보죠.

"廣西壯族自治區邕寧縣百濟鄉百濟墟(광서장족자치구 옹령현 백제향 백제허)."

이 내용은 광서장족자치구 내의 백제향이라는 지역의 중심 마을인 백제허가 지금도 존재한다는 것입니다. 그리고 KBS의 취재 결과 이 마을은 원래 중국 발음인 Baijixu가 아니라 원주민의 발음인 Daebakcae라고 불린다고 합니다. 우리 발음으로 '대백제'가 되는 것이죠. 원주민들이 마을 이름을 한국식 발음으로 부르고 있다는 것은 백제인들이 이곳에서 살았다는 명백한 증거일 것입니다. 우리가 지금도 대한민국이라고 부르는 것처럼 삼국시대에도 나라 이름 앞에 대자를 붙이곤 했습니다. 다시 말해 백제가 중국에 진출했다고 하는 남북조 시대인 진·송·제 등의 남조계 사서에 진평현의 이름이 나타나고, 그 지역이 현재의 중국 동해안과 북부베트남에서 멀지 않은 곳에 위치하고, 현재 그 지역 근처에 '백제'라는 마을이 존재하고 있다는 것은 백제가 이 지역에 진평군을 설치했음을 강력하게 시사하는 것입니다. 그럼 백제가 이 지역과 교류했다는 또 다른 증거가 있을까요? 바로 다음과 같은 기록이 있습니다.

"(흑치상지는) 그 조상은 부여씨인데 흑치에 봉해져서 흑치를 성씨로 삼았다(『흑치상지묘지명』)."

위 사료는 흑치씨는 원래 백제의 왕족인 부여씨였으나 흑치 지방에 봉해져서 흑치라는 지명을 씨로 삼게 되었다는 내용입니다. 이는 백제가 흑치 지역을 다스렸다는 기록인데, 지금까지 알려져 있는 백제 지역의 군현 명칭이나 지명 자료에서 흑치라는 지명은 발견되지 않습니다. 다음은 이와 관련된 사료들입니다.

"그 남쪽 바닷길로 3개월을 가면 탐모라국이 있는데, 남북이 천여 리이고 동서가 수백 리인데 토산물로 노루, 사슴이 많고 백제에 부속되어 있다(『수서』)."

"그 남쪽 바닷길로 3개월을 가면 탐모라국이 있는데, 남북이 천여 리이고 동서가 수백 리인데 토산물로 노루, 사슴이 많고 백제에 부속되어 있다(『북사』)."

이상의 사료는 백제가 남쪽 바닷길로 3개월을 가면 탐모라국이 있고, 그 나라는 남북이 천여 리, 동서가 수백 리로서 토산물로는 노루와 사슴이 많고 백제에 부속되어 있다고 하여 백제가 바닷길로 3개월이나 가야할 만큼 먼 나라를 그 영향력 하에 두고 있었음을 보여줍니다. 결국 동남아시아에 백제의 영토가 있었다는 것을 보여주는 기록들이죠.

지금까지 살펴본 바와 같이 백제는 중국 요서, 산동, 일본에 진출한 것은 물론 중국 최남단의 광서성에까지 진출했으며, 중국에서 '흑치'로 알려진 필리핀 등 동남아시아도 『흑치상지묘지명』을 통해 백제의 세력권이었음을 추정해볼 수 있습니다. 한마디로 광대한 바다를 중심으로 해상왕국을 이루었던 나라가 백제였던 것입니다. 중국 사서에 백제의 어원이 백가제해(百家濟海), 즉 많은 세력이 바다를 건너갔다는 것에서 나라 이름이 생겼다고 기록할 만큼 백제는 명실상부한 해상왕국이었습니다.

■ 고구려의 전성기

고국원왕이 백제 근초고왕과의 싸움에서 패하여 전사하자, 고구려의 대외 팽창 사업은 일단 멈출 수밖에 없었습니다. 그래서 소수림왕(4세기 후반)은 정복 활동을 멈추고 대대적인 내정 개혁을 통하여 국력을 새롭게 다집니다. 전면적인 내정 개혁의 내용을 살펴보면, 율령 반포, 불교 공인, 태학 설립 등이 있었죠. 소수림왕은 율령을 반포하여 통치체제를 중앙집권적으로 정비하였고, 불교를 받아들여 사상적으로 국가를 통일하였으며, 태학(우리나라 최초의 학교)을 설립하여 유교 이념에 충실한 인재를 양성하였습니다(유학은 충·효가 핵심이죠. 특히 왕들은 충성을 제일 좋아했어요). 소수림왕은 이러한 내정 개혁을 통하여 중앙집권적 고대국가 체제를 완성함과 동시에 향후 고구려 전성기의 밑거름을 만들었던 것이죠.

1946년 경주의 한 무덤에서 청동 그릇이 발견되었습니다. 그릇 밑바닥에는 '을묘년 국강상광개토지호태왕(광개토대왕의 공식적인 호칭) 호우십'이라는 글씨가 새겨져 있습니다. 그래서 이를 '호우명 그릇'이라고 부르고, 이 무덤을 '호우총'이라고 하게 되었죠. 호우총은 5세기경 경주에 만들어진 신라 고분입니다. 그런데 왜 신라의 서울인 경주 한복판에서 고구려 광개토대왕의 공식 호칭이 새겨진 그릇이 나온 것일까요? 풀어서 설명하자면, 호우명 그릇의 정확한 공식 명칭은 '광개토대왕공적기념호우'입니다. 호우명 그릇은 왜와 가야를 토벌하고 신라를 지켜준 광개토대왕의 공적을 기념하여 만들어진 그릇이었던 거죠. 한마디로 고구려가 신라의 요청으로 왜와 가야를 토벌했다는 광개토대왕릉비의 기록을 증명해주는 증거이며, 고구려 군대가 신라 땅에 주둔했었다는 증거인 것입니다.

비슷한 예로, 현재 우리나라의 서울 한복판에도 용산 미군기지가 있습니다. 미군은 1950년 6·25전쟁이 터지자 대한민국을 도우려고 왔죠. 그 후로도 미군은 계속 대한민국에 주둔하고 있습니다. 조만간 용산의 미군기지가 평택으로 옮겨 간다고 합니다. 이제 용산 미군기지가 있었던 땅은 서울 시민을 위해 새로운 용도로 이용될 것입니다. 세월이 흐르고 흘러, 이러한 역사적 사실이 까맣게 잊혀진 먼 미래에, 용산에서 미국 대통령의 이름이 새겨진 주한 미군의 유물이 발견된다면 우리나라에 미군이 주둔했었다는 명백한 증거가 되겠죠? 마찬가지입니다. 고구려의 영향

호우명 그릇 : 고구려 군대의 신라 주둔 증거.

력 아래에 있었던 신라는, 한반도 남쪽 동남부에 위치하여 중국과의 직접 교역로가 없었기 때문에 고구려를 통해 간접적으로 중국의 선진 문물을 수용하면서 성장해갔던 것입니다.

이와 같이 호우명 그릇의 주인공은 고구려의 전성기(5세기)를 열어젖힌 광개토대왕입니다. 광개토대왕은 이름 그대로 '널리(廣) 영토(土)를 개척(開)한' 왕입니다. 우리 역사상 가장 큰 영토를 개척한 왕 중의 왕, 대왕이었죠(태왕이라고도 합니다. 그래서 드라마 「태왕사신기」에서는 광개토대왕이 항상 '태왕' 또는 '담덕'이라는 이름으로 불리었죠. '담덕'은 광개토대왕의 원래 이름입니다).

광개토대왕은 즉위하자마자 대대적인 정복사업을 결행하였습니다. 먼저 전통의 라이벌이자 숙적이었던 백제를 공격하여 한강 이북을 차지하였고, 이어서 만주지방으로 진출하여 동북쪽에 위치한 숙신을 정벌하여 복속시키고, 서쪽으로 국경을 맞대고 있던 후연을 쳐서 요동 지방 전부

광개토대왕릉비 실물 복원 모형
(독립기념관 소재)

와 요서 지방 일부에 이르는 거대한 영토를 차지하였습니다. 나아가 신라와 왜, 가야 간에 세력 다툼이 일어나자 신라의 편에 서서 왜구를 격퇴하고 가야를 공격하여 그 영향력을 한반도 남부까지 확대하였습니다. 그리하여 우리나라 최고의 정복 군주 광개토대왕은 만주 지방에서 한강 이북 지역에 걸친 거대한 영토를 지배하며, 그 영향력이 한반도 남부까지 미쳤던 것입니다. 이와 같은, 광개토대왕의 위대한 생애와 업적을 기록한 거대한 비석이 바로 만주 집안에 남아 있는 광개토대왕릉비입니다.

드라마 「태왕사신기」의 끝부분에, 광개토대왕과 반대파의 마지막 결전을 앞두고 반대파의 음모로 가야가 왜를 끌어들여 신라를 공격하게 하는 장면이 나옵니다. 신라 사신들이 구원을 요청하였다는 말을 듣고, 광개토대왕이 고민하는 모습이 나오죠. 마침내 그는 보병과 기병을 합하여 5만을 주어 왜를 격파하고 가야까지 쓸어버리라고 합니다. 백제가 움직일 수 없게 해야 한다고도 말합니다. 이 장면은 바로 399~400년까지 벌어진 사건을 묘사한 것입니다. 먼저 광개토대왕릉비의 기록을 봅시다.

9년(399) 기해에 백잔은 (노객이 되겠다는) 서약을 위반하고 왜와 화통하므로, 왕은 평양으로 순수하며 내려갔다. 신라가 사신을 보내어 왕에게 아뢰기를 "왜인이 국경에 가득 차 성을 파괴하였으니 노객(신라 내물왕)은 백성으로서 왕의 명을 듣기를 청한다."고 하였다. 태왕은 인자하게도 그들의 충성을 칭찬하고, 신라 사신을 특별히 돌려보내며 비밀계획을 알려주었다. 10년(400) 경자에 보병과 기병 5만을 파견하여 신라를 구원하게 했다. 남거성으로부터 신라성에 걸쳐 왜인이 가득했다. 관군이 도착하자 왜적은 퇴각했다. 그 뒤를 급히 추격하여 임나가라의 종발성에 이르니 성이 곧 항복하였다(『광개토대왕릉비문』).

고구려 광개토대왕은 신라와 왜, 가야 간의 세력 다툼이 일어나자 신라를 구원하여 왜구를 격퇴하고 가야를 공격하여 그 영향력을 한반도 남부까지 확대하였던 것입니다. 당시 고구려와 신라 그리고 가야의 관계를 좀 더 자세히 살펴보면 다음과 같습니다. 내물왕은 왜가 침략을 해오자 즉시 광개토대왕에게 구원을 요청합니다. 이에 광개토대왕은 기병 5만을 보내 왜를 격퇴하고, 가야연맹의 중심 세력이었던 금관가야까지 박살냈죠. 그런데 왜가 침입했는데 무엇 때문에 가야까지 쳐들어갔을까요? 맞습니다. 왜의 뒤에서 침략을 사주하고 주도한 세력이 바로 가야였기 때문입니다. 결국 이 사건 이후 금관가야 중심의 전기 가야연맹은 급속히 무너지고 대가야 중심의 후기 가야연맹이 새롭게 형성됩니다. 그러나 가야 뒤에는 백제가 있었습니다. 400년의 원정이 발생하게 되는 원인을 399년의 기사에서 "백잔은 서약을 위반하고 왜와 화통하므로"라고 설명하고 있죠. 왜 뒤에는 가야가 있었고, 가야 뒤에는 백제가 있었던 것입니다. 백제를 견제하기 위해 만만한 왜와 가야를 박살냈던 것이죠. 그런데, 신라를 구원한 고구려의 군대는 바로 돌아갔을까요? 아닙니다. 고구려는 군대를 신라 땅에 그대로 주둔시키며 내정간섭을 하는 등 커다란 영향력을 행사하였습니다. 그 증거가 바로 경주 호우총에서 발굴된 호우명 그릇입니다.

POST-CARD

□□□-□□□

To : 보고 싶은 친구 ○○

나는 지금 경주에 와 있어. 이곳은 신라의 서울이었던 곳이지.
그런데 이 엽서의 우표 속 사진이 뭔 줄 아니? 호우명 그릇이야.
이곳 호우총에서 발견된 고구려 광개토대왕의 이름이 적힌 유물이야.
왜 신라의 서울이었던 이곳에서 고구려 왕의 이름이 적힌 유물이 나온 것일까?
이 유물은 당시 신라와 고구려의 관계를 잘 보여준다고 해. 어떤 관계인지는
돌아가서 얘기해줄게. 나는 이번 여행에서 역사 공부를 많이 하는 것 같아.
너랑 같이 왔으면 더 좋았을걸. 또 소식 전할게. 안녕.

From : 경주에서 ○○

□□□-□□□

광개토대왕의 아들인 장수왕(장수왕은 호칭 그대로 장수한 왕입니다. 5세기 전체가 그의 재위 기간입니다. 하도 오래 살아서 그의 아들 '조다'는 장수왕보다 먼저 죽고 손자인 문자왕이 왕위를 계승했죠)은 아버지의 위대한 업적을 이어받았습니다. 장수왕은 만주 북쪽 흥안령 일대의 초원지대를 장악함과 동시에, 외교에 치중하여 한편으로는 당시에 분열·대립하고 있던 중국의 남북조와 각각 교류하면서, 또 한편으로는 이 두 세력(북조의 왕조들은 여러 유목민족이 세웠고, 남조의 왕조들은 공통적으로 한족이 세운 왕조들로 남조와 북조는 사이가 나빴죠)을 교묘하게 조종하여 견제하는 외교정책을 구사하였습니다.

이처럼 뛰어난 외교전술을 통하여 고구려의 북서쪽 국경을 안정시킨 장수왕은 국내성에서 평양성으로 천도를 단행하였습니다. 평양성 천도 이유는 세 가지가 있습니다. 먼저 국내성에서 세력을 잡고 기득권을 누

리고 있던 귀족 세력의 힘을 약화시켜 왕권을 더욱 강화하기 위해서입니다. 또 서해안에 가까운 평양으로 수도를 옮겨 중국과의 교류를 더욱 활발히 하려는 목적입니다. 그리고 남하정책을 위해서입니다. 평양성 천도 이후 장수왕은 남하정책에 더욱 박차를 가하여, 백제의 수도 한성을 함락시키고 한강 유역을 차지하였으며, 남양만에서 죽령 일대에 이르기까지 영토를 확장하여 거대한 영토를 개척하였습니다. 이러한 고구려의 한강 유역 진출을 기록하고 있는 것이 바로 광개토대왕릉비와 충주 고구려비입니다. 광개토대왕릉비는 만주 집안에서 발견된 능비로 장수왕이 자신의 아버지인 광개토대왕의 업적을 추모하여 세운 비이고, 충주 고구려비는 현재 충주시에서 발견된 고구려비로 문자왕이 할아버지인 장수왕의 업적을 기념하여 만든 비석입니다.

★ **영화**와 **드라마**로 **역사** 읽기 – **드라마** 「광개토대왕」

　　드라마 「광개토대왕」은 광개토대왕의 일대기를 그린 작품으로 백제, 신라를 압박하고, 만주의 광대한 영토를 차지한 업적을 잘 묘사하였습니다. 이러한 광개토대왕의 업적을 가장 잘 보여주고 있는 것이 바로 광개토대왕릉비입니다. 요나라 황제의 비로 알려졌던 광개토대왕릉비가 발견된 것은 1883년으로 알려져 있습니다. 재일동포 사학자인 이진희에 따르면, 1880년 일본군 참모본부에서는 사카와라는 간첩을 중국에 파견하였는데, 사카와가 만주에서 정보 수집 중 광개토대왕릉비를 발견하였다고 합니다. 사카와가 이때 현지인을 시켜 탁본을 떠서 일본에 가져간 것이 이른바 쌍구본이죠. 일본군 참모본부에서는 이에 대한 해독 작업을 실시하였고, 다시 1894년에 간첩을 보내 탁본을 떠서 가져왔습니다. 그러나 이 탁본은 쌍구본과 달랐고, 다시 1900년 전후로 간첩을 보내 석회를 바르고 쌍구본에 맞게 비문을 변조하였다는 것입니다.

그러나 중국의 역사학자인 왕건군에 따르면, 일본군 참모본부가 보낸 간첩들에 의한 비문 변조는 사실상 불가능했다고 합니다. 청나라 영토 안에서 이러한 대규모 비문 변조가 비밀리에 이루어질 수는 없었기 때문이라는 것이죠. 그리고 탁본마다 비문이 다른 이유를 1870년대부터 광개토대왕릉비의 탁본을 떠서 판매한 현지 중국인이었던 초천부 부자가 쌍구본을 참고하여 석회를 발라 비문을 뚜렷하게 만들었기 때문이라고 설명하였죠. 광개토대왕릉비는 자연석(응회암)에 비문을 새겼기 때문에 비 자체가 울퉁불퉁하였습니다. 이러한 탁본 뜨기의 어려움을 해소하기 위해 석회를 발랐고, 그 과정에서 비문이 탁본마다 다른 현상이 나타났던 것이라는 설명입니다. 그렇다면 이러한 비문 변조에 대한 논쟁이 국제적으로 벌어졌던 이유는 어디에 있었을까요?

일본은 쌍구본에 대한 해독 작업 이후 광개토대왕릉비를 임나일본부설을 주장하는 근거로 삼아왔습니다. 임나일본부설이란 일본이 4~6세기 사이에 임나일본부를 두고 백제, 신라, 가야를 지배하였다는 허무맹랑한 주장입니다. 당시 일본은 '일본'이라는 나라 이름도 없어서 '왜(倭)'라고 불릴 만큼 국가 체제도 자리 잡지 못한 시기입니다. 이러한 '왜'가 '임나일본부'를 설치하였다는 것 자체가 말이 안 됩니다. 그러나 일본 역사 교과서에서는 아직도 이러한 임나일본부설을 사실로 기술하고 있습니다. 백제, 신라는 몰라도 가야는 임나일본부가 통치하던 지역이었다는 것이죠. 도대체 어떠한 근거에서 이러한 주장을 하는 것일까요? 이러한 주장의 핵심에 바로 광개토대왕릉비가 있습니다. 다음 기록을 봅시다.

> 백잔, 신라는 예로부터 (고구려의) 속민으로서 조공을 하였다. 그런데 왜가 신묘년(광개토대왕 1년, 391년) 이후로 바다를 건너와서 백잔, ㅁㅁ, ㅁ라를 파하고 신민으로 삼았다(百殘新羅舊是屬民由來朝貢而倭以辛卯年來渡海破百殘ㅁㅁㅁ羅以爲臣民, 『광개토대왕릉비문』).

백제, 신라는 고구려에 종속되어 조공을 바치는 고구려의 영향권인데, 왜가 바다를 건너와서 백제, ㅁㅁ, 신라를 침략하여 신민으로 삼았다는 것입니다. 이것이 임나일본부설을 주장하는 결정적 근거가 되었던 것입니다. 하지만 이 기록

은 현재 일반적으로 과장된 기록으로 평가되고 있습니다. 한마디로 광개토대왕
의 업적을 기록하다 보니 멋지게 표현하는 과정에서 나온 과장이라는 것이죠.
왜냐하면 신묘년의 기록에 이어서 나오는 병신년(광개토대왕 6년)의 기록에는 백
제를 공격하여 백제의 여러 성들을 점령하고, 백제의 왕으로부터 신하가 되겠
다는 항복을 받은 내용이 등장하기 때문입니다. 즉 백제를 공격하기 위한 명분
을 설명하는 기록이 바로 신묘년 기사라는 것이죠. 종합적으로 설명하면, 백제
는 고구려의 영향력 아래에 종속되어 있는 나라였는데, 왜의 신민이 되었으니까
(고구려를 배신하고 왜에게 붙었으니까) 군사를 동원하여 응징하고, 다시 고구려
의 신민으로 되돌렸다는 뜻입니다.

■ 신라, 삼국 통일의 기반을 마련하다

지증왕(6세기 초) 때는 국가체제가 더욱
정비되었습니다. 국호를 사로국에서 신라('임금의 훌륭한 업적이 날로 새로워져
서 사방을 망라한다.'는 '德業日新網羅四方'에서 新과 羅를 뽑아 신라로 했다고 합니다.
즉 왕권이 전국 방방곡곡에 미친다는 것으로 중앙집권화를 의미합니다)로 바꾸고, 왕
호를 마립간에서 왕(중국식 왕호를 사용한다는 것은 왕권 강화를 의미합니다)으로
바꾸었습니다. 지증왕은 수도인 금성(경주)의 행정구역과 각 지방의 행정
구역을 정비하였고, 정복 활동을 벌여 우산국(현재 울릉도)을 복속시켰습
니다(그래서 이때부터 울릉도와 독도가 우리의 영토가 된 것입니다).

이어 법흥왕(6세기)은 골품제도를 정비하여 귀족들의 위계질서를 엄
격하게 하여 중앙집권 체제에 귀족들을 편입시켰습니다. 또한 군사·국방
을 담당하는 병부를 설치하여 왕권의 군사적 기반으로 삼고, 율령 반포,

공복 제정 등 통치체제를 정비하였습니다. 이어 귀족 세력의 반대를 물리치고 불교를 공인하여 왕권 강화를 합리화하는 데 이용하였습니다. 또한 연호로 건원을 사용하였습니다. 당시 중국 황제만이 쓰던 연호를 사용하였다는 것은 신라가 중국과 동급의 자주국가임을 강조한 것이죠.

이어 진흥왕(6세기) 때는 전통적으로 민간 청소년 조직이었던 화랑도를 국가 조직으로 개편하여 국가를 이끌어나갈 인재를 교육하고, 군사 훈련을 실시하여 군사력 강화에 이용하였습니다. 또한 불교 교단을 정비하여 왕권을 뒷받침하고, 사상적으로 국가를 통합하였습니다. 이러한 체제 정비를 바탕으로 백제 성왕과 힘을 합하여 고구려로부터 한강 유역을 빼앗고, 백제와의 약속을 깨는 배신을 통해 한강 유역 전체를 차지하였습니다.

한강 유역은 예로부터 넓은 평야가 많고 물이 풍부한 곡창지대였죠. 국가의 중요한 경제 기반이 되는 지역이었습니다. 또한 한반도의 중앙에 위치하여 국가 전략의 중요한 거점이 되었습니다. 또 한강이 바로 서해로 이어지기 때문에 한강 유역은 중국과 직접 교류할 수 있는 유리한 발판이 되었습니다. 이렇듯 중요한 거점이었기 때문에 백제, 고구려, 신라는 최고 전성기에 각각 한강을 차지하였지요. 어쨌든 진흥왕은 정복 활동을 더욱 강화하여 함경도 지역으로까지 진출하였으며, 대가야를 정복하여 가야를 완전히 멸망시켰습니다. 이러한 정복 활동을 확인할 수 있는 증거가 바로 단양 적성비와 4개의 진흥왕 순수비입니다. 단양 적성비와 북한산비는 한강 유역 정복의 증거이고, 마운령비·황초령비는 함경도 지역까지 정복했다는 증거이며, 창녕비는 가야를 정복하였다는 증거입니다.

★ **영화**와 **드라마**로 **역사** 읽기 – **드라마** 「선덕여왕」

드라마 「선덕여왕」의 첫 회에 진흥왕이 북한산에 올라 순수비 앞에서 신라의 영토 확장을 과시하는 장면이 나왔습니다. 진흥왕이 신라의 영토를 넓히고 전성기를 이룩한 왕이었음을 보여주었죠. 또한 화랑들 이야기가 드라마의 큰 축을 이루고 있는데, 당시 신라의 발전과정에서 화랑도가 매우 중요한 역할을 하였음을 보여주고 있습니다.

드라마 「선덕여왕」에서는 진골 귀족들의 화백회의 장면이 자주 나오고, 화백회의를 통해 진지왕을 쫓아내고 진평왕을 즉위시키는 상황이 묘사되기도 하였습니다(미실이 주도하였다는 것만 빼면 모두 사실입니다). 이는 화백회의가 국왕을 교체할 만큼 강력한 세력을 갖고 있었음을 보여줍니다. 삼국시대의 귀족회의가 왕권을 견제하는 역할을 하였던 것이죠.

드라마 「선덕여왕」의 미실은 『화랑세기』 필사본에만 나오는 인물입니다. 그리고 『화랑세기』 필사본은 위서, 즉 '가짜 책'이라는 주장이 더 우세한 상황이죠. 게다가 드라마 내용 중 덕만과 천명이 쌍둥이라든지 덕만이 어린 시절 타클라마칸 사막에 살았다는 등의 내용은 완전 허구이죠. 그러나 미실이 '정확한 천문예측'을 무기로 권력을 잡고 있는 상황으로 선덕여왕이 즉위 후 첨성대를 건설하는 역사적 이유를 보여주고 있기도 합니다.

■ 가야의 멸망

금관가야의 쇠퇴 이후 가야연맹은 대가야를 중심으로 후기 가야연맹이 발전하였습니다. 대가야가 위치한 지금의 고령 지방은 철이 풍부하였고, 농업이 발전하여 5세기 후반 대가야는 급속도로 성장하였습니다. 그러나 가야연맹은 중앙집권국가로 발전하지 못하고 점차 약화되어 532년 금관가야가 신라 법흥왕에게 정복당하였고, 562년 대가야가 신라 진흥왕에게 멸망당하면서 가야연맹은 신라에 완전히 정복되었습니다. 이렇게 가야연맹은 중앙집권국가로 성장하지 못하고 연맹왕국 단계에서 멸망하고 말았던 것입니다.

■ 삼국시대의 신분제

구석기시대, 신석기시대까지는 계급이나 신분이 없었습니다. 평등한 공동체적 생활을 하였죠. 그러나 청동기시대에 계급이 나타나기 시작하여 불평등한 사회가 시작되었습니다. '도둑질을 한 자는 노비로 삼는다.'는 고조선의 법 기억나죠? 고조선은 노비가 있는 등 신분제 사회였죠. 부여, 초기 고구려 등 연맹왕국 단계에서는 가·대가로 불린 권력자들과 호민·하호·노비의 신분이 있었습니다. 가·대가는 정치권력을 가진 지배자로서 관리와 군대를 유지하고, 호민(경제적으로 부유한 계층)을 통하여 하호(대개 농민들로 평민에 해당), 노비(최하층으로 주인에게 예속된 천민층) 등 피지배층을 통치하였죠. 연맹왕국 단계의 권력자였던 가·대가는 중앙집권 국가로 발전하면서 점차 귀족이 되어갔습니다.

삼국시대와 남북국시대에 신분은 대개 귀족, 평민, 천민으로 구분됩니다. 귀족은 왕족을 포함한 지배층으로 자신들의 특권을 유지하기 위하여 율령(법률)을 만들어 피지배층을 통제하였습니다. 고구려 고분벽화를 보면 귀족들은 크게 그려지고, 평민이나 노비들은 작게 그려져 있습니다 (이렇게 신분의 높고 낮음에 따라 인물의 크기가 다르게 묘사되는 일은 이집트 문명의 벽화에서도 나타나는 현상입니다. 파라오 등 지배층은 크게, 노예 등 피지배층은 작게 그려졌죠). 신분의 높고 낮음이 매우 뚜렷하게 구분되었음을 보여주는 사례입

가·대가	정치권력을 가진 지배자
호민	경제적으로 부유한 계층
하호	대부분 농민
노비	주인에게 예속된 천민

니다. 지금도 드라마에 나오는 재벌 2세 역할은 잘생긴 연기자들이 주인공으로 나오고, 일반 서민 역할은 평범하거나 못생긴 연기자들이 조연으로 나오는 것과 비슷하다고 할 수 있죠.

평민은 농민들이 대다수를 차지하며 자유민(이와 반대로 노비처럼 자유가 없는 사람들을 부자유민이라고 하죠)이었습니다. 그러나 자유의 대가로 조세, 공물, 부역을 내야 했기 때문에 생활 형편이 매우 어려웠습니다. 천민은 노비가 대다수를 차지하며 주인의 집에서 살며 주인의 시중을 들거나 주인과 따로 살며 주인이 소유한 토지를 농사짓고 살기도 하였습니다. 당시 노비가 되는 경우는 보통 세 가지였습니다. 전쟁 포로로 잡혀서 노비가 되는 경우, 죄를 짓고 형벌로 노비가 되는 경우, 빚을 지고 갚지 못하여 노비가 되는 경우 등입니다. 지금도 전쟁에 군인으로 나갔다가 포로로 잡히면 감옥에 가고, 죄를 지으면 감옥에 가고, 빚을 갚지 못하여 심하면 감옥에 가는 것과 비슷하다고 할 수 있죠. 감옥에 있는 죄수들은 현대판 노비라고 할 수 있죠. 자유가 없는 부자유민이니까요.

무용총 접객도 복원 그림 : 신분의 차이를 크기로 표현하였습니다.

귀족	왕족을 포함한 지배층
평민	대부분 농민
천민	전쟁 포로, 형벌, 빚을 지고 갚지 못하여 노비가 됨

■ 삼국시대의 사회 모습

　　　　　　　　먼저 고구려인과의 가상 인터뷰를 통해
고구려의 사회 모습을 살펴보겠습니다.

▷ 기자 : 고구려의 귀족은 어떻게 구성되어 있었나요?

▶ 고구려인 : 왕족인 고씨들과 5부 출신 귀족들로 구성되어 있었습니다. 귀족들은 고위직을 세습하고 많은 토지를 소유하는 등 정치적·경제적 권력을 차지하였고, 전쟁 등 국가적 위기를 맞으면 앞장서서 전투에 참가하였습니다.

▷ 기자 : 고구려의 법률은 어떠했나요?

▶ 고구려인 : 매우 엄격하게 법률이 시행되어 범죄에 대해 철저하게 응징하였습니다. 특히 반역죄, 반란죄를 지은 자는 화형으로 죽이고, 그 시체의 목을 다시 베었을 정도로 잔인하게 처형했습니다. 게다가 반역, 반란을 저지른 죄인의 가족들을 노비로 삼는 연좌제가 적용되었습니다. 또 전쟁에 나가 패배, 항복한 경우에도 사형에 처하였고, 도둑질에 대해서는 훔친 물건 값의 12배를 물게 하는 벌금형이 부과되었습니다.

▷ 기자 : 진대법에 대해 설명해주세요.

▶ 고구려인 : 고국천왕 때 가난한 농민들을 구제하기 위하여 봄(가을에 수확한 곡식을 겨울에 다 먹어서 먹을거리가 떨어지는 시기가 봄이었죠)에 곡식을 빌려주었다가 가을에 추수하면 갚도록 하였던 것을 말합니다. 이는 농민들의 몰락을 막기 위해서였습니다. 농민이 몰락하면 귀족들의 노비가 되어 귀족들의 세력이 커지죠. 노비는 세금을 내지 않기 때문에 국가 재정이 악화되고, 군역을 지게 할 평민들이 적어져 국방력도 약화되기 때문에 결국 왕권이 약화되는 것입니다. 즉 진대법은 귀족 세력이 강해지는 것을 막고, 왕권을 강화하기 위해 실시된 것이라고 볼 수 있습니다.

▷ 기자 : 어떠한 경우에 노비가 되었는지 알고 싶습니다.

▶ 고구려인 : 고구려의 천민(노비)들은 대개 피정복민이거나(고구려는 정복 활동을 많이 했기 때문에 정복한 땅의 주민들이나 전쟁에서 항복한 포로들을 노비로

삼았죠) 평민이 몰락하여 천민이 되었습니다. 농업에 중요한 소를 죽이거나 군사력에 중요한 말을 죽이면 노비로 만드는 처벌을 하였고, 빚을 갚지 못하면 자식을 노비로 팔아 갚기도 하였습니다.

▷ 기자 : 고구려의 혼인 풍습에 대해서도 말씀해주세요.

▶ 고구려인 : 형사취수제, 서옥제 등이 있습니다. 평민들은 대개 자유로운 연애를 통하여 혼인하였는데, 남자가 결혼한 직후 처갓집 옆에 작은 사위집(서옥)에 살면서 아이를 낳아 크면 남자 집으로 돌아가는 제도를 서옥제라고 합니다. 형사취수제는 형이 죽으면 동생이 형수와 다시 혼인하는 풍습입니다.

백제의 귀족은 왕족인 부여씨(드라마 「천년지애」에서 성유리가 "나는 남부여의 공주 부여주다"라고 하죠. '부여주'의 부여가 성이고, 주가 이름이죠. 백제 왕족의 성이 바로 '부여'씨입니다)와 8성의 귀족으로 구성되었습니다. 다음은 백제인과의 가상 인터뷰를 통해 백제의 사회 모습을 살펴보겠습니다.

▷ 기자 : 백제는 중국과의 활발한 교류로 문화가 발전하였다고 알고 있습니다.

▶ 백제인 : 그렇습니다. 백제의 귀족들은 중국의 고전, 역사책 등을 자주 읽을 정도로 한문을 자유롭게 쓰고 읽을 줄 알았습니다.

▷ 기자 : 백제의 법률에 대해 말씀해주세요.

▶ 백제인 : 법률이 엄격하여 범죄에 대해 철저하게 응징하였습니다. 고구려와 마찬가지로 반역자, 전쟁에 패한 자, 살인자는 참수(목을 벰)하여 사형에 처했고, 도둑질한 자는 귀양 보냄과 함께 훔친 물건 값의 2배를 배상하게 하였습니다. 또 관리가 뇌물 수수, 국가 재물 횡령 등의 죄를 지으면 뇌물, 횡령 액수의 3배를 벌금으로 내야 하고, 죽을 때까지 금고형(감옥에 가둠)에 처하였습니다.

신라는 초기의 전통을 오랫동안 유지하였습니다. 이러한 전통을 유지한 대표적인 제도들이 화백회의, 골품제, 화랑도입니다. 먼저 화백회의는 귀족회의로서 귀족들의 이익을 목적으로 한 회의 기구였죠. 국왕을 폐위하거나 새 국왕을 추대하는 경우까지 있을 정도로(즉 왕을 쫓아내고 새로 뽑을 정도로 왕권보다 더 강한 경우도 있었다는 거죠) 권력을 행사하며 왕권을 견제하기도 하였습니다.

골품제는 귀족들을 골(성골, 진골)과 품(6, 5, 4, 3, 2, 1두품)으로 나누는 신분제입니다. 관등제가 골품제와 연결되어 있어서 승진할 수 있는 상한선이 정해져 있었습니다. 그래서 6두품 이하는 진골들이 고위 관등을 독차지하는 골품제에 대해 불만이 많았습니다. 또 사회 활동에 있어서도 가옥의 규모, 장식물, 복색, 수레 등 일상생활까지도 골품에 따라 엄격한 제한이 가해졌습니다. 내가 6두품 이하라면 아주 큰 집에 살 수도 없고, 목걸이나 반지도 마음대로 못하고, 옷 색깔도 마음대로 입을 수 없고, 자동차(수레)도 좋은 차를 못 타는 것입니다. 정말 진골이 아니면 짜증나는 세상이었겠죠?

화랑도는 원시사회부터 있었던 청소년 집단에서 시작하였습니다. 지금도 아프리카 등의 원시부족에는 청소년들이 성인이 되기 전에 사냥이나 부족의 역사 등을 배우며 성인이 되는 통과의례를 준비하는 청소년 집단이 있습니다. 이러한 청소년 집단이 신라에서는 화랑도로 발전하였다고 할 수 있죠. 화랑도의 지도자는 화랑인데 귀족의 자제들 중 선발되었습니다. 그리고 화랑은 귀족에서 평민까지 각계각층의 낭도들을 이끌었습니다. 화랑도에 속한 여러 계층의 낭도들은 단체 활동을 통하여 계층 간의 대립이나 갈등을 줄여 화합을 이루었습니다. 이렇게 신라의 청소년들은 화랑도를 통하여 전통적인 관습 같은 사회 규범을 배우고, 명산대천에 가서 하늘에 제사를 지내고, 사냥을 하고, 군사 훈련을 하였습니다. 진흥왕은 화랑도 활동을 장려하고 국가적 조직으로 확대하였는데, 이는 진흥왕 때 있었던 영토 확장과 연결되어 있습니다. 또 원광이란 스님이 청소년들에게 세속 5계라는 규범을 제시하였는데, 이것이 화랑도에 영향을 주었다고 할 수 있죠.

■ 삼국시대의 경제

우리나라의 조세제도는 삼국시대부터 조선시대까지 어느 시대나 기본적으로 똑같습니다. 조세, 공물, 역이죠. 조세는 토지세, 공물은 지역 특산물, 역은 노동력을 국가에 내는 것입니다. 삼국시대에는 호를 나누어(집집마다) 재산이 많으면 많이 내고 재산이 적으면 적게 곡물, 포(옷감)를 세금으로 거두었습니다. 또한 지역의 특산물을 공물로 거두었습니다. 그리고 15세 이상 남자들의 노동력을 동원하였고, 전쟁에 군사로 동원되거나 전쟁 물자를 운반하는 잡역부로 동원되기도 하였습니다.

삼국시대 신라는 경주에 동시라는 시장을 열었고, 시장을 감독하는 관청인 동시전이 있었습니다. 고구려는 중국의 남조, 북조, 북방 유목민족과 무역을 하였고, 백제는 중국의 남조, 왜와 무역을 하였습니다. 신라는 한강 유역을 차지하기 전에는 고구려, 백제를 통하여 중국과 무역을 하였으나 한강 유역을 차지한 이후에는 당항성(현재 경기도 화성)을 통하여 중국과 직접 무역하였습니다.

삼국시대의 귀족들은 비단 옷을 입고 화려한 보석으로 치장하였습니다. 중국에서 만든 비단을 수입하여 옷을 만들었기 때문에 굉장히 비쌌죠. 이렇게 사치스런 생활을 할 수 있었던 것은 귀족들이 많은 땅을 소유하였고, 고리대를 통해 높은 이자를 받거나 농민들의 토지를 빼앗는 등 더욱더 많은 재산을 늘려나갔기 때문이죠.

삼국시대의 농업생산량은 한층 증가하였습니다. 철제농기구를 사용하였고, 소를 이용한 우경이 보급되었기 때문이죠. 그러나 퇴비를 주는 시비법을 몰랐기 때문에 한 번 농사를 지으면 몇 년 동안 농사를 짓지 않는 휴경법이 일반적이었습니다.

4.
응답하라 676

■ 6세기 말~7세기
동북아시아의 정세

응답하라 676! 676년은 신라가 당나라 군대를 몰아내고 삼국 통일을 완성한 해입니다. 우리 민족이 처음으로 하나의 민족으로 통일이 된 역사적인 연도죠. 그런데 이상한 점이 하나 있습니다. 어떻게 삼국 중 가장 약한 나라였던 신라가 통일을 이룰 수 있었냐는 겁니다. 그러나 이유는 간단합니다. 신라와 당이 힘을 합쳐 백제와 고구려를 하나씩 멸망시켰기 때문이죠. 그렇다면 신라는 언제부터 중국 세력과 힘을 합치기 시작했을까요?

남북조로 갈라져 있던 중국을 6세기 말 다시 통일한 것은 수의 문제입니다. 수는 중국 통일 후 주변 국가들을 복속시키며 세력을 확대해나갔습니다. 이에 대항하여 고구려는 돌궐, 백제, 왜와 연합 세력을 형성하였습니다. 또한 고구려와 백제가 힘을 합쳐 신라를 위협하자 신라는 수나라와 연합 세력을 이루었고, 수나라가 멸망한 이후에는 당나라와 다시 힘을 합쳐 고구려, 백제에 맞섰습니다.

■ 고구려, 수·당과 맞서 싸우다

수의 세력이 점차 고구려를 위협하자 고구려는 먼저 수의 요서 지방을 선제공격하였습니다. 갑자기 기습을 당한 수의 문제는 화가 났죠. 언제 고구려를 칠까 생각하고 있었는데, 한마디로 울고 싶은데 뺨 때린 거죠. 급하게 군대를 동원하여 고구려를 쳤지만 고구려는 요하를 철저하게 방어하고, 수나라의 수군(해군)을 대파하여 승리를 거두었습니다. 고구려에게 혼쭐이 난 수 문제는 쉽게 고구려를 치지 못하고 있다가 죽고, 그 뒤를 이어 수 양제가 정권을 잡았습니다. 양제 역시 고구려를 정복하기 위하여 백만이 넘는 군대를 이끌고 고구려로 쳐들어갔지만 별동대 30만 명이 대부분 몰살당한 살수대첩(612)으로 인해 수나라는 곧 멸망하였습니다.

수를 이어 들어선 당 역시 고구려를 침략하기 위해 준비를 하였습니다. 어차피 이름만 당으로 바뀐 거지 중국은 중국이니까요. 고구려에게 당한 중국인들의 수치를 갚으려고 한 거죠. 고구려에서도 당의 침략에 대비하여 천리장성을 쌓는 등 방어체제를 강화하였습니다. 천리장성을 쌓는 일을 감독하면서 요동의 군사력을 장악하며 세력을 키운 연개소문은 당에 대항하여 당당하게 맞서 싸우자고 주장하는 강경파였습니다. 당시의 왕이었던 영류왕은 전쟁을 막기 위해 당을 자극하지 말고 전쟁을 막자는 온건파였죠. 그래서 강경파를 중심으로 연개소문이 쿠데타를 일으켜 영류왕을 죽이고 보장왕을 꼭두각시로 내세우며 실질적인 권력을 차지하였습니다. 연개소문의 집권 이후 더욱 강경하게 당에 맞서자 드디어 당 태종이 대규모 군대를 직접 지휘하여 고구려 공격에 나섰습니다.

전쟁 초기에는 요동성을 비롯한 국경 지역의 여러 성이 함락되면서 고구려는 위기에 빠졌습니다. 그러나 곧 안시성을 중심으로 군대와 백성들이 힘을 합하여 두 달 동안 굳세게 저항하여 당군을 막아냈고 전쟁은 장기화되었습니다. 추위가 다가오자 당은 결국 전쟁을 포기하고 돌아갔습니다. 이후에도 당은 여러 차례 공격하였지만 고구려는 이를 모두 물리쳤습니다. 고구려가 수·당과 싸워 이긴 것은 고구려를 지켜냈을 뿐만 아니라 백제, 신라를 포함한 한반도 전체를 지켜낸 쾌거였습니다. 만약 고구려가 패배했다면 당시 고구려보다 약했던 백제, 신라 역시 수와 당에게 멸망하였을 것이 분명합니다. 우리 민족은 중국의 지배에 들어갔을 것이고, 사라졌을 수도 있습니다. 이러한 민족적 위기를 기적적으로 구해 낸 것이 바로 고구려가 수·당에 맞서 싸워 이긴 전쟁의 역사적 의미입니다.

■ 신라와 당, 동맹을 맺다

백제는 의자왕이 즉위하자 신라에 대한 공세를 강화하여 신라의 영토를 빼앗아갔습니다. 이러한 상황에서 신라의 김춘추는 백제를 멸망시키기 위해 고구려와 힘을 합치려고 하였습니다. 그러나 고구려는 거절하였고, 김춘추는 당에게 도움을 청하였죠. 고구려를 치려고 노리던 당은 신라의 제안을 받아들여 먼저 백제를 치는 것에 합의하였습니다. 백제를 멸망시키면 그 땅을 신라가 차지하고, 고구려를 멸망시키면 그 땅을 당이 차지하는 것으로 계약을 맺었던 것이죠.

■ 백제와 고구려,
　　멸망하다

충남 부여 낙화암에서 바라본 백마강 : 사비성이 함락되자 삼천 궁녀가 떨어져 죽었다는 전설이 전해지고 있습니다.

　　　　　　　660년 드디어 신라군은 황산벌에서 백제 계백이 이끈 5천 명의 결사대를 격파한 후 사비성(현재 충남 부여)을 공격하였고, 당군은 함대를 타고 금강 하구로 침입하여 사비성을 공격하였습니다. 결국 사비성이 함락되면서 백제는 멸망하였습니다. 백제의 각 지방에서는 곧바로 백제 부흥운동이 일어났습니다. 복신, 도침, 흑치상지 등은 왜에서 돌아온 왕자 부여풍을 국왕으로 삼아 주류성, 임존성 등을 중심으로 4년간이나 부흥운동을 벌였지만 결국 자기들끼리 내분을 일으켜 실패하였습니다. 백제 부흥운동을 돕기 위해 왔던 왜의 수군 역시 백강 전투에서 패하면서 백제 부흥은 완전히 실패로 돌아갔습니다. 이때 왜의 지배층들이 백제의 멸망을 슬퍼하며 고향 백제에 있는 조상의 무덤에 가지 못하게 됨을 한탄하는 기록이 『일본서기』에 남아 있습니다. 당시 왜의 지배층은 백제 계통의 사람들이 많았다는 것이 짐작됩니다.

백제를 멸망시킨 당과 신라는 원래의 계약대로 고구려 공격을 시작하였습니다. 계속되는 전쟁으로 고구려의 국력은 점차 약화되었고, 연개소문이 죽자 그의 아들들이 권력 쟁탈전을 벌여 내분이 일어났습니다. 권력 쟁탈전에서 패배한 큰아들 연남생은 당에 망명하여 고구려 침략의 앞잡이가 되었죠. 668년 드디어 고구려는 당과 신라의 협공으로 멸망하였습니다. 고구려 역시 검모잠·고연무 등이 안승(보장왕의 서자)을 왕으로 추대하여 한성(황해 재령)·오골성 등을 중심으로 부흥운동을 하였습니다. 일시적이나마 평양성을 탈환하는 등 세력을 키우고, 당나라와 대결하게 된 신라의 도움을 받기도 했지만 결국 이들도 내분으로 실패하였습니다.

■ 신라, 당을 몰아내고
통일을 완성하다

당은 백제를 멸망시키자 백제 땅에 웅진도독부 등 5개의 도독부를 설치하고 백제 땅을 지배하려는 야심을 보이기 시작하였습니다. 또한 고구려가 멸망하자 역시 안동도호부를 중심으로 9개의 도독부를 설치하여 고구려 땅을 지배하려 들었습니다. 심지어 신라의 경주에도 계림도독부를 설치하고 한반도 전체를 꿀꺽 삼키려 하였습니다. 이것은 어쩌면 당연한 결과였습니다. 순망치한(脣亡齒寒), 즉 입술이 망하면 이가 시리다는 말이 맞습니다. 고구려와 백제가 멸망하니 신라가 당과 직접 싸워야 하는 위기가 닥친 것이죠. 당을 믿었던 신라가 바보였던 것입니다.

이제 신라가 살기 위해서는 당과 싸울 수밖에 없었습니다. 마침 고구려에서 시작된 부흥운동(안승, 검모잠, 고연무)을 지원하여 당을 괴롭히고, 철저한 전쟁 준비를 하여 당과 맞서 싸웠습니다. 결국 신라군은 매소성(현재 경기도 의정부) 싸움에서 당군에게 크게 승리하였고, 금강 하구 기벌포 싸움에서도 당의 수군에게 크게 승리하였습니다. 이어 안동도호부를 평양성에서 요동성으로 쫓아내는 등 당나라 군대를 몰아냈습니다. 이로써 삼국 통일이 완성된 것입니다(676).

신라의 삼국 통일에는 부정적 측면과 긍정적 측면이 있습니다. 부정적 측면은 외세의 이용, 영토의 축소 등의 한계성입니다. 외세인 당을 이용하여 민족통일을 이루려는 어리석음 때문에 우리 민족이 멸망할 수도 있었던 위기를 몰고 왔습니다. 당시 세계 최강대국이었던 당나라가 한반도 전체를 차지하려는 야욕을 부리지 않고 신라와의 약속을 지키리라고 생각했던 것이 어리석었죠. 또한 우리 민족의 영토였던 만주를 잃어버리고, 대동강~원산만을 경계로 한 이남의 영토를 차지하는 데 그쳐서 우리 민족의 역사 무대를 오히려 축소시켰습니다. '1+1+1=3'이 되는 통일이 되어야지 '1+1+1=2' 정도도 되지 않는 통일이라면, 이것은 잘못된 것 아닐까요?

하지만 결국 당나라와의 전쟁을 승리로 이끌어 당군을 한반도 밖으로 몰아내고 삼국 통일을 완성한 것은 어쨌든 자주적인 쾌거입니다. 외세의 개입을 우리 민족의 힘으로 몰아내고 통일을 이루었으니까요. 또 삼국의 문화, 경제력을 합하여 민족문화를 발전시킬 수 있는 기반을 마련한 것 또한 긍정적이라고 평가할 수 있습니다. 고조선 이후 여러 세력으로 나뉘어 있었던 우리 민족이 삼국 통일로 비로소 하나가 되어 민족문화가 이루어진 것은 큰 의미가 있는 것입니다.

★ 영화와 드라마로 역사 읽기 - 영화 「황산벌」과 「평양성」

2003년 개봉된 영화 「황산벌」은 삼국 통일을 소재로 하여, 특히 당시 삼국이 현재 경상도(신라), 전라도(백제), 평안도(고구려) 사투리를 사용하였다는 가정하에 코믹한 사투리 대사로 표현한 재미있는 영화입니다. 그리고 그 속편으로 2011년 개봉된 영화 「평양성」은 신라와 당에 맞선 고구려의 항쟁과 내분을 현재 경상도(신라), 평안도(고구려) 사투리를 중심으로 재미있게 표현한 영화였습니다. 이를 소재로 제가 쓴 『선생님이 궁금해하는 한국 고대사의 비밀』 중 일부분을 발췌합니다.

영화 「황산벌」의 마지막에 사비성은 함락되었습니다. 그러나 소정방은 신라군이 제 역할을 하지 못했다고 트집을 잡으면서 백제 땅을 당군이 관리하겠다고, 의자왕과 왕족들 역시 당나라로 끌고 가겠다고 선언합니다. 이에 김유신과 김법민은 분노하면서 소정방에게 항의합니다. 이러한 갈등이 결국엔 나당 전쟁으로 이어지게 됨을 보여주는 장면이죠. 실제 역사에서도 김유신과 문무왕이 나당 전쟁을 주도하게 되었는데, 그 원인을 드러내는 장면이었습니다.

최근 영화 「황산벌」의 속편으로 영화 「평양성」이 개봉되었습니다. 영화 「황산벌」이 백제 멸망을 다룬 1편이었고, 영화 「평양성」은 고구려 멸망을 다룬 2편인 셈이죠. 저는 두 편 모두 재미있는 영화라고 생각하는데, 이 영화 시리즈의 완결편은 「나당 전쟁」이 될 거라고 생각합니다. 삼국 통일은 백제와 고구려의 멸망이 아니라 당나라 군대를 한반도에서 몰아낸 676년이기 때문이죠. 당나라가 웅진도독부, 계림도독부, 안동도호부 등 식민 통치 기관을 설치하고, 한반도 전체를 지배하려는 야욕을 드러내자 신라가 백제, 고구려 유민들과 힘을 합쳐 당나라 군대를 몰아내어 우리 민족의 위기를 극복한 전쟁이 바로 나당 전쟁이죠. 특히 매소성 싸움은 3만의 신라군이 20만의 당나라 군대를 물리친 기적적인 대첩이었습니다. 실제로 나당 전쟁이 영화화된다면 더욱 박진감 넘치고 재미있는 대작이 되지 않을까요. 완결편 「나당 전쟁」을 기다리며 이 글을 마칩니다.

■ 통일신라의 왕권 강화

신라는 통일 직후 왕권을 더욱 강화하였습니다. 삼국 통일로 경제적·군사적으로 발전하여 왕권 역시 더욱 강화되었던 것이죠. 통일 직전 선덕여왕, 진덕여왕을 마지막으로 성골은 모두 사라졌습니다. 그래서 진골이 왕위에 오르기 시작하였는데, 최초의 진골 출신 왕이 태종무열왕 김춘추입니다. 위에서 배운 것처럼 무열왕은 통일전쟁을 시작하였고, 그 과정에서 왕권을 더욱 강화하였습니다. 강화된 왕권을 바탕으로 그 아들 문무왕이 왕위를 계승하면서부터 무열왕의 직계 후손이 계속 왕위를 계승하였죠. 무열왕은 시중(왕명을 받들고 기밀 사무를 관장하는 등 현재의 대통령 비서실장 역할이죠. 즉 대통령 비서실장이 국무총리 역할을 하는 것과 같습니다. 왕권이 강화되었음을 보여줍니다)의 기능을 강화하고, 상대등(귀족회의인 화백회의의 대표, 즉 귀족들의 대표)의 기능을 약화시켜 왕권 강화를 뒷받침하였습니다. 이렇게 무열왕은 진골을 약화시키고 왕권을 강화하기 시작하였던 것입니다.

대왕암 : 문무왕릉으로 알려져 있습니다. 삼국 통일을 이룩한 문무왕 사후 화장한 유골을 뿌린 곳으로 추정됩니다.

신문왕 때 만파식적(萬波息笛)이란 피리가 있었다고 합니다. 만(萬) 개의 파도(波)가 휴식(息)하는 피리(笛). 이 피리를 불면 풍랑이 치던 바다가 잔잔하게 조용해진다는 것입니다. 실제로 이러한 피리가 있었을까요? 아마 없었을 겁니다. 그렇다면 이 이야기는 무엇을 말하는 걸까요? 맞습니다. 신문왕 때 더욱더 왕권 강화가 이루어졌음을 보여주는 것입니다. 까부는 진골 귀족들을 강력한 왕권으로 조용하게 만들었다는 뜻입니다. 삼국 통일을 완성한 문무왕의 뒤를 이어 왕위에 오른 신문왕은 장인이었던 김흠돌의 모반 사건을 계기로 왕권에 도전하는 진골 귀족 세력을 숙청하였습니다. 왕권을 위협하는 진골 귀족들을 제거하여 강력한 왕권을 확립하였던 것이죠.

　　이어 전국을 9주 5소경 체제로 정비하여 지방 행정조직을 국왕 중심 체제로 완성하였습니다. 다음은 9서당(중앙군) 10정(지방군)의 군사조직을 정비하여 왕권을 뒷받침하였습니다. 또한 신문왕은 국학을 설립하여 유학 교육을 강화하였습니다. 유학하면 충과 효입니다. 여기서 중요한 것은 바로 충입니다. 임금에게 충성하라는 유교정치 이념을 교육하여 왕권을 강화하겠다는 말입니다.

　　이러한 왕권 강화로 진골 세력은 약화되고, 반면에 6두품 세력은 국왕에게 정치적인 조언을 하며 돕거나 행정실무를 맡아 왕권 강화를 뒷받침하면서 정치적으로 성장하였습니다. 진골 바로 아래 계층이 6두품입니다. 6두품들은 진골들 때문에 정치적 성장이 어려웠죠. 그런데 왕권 강화가 이루어지면서 진골들의 세력이 약화되자 6두품들은 이를 자신들의 정치적 성장을 위한 기회로 삼았습니다.

신문왕릉(경북 경주 소재) : 신문왕은 왕권 전제화를 이룩하였습니다.

구분	신라 상대	신라 중대	신라 하대
왕권	왕권 강화	왕권 강화	왕권 약화
상대등	국정 총괄	시중이 국정 총괄	국정 총괄
진골	왕족이 아님	세력 약화	세력 강화
6두품	세력 약화	국왕과 결탁	반신라 세력화
녹읍	지급	폐지	지급

■ 통일신라의 통치 조직

통일신라는 국왕 직속 기구로 집사부를 만들어 그 장관인 시중이 사실상 총리의 역할을 하였습니다. 집사부 아래에는 13부의 행정 부서를 설치하였죠. 또한 관리의 부정과 비리를 막는 감찰기관으로 사정부를 설치하였습니다.

지방은 9주 5소경 체제였습니다. 먼저 전국을 9주로 나누고, 주 아래에는 군·현을 두어 지방관을 파견하고, 그 아래의 촌은 촌주(토착 세력)가 지방관의 통제 속에 주민들을 통치하였습니다. 또 5소경은 5개의 작은 서울입니다. 서울인 금성(현재 경주)이 지역적으로 한반도의 한쪽 끝에 멀리 떨어져 있는 약점을 보완하기 위해 만들어진 것입니다. 큰 서울인 금성이 지방과 너무 떨어져 있으니까 작은 서울을 5개 만들어 큰 서울의 역할을 나누어 맡았던 것이죠. 각 지방의 균형 발전을 위해 5소경 제도가 필요했던 것입니다. 또한 향·부곡이라는 지역은 특수 행정구역으로 이 지역은 일반 지역에 비해 더 많은 세금 부담을 지는 등 차별받는 지역이었습니다. 말단 행정구역으로는 촌이 있었습니다. 토착 세력인 촌주가 맡아 다스렸죠. 또한 외사정을 각 지방에 파견하여 지방관들을 감찰하여 지방을 통제하였고, 상수리제도를 통하여 지방 세력을 견제하였습니다. 상수리제도는 지방 세력들을 서울인 금성에 일정 기간 머물게 한 제도입니다. 지방에서 반란을 일으키는 등 저항하면 서울에 올라와 있는 지방 세력의 인질을 죽여버리겠다는 협박이죠. 고려시대에는 비슷한 목적의 기인제도로 이어졌습니다.

군사 조직은 9서당 10정 체제였습니다. 9서당은 중앙군으로 고구려, 백제, 말갈 출신들까지 받아들여 구성하였습니다. 나라의 핵심 군대인 중앙군에 통합한 나라의 출신들을 배치하여 민족을 더 빨리 융합시키기 위한 목적이었습니다. 또 10정은 지방군으로 9주에 1정씩 배치하고, 국경 지대에 위치한 한주에는 국방력 강화를 위해 2정을 배치하여 총 10정이 있었습니다.

통일신라의 왕권은 진골 세력의 반발로 점차 흔들리기 시작하였습니다. 그 출발점은 경덕왕 때부터인데, 귀족에게 유리한 녹읍이 부활되고 귀족과 연결된 사원의 면세전이 증가하면서 국가 재정이 악화되기 시작하였습니다. 녹읍, 면세전은 국가에 세금을 내지 않는 땅들이니까 국가 재정 수입이 감소하였던 것이죠. 이렇게 귀족들은 세금도 내지 않고, 농민들에 대한 수탈을 강화하고, 향락과 사치를 계속하면서 나라를 망하는 길로 끌고 갔던 것입니다.

이렇게 왕권이 약화되다가 8세기 후반 혜공왕이 피살되면서부터 진골 귀족들 사이에 왕위 쟁탈전(신라가 망할 때까지 155년 동안 20명의 왕이 바뀌었죠. 즉 평균 재위 기간이 10년도 안 되었답니다)이 벌어지기 시작하였습니다. 이때부터를 신라 하대 사회라고 합니다. 신라 하대 사회는 정치의 불안정으로 왕권이 약화되고 귀족연합적인 정치가 운영되었습니다. 한마디로 귀족들의 힘이 왕권보다 더 강해졌죠. 귀족 대표인 상대등의 힘이 다시 강력해져 총리 역할을 하게 됩니다. 또한 중앙 정치의 불안정으로 지방 통제가 약화되기 시작하였습니다. 또 왕실과 귀족들은 사치와 향락을 일삼고, 농민들에 대한 수취를 강화하여 정부에 대한 농민들의 불만이 커졌습니다. 게다가 자연재해까지 잇따르자 농민들은 몰락하여 스스로 노비가 되거나 도둑질로 먹고사는 초적이 되었습니다. 이러한 상황에서도 정부와 귀족들은 대책도 없이 착취를 계속하였고, 농민들은 각지에서 반란을 일으켰습니다.

정치적 불안정과 사회 혼란 속에 각 지방에서는 호족이라는 반독립적인 세력들이 성장하였습니다. 호족들은 자신의 근거지에 성을 건설하고 군대를 양성하여 성주 또는 장군이라 자칭하였습니다. 호족들은 자신의 지방에서 행정권(세금을 걷는 등)과 군사권(군대를 양성하는 등)을 갖고서 사실상 작은 왕 역할을 한 것이죠. 호족들은 저마다 출신이 달랐는데, 중앙 귀족이 몰락하여 지방에 내려와 세력을 키운 경우, 외국과의 무역을 통하여 재산을 늘리고 군사력을 키운 세력, 각 지방의 군대를 중심으로 성장한 군진 세력, 지방 토착 세력인 촌주 출신으로 성장한 세력 등으로 구분됩니다.

이러한 혼란 속에 신라 골품제 사회에 불만을 갖고 있던 세력이 바로 6두품입니다. 6두품은 아무리 능력이 있어도 5등급 이상의 관직에 오를 수 없었죠. 그래서 6두품 중 일부는 당나라에 유학을 가서 공부를 하고 돌아오거나 선종(깨달음을 중시하는 불교 종파. 깨달음을 얻으면 누구나 부처가 될 수 있다는 주장으로 골품제와 같은 신분제에 비판적이었습니다. 누구나 부처가 될 수 있다는 것은 누구나 왕이 될 수 있다는 것을 의미하죠. 진골이 아닌 6두품, 호족들도 왕이 될 수 있다는 거죠. 그래서 호족과 6두품들이 선종 승려가 되는 경우가 많았고, 호족들이 선종을 후원하였던 것입니다) 승려가 되어 돌아와 신라사회를 비판하면서 새로운 이념을 제시하였습니다. 그러나 진골들은 기득권을 유지하려고 하였고, 6두품의 새로운 정치 이념과 개혁 방안을 무시하였습니다. 결국 6두품 중 일부는 최치원처럼 해인사에 내려가 숨어 살거나 일부는 지방 호족 세력을 도와 새로운 사회 건설을 추구하였습니다.

한편 도선은 우리나라에 풍수지리사상을 도입하여 신라 금성(경주)의 왕기가 쇠하였으므로 새로운 도읍을 중심으로 새로운 나라가 나타날 것이라며 신라사회의 변화를 예언하였습니다. 풍수지리사상은 땅에는 기운이 있어서 좋은 기운이 성한 땅에 사람이 살거나 무덤을 만들면 좋은 일이 생기고, 기운이 쇠하거나 나쁜 기운이 있는 땅에 사람이 살거나 무덤을 만들면 나쁜 일이 생긴다는 주장입니다. 다시 말해 금성은 땅의 기운이 쇠하여 왕위 쟁탈전, 자연재해, 농민봉기 등 안 좋은 일이 생기고 있다는 것입니다. 그러니까 땅의 기운이 성한 새로운 곳을 도읍으로 삼아 건국하자는, 한마디로 신라는 망조가 들었으니까 호족들을 중심으로 새 왕조를 세우자는 것입니다.

■ 후삼국의 성립

9세기 말 지방에서 세력을 키우던 견훤과 궁예는 10세기에 들어오면서 호족 세력들을 통합하여 각각 독자적인 국가를 수립하여 후삼국 시대가 성립되었습니다. 먼저 견훤은 현재 전라도 지방의 호족들을 통합하여 완산주(현재 전주)에 도읍을 정하고 후백제를 건국하였습니다(900). 후백제의 견훤은 충청도 지방까지 세력을 확대하고, 중국의 5대 10국 여러 나라들과 외교관계를 맺었습니다. 그러나 견훤은 신라를 계속 침략하여 경애왕을 죽이는 등 횡포를 부려 신라 사람들의 반감을 샀습니다. 계속 전쟁을 벌이다 보니 돈이 많이 들었고, 이를 보충하기 위한 조세 수취가 과도해지자 농민들의 불만도 커졌습니다. 호족들을 완전한 자신의 편으로 만드는 데도 실패하여 결국엔 고려에 멸망당하였습니다.

궁예는 신라의 왕위 쟁탈전에서 밀려난 왕족 출신입니다. 왕위 쟁탈전 과정에서 눈을 다쳐 애꾸눈이 되었다는 얘기도 있습니다. 궁예는 북원(현재 원주) 지방의 도적 집단에서 세력을 키웠습니다. 현재의 강원도, 경기도 지방을 차지하며 세력을 넓히자 송악(현재 개성) 지방의 왕건이 가담하여 황해도 지방까지 세력이 커졌습니다. 드디어 송악을 도읍으로 하여 후고구려를 건국하였습니다(901). 왕건은 궁예를 도와 충청도 지역으로 세력을 넓히고, 전라도 나주 지역을 빼앗아 후백제의 후방을 위협하는 공을 세워 궁예의 신임을 얻어서 시중(현재의 총리 역할)이 되었습니다.

■ 발해, 고구려를
다시 세우다

응답하라 698! 698년은 고구려를 계승한 발해가 건국한 해입니다. 고구려가 668년에 멸망하였으니까 고구려가 망한 지 30년 만에 나라를 되찾은 것이죠. 20세기에 들어 일제에게 나라를 빼앗겼던 기간이 35년 동안이었으니까 일제 강점기보다 더 빨리 고구려를 되찾은 것입니다. 고구려 멸망 이후 고구려 유민들의 부흥운동이 일어났지만 실패하였습니다. 하지만 고구려 유민들은 요동 지방을 중심으로 당나라에 대한 투쟁을 계속해나갔습니다. 말하자면 고구려를 되살리기 위한 독립운동이었던 겁니다. 696년 거란의 이진충이 당나라에 대해 반란을 일으키자 영주(요서 지방)는 혼란에 빠졌습니다. 이를 이용하여 고구려의 장군 출신이었던 대조영은 당군의 추격을 피해 고구려 유민과 말갈을 이끌고 탈출하기 시작합니다. 이에 당나라 군대의 추격이 계속되자 대조영은 천문령에서 결전을 벌여 대승을 거두죠. 이처럼 당군을 뿌리친 대조영은 동모산(현재 지린성 둔화시)에서 발해를 건국하였습니다(698).

발해는 건국 이후 정복 활동을 벌여 고구려의 영토를 대부분 회복하였고, 남쪽의 신라와 함께 공존하는 남북국시대가 열렸습니다. 발해는 일본에 보낸 외교문서에서 자신들의 나라 이름을 고려(고구려의 준말)라 하고, 왕을 고려국왕이라고 하여 고구려를 계승하였음을 명백히 밝히고 있습니다. 이름이라는 것은 정체성을 나타냅니다. 발해가 외교문서에서 자신을 고구려라고 했다는 것은 발해의 정체성이 고구려를 계승하였음을 의미하죠. 또 발해 유적에서 발견되는 온돌, 굴식돌방무덤, 기와, 석등 등 문화적인 특징도 고구려와 비슷합니다. 나라와 민족을 구분하는 가장 중요한 특징이 문화입니다. 고구려와 발해의 문화가 비슷하다는 것은 발해가 고구려의 영향을 강하게 받은 나라임을 의미합니다.

대조영의 뒤를 이어 왕이 된 무왕(武王)은 이름처럼 무력을 많이 사용한 왕입니다. 동북방 쪽으로 영토를 더욱 확장하였고, 당의 사주를 받고 있던 흑수말갈을 압박하였으며, 장문휴에게 발해의 수군을 이끌고 가서 당의 산둥 지방을 공격하게 하였습니다. 이에 당은 신라에게 발해를 공격하도록 사주하고(물론 신라는 발해를 공격하는 척하다가 후퇴하였죠), 요서 지방에서 발해군을 공격하였지만 성과 없이 끝났습니다. 발해는 이에 맞서 돌궐, 일본 등과 교류를 강화하여 당과 신라를 견제하였습니다.

그러나 문왕(武의 반대가 文, 중국과 싸우지 않고 문화 교류를 시작했죠) 때부터는 당과 적대관계를 끝내고 친선관계를 맺기 시작하여 당의 문물을 본받아 3성 6부제 등 국가체제를 정비하고, 신라와도 신라도(발해와 신라의 상설 교통로)를 열어 교류하였습니다. 발해와 신라는 기본적으로 긴장 관계였지만 서로 교류는 계속되었던 관계입니다. 현재의 남북한 관계와 비슷하다고 할 수 있죠. 그래서 '서태지와 아이들'은 가요 「발해를 꿈꾸며」에서 남북 분단을 안타까워하고 통일을 염원하는 마음을 발해를 꿈꾼다는 말로 표현하였던 것입니다.

또 수도를 중경에서 상경으로 옮겼는데, 이는 문왕 때의 체제 정비를 반영한 것입니다. 새로운 서울을 건설하여 새로운 국가체제를 만들어나갔던 것이죠. 이 무렵 발해는 독자적인 연호(인안, 대흥)를 사용하였는데, 이는 중국과 발해의 지위가 대등하다는 발해인들의 의식을 보여줍니다. 연호는 원래 황제만이 쓰는 것이니까 발해도 황제국이라 이겁니다. 또한 일본에 보낸 국서에 발해가 '천손', 즉 하늘의 자손임을 내세웠으며, 심지어 발해가 장인의 나라이고, 일본은 사위의 나라라고 하여 일본을 아래 나라로 대하기도 하였습니다.

선왕 때(9세기 전반)는 요동 지역까지 영토를 확장하는 등 영토를 더욱 넓히고, 당과의 활발한 교류로 문물이 발달하는 등 전성기를 맞이하였습니다. 또한 5경 15부 62주의 지방 체제도 확립하였습니다. 당시 발해 사람들은 신라 사람들처럼 당에 유학을 가서 빈공과(당에서 외국인을 대상으로 실시한 과거시험)에 응시하여 신라인들과 1등을 두고 경쟁하기도 하였죠(신라의 최치원도 빈공과에 합격하여 관리가 되었죠). 그래서 이때 중국인들은 발해를 해동성국이라고 부를 정도였습니다. 예로부터 해동(海東)은 우리나라의 별명입니다. 이는 해동의 번성한 나라라는 뜻입니다. 그러나 10세기 초 거란 세력이 성장하고, 발해 내부에서 귀족들 간에 내분이 발생하여 발해의 국력이 약화된 상황에서 거란의 침략으로 멸망당하였습니다(926). 그러나 발해 유민들은 발해 부흥운동을 일으켜 후발해, 정안국, 대발해국 등의 나라들을 약 200년간 세웠다 망하기를 반복하였지만 결국엔 발해 부흥에 실패하였습니다.

★ **영화**와 **드라마**로 **역사** 읽기 – **드라마** 「대조영」

　　드라마 「대조영」의 내용을 통해 발해의 건국 과정을 살펴봅시다. 대조영의 아버지는 고구려 장군이었던 대중상입니다. 그의 아들 대조영은 고구려의 젊은 장군으로 고구려 멸망의 아픔을 겪었습니다. 그리고 많은 고구려 유민들이 영주 (요서 지방)로 끌려가 살게 됩니다. 이후 대조영은 요동 지방을 중심으로 고구려를 되찾기 위한 투쟁을 해나가죠. 물론 역사 기록에는 대조영이 이끌었다는 내용이 없습니다. 그러나 이 드라마에서는 대조영이 이러한 투쟁을 통해 발해 건국의 힘을 키웠다고 각색하였죠.

　　거란족들이 이진충을 중심으로 반란을 일으키자 대조영은 이 틈을 노립니다. 영주 지방에 끌려와 살고 있던 고구려 유민과 말갈인(대조영과 의형제로 나온 걸사비우가 바로 말갈인)들을 이끌고 만주의 동쪽 끝인 동모산으로 이동하여 드디어 나라를 세웠어요. 드라마는 대조영이 광개토대왕릉비 앞에서 고구려를 되찾았음을 알리는 장면으로 끝을 맺습니다. 발해가 고구려를 계승한 나라라는 것을 보여주는 멋진 장면이었습니다. 물론 이 장면 역시 발해가 고구려 계승국임을 강조하는 작가의 상상에서 나온 것이랍니다.

■ 발해의 통치체제

　　　　　　발해의 중앙 통치체제는 3성 6부를 기본으로 하고, 정당성 장관인 대내상이 국정을 총괄하는 총리 역할을 하였습니다. 발해의 3성 6부 체제는 당나라의 체제를 모방하여 만들었습니다. 그러나 발해의 3성 6부의 명칭은 모두 발해 독자적(정당성, 선조성, 중대성, 충, 인, 의, 지, 예, 신)으로 바꾸었고, 운영방식도 발해의 독자성을 보여줍니다. 당의 3성이 각각 다른 역할을 했던 것과 달리 발해는 3성 중 정당성을 중심으로 국정을 운영하였죠. 또한 6부는 좌사정이 충·인·의 3부를 관할하고, 우사정이 지·예·신 3부를 관할하는 이원적인 운영을 하였습니다. 이와 같이 발해의 3성 6부 체제는 당의 제도를 모방하였지만 3성 6부의 명칭과 운영방식은 독자성을 갖고 있었습니다.

발해의 지방 행정조직은 5경 15부 62주입니다. 전략적 요충지에 5경을 설치하였는데, 정치·경제·문화의 중심지가 된 대도시였습니다. 특히 상경은 당시 세계 최고의 대도시였던 장안을 모방하여 만든 세계적인 대도시였죠. 또한 발해는 지방을 15부로 나누고, 그 아래에 62주와 여러 현을 다시 설치하였죠. 그리고 각 지방에는 지방관을 파견하여 다스렸습니다. 발해의 군사조직은 중앙군으로 10위를 두어 궁궐 수비, 수도 방어를 맡겼으며, 지방군은 지방 행정조직에 따라 군대를 편성하여 각 지역의 지방관이 지휘하였습니다.

■ 통일신라의 사회

삼국시대의 고구려, 백제, 신라는 혈연적 동질성과 언어, 풍습 등이 비슷한 문화적 공통성을 많이 갖고 있었습니다(역사책 어디에도 삼국의 사람들이 만났을 때 통역이 있었다든지 말이 통하지 않았다는 기록은 없습니다. 또 백제 사신을 따라간 신라 사신을 위해 백제 사신이 중국인들과의 통역을 해주었다는 기록을 보더라도 삼국 사람들은 서로 말이 통했다는 것을 알 수 있죠). 그래서 통일신라는 매우 빨리 하나의 국가로 융합되었고, 하나의 민족문화가 이루어지기 시작하였습니다. 특히 삼국 통일 과정에서 벌어진 나당 전쟁을 통해 신라, 고구려, 백제 출신들이 모두 힘을 합쳐 당나라 군대와 싸우면서 동족 의식이 생겨난 것이 결정적이었죠.

이에 신라 정부는 백제, 고구려의 옛 지배층을 포섭하기 위하여 신라의 관등을 주어 지배층의 일부로 받아들였고, 민족 통합을 위해 백제, 고구려의 유민들도 중앙군인 9서당에 편성하였습니다. 이제 한 민족이 되었으니 국가의 핵심 군대인 중앙군에 백제, 고구려 출신들도 모두 포함시켜 "우리는 하나다!"라는 의식을 강조하였던 것이죠. 또한 지방을 크게 9주로 나누었는데, 옛 신라 땅에 3주, 옛 백제 땅에 3주, 옛 고구려 땅에 3주씩 공평하게 나누어 설치하였답니다.

그러나 골품제의 엄격한 신분 차별은 계속되어서 진골들은 중앙 관청의 장관직, 지방 장관 등을 모두 차지하고, 화백회의를 통하여 국가정책을 결정하는 전통도 계속되었습니다. 한편, 6두품은 통일 직후 왕권 강화와 함께 국왕을 보좌하는 등 정치적으로 성장하였지만 골품제 때문에 중앙 관청의 장관직, 지방 장관 등에는 올라갈 수 없었습니다. 통일 이후 골품제에도 약간 변화가 나타났는데, 6, 5, 4, 3, 2, 1두품 중 3, 2, 1두품은 귀족에서 분리되어 평민과 동등하게 간주되었습니다.

■ 통일신라의 경제

통일신라에서는 관료들에게 관료전을 지급하면서 녹읍을 폐지하여 귀족들의 세력을 약화시키려고 하였습니다. 또한 백성들에게는 정전(국가가 백성들을 직접 지배하기 위한 목적으로 지급한 땅)을 지급하였죠. 녹읍은 토지에 딸린 노동력(농민)까지도 지배할 수 있는 것으로 귀족 세력을 강화하는 경제적 기반이었죠. 반면에 관료전은 토지만 지배하고 노동력은 지배할 수 없어서 귀족들에게 불리하였습니다. 즉 귀족의 세력을 약화시키고 왕권을 강화하기 위한 목적이었습니다. 그러나 경덕왕 이후 녹읍이 부활되면서 귀족들의 세력은 다시 강해지고 왕권은 약화되었습니다. 귀족은 다시 녹읍에서 농민들을 지배하며 조세, 공물, 노동력을 징발하였죠.

통일신라 때는 삼국시대보다 세금을 더 적게 거두었는데, 생산량의 10분의 1정도를 거두었습니다. 신라는 민정 문서(국민이 세금 낼 수 있는 정황을 파악한 문서라는 뜻이죠. 신라 장적이라고도 합니다. 일본 도다이 사 쇼소인에서 발견되었죠. 서원경-현재 청주-근처의 촌락들을 관리하는 촌주가 작성하였습니다)를 촌주가 3년마다 작성하도록 하여 이를 바탕으로 조세, 공물, 부역을 거두었습니다.

민정 문서에는 촌락의 토지 크기(땅이 많으면 세금을 많이 걷고 땅이 적으면 세금을 적게 걷는 것이죠), 인구 수(남녀별로 나누고 각각 나이에 따라 6등급으로 기록하였죠. 남자와 여자의 노동력 차이가 있고, 젊고 늙음에 따라 노동력 차이가 있기 때문이죠. 즉 세밀하게 노동력을 구분하여 효율적으로 노동력을 이용하였다는 것을 알 수 있습니다. 또한 호는 사람의 많고 적음에 따라 9등급으로 기록하였습니다. 사람이 많으면 노동력이 많고, 사람이 적으면 노동력이 적기 때문에 노동력에 따라 호를 9등급으로 세분화하였다는 것을 알 수가 있습니다), 소와 말의 수(소와 말은 큰 재산이었기 때문에 세금을 더 많이 내야겠죠? 지금도 자동차 있는 사람들은 자동차세를 더 내는 것과 비슷합니다), 토산물(뽕나무, 잣나무, 호두나무)의 수 등이 기록(공물은 토산물을 내는 것이죠. 즉 공물을 걷기 위한 근거 자료가 되었죠)되었습니다. 지금도 정부에서 몇 년마다 인구조사도 하고, 등기부를 보면 집이 몇 채 있는지, 땅이 얼마나 있는지 다 파악할 수 있죠? 다 세금을 걷기 위한 근거 자료죠.

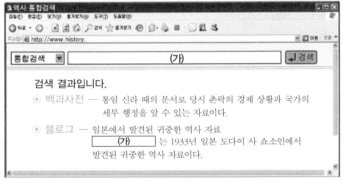

(가)에 들어갈 검색어는 무엇일까요? 정답은 민정 문서죠.

■ 통일신라의 무역 발달

통일신라 때는 원래의 동시 이외에 서시, 남시를 열었습니다. 또한 시전을 두어 각각의 시장을 감독하였습니다. 삼국 통일 이후 경제 규모가 커지니까 시장의 숫자도 늘어난 것이죠. 또한 외국과의 무역도 활발해졌습니다. 당과는 공무역, 사무역이 모두 발

경북 경주 괘릉(원성왕릉)을 지키고 있는 무인석
서역인의 얼굴을 하고 있죠. 당시 이슬람 상인들이 신라에 와서 살았다는 증거입니다.

달하였고, 일본과는 8세기 이후(처음에는 일본과 사이가 나빴죠) 무역을 하였습니다. 특히 울산항에는 이슬람 상인이 와서 무역을 할 정도로 국제무역이 활발하였습니다. 「처용가」에 나오는 처용은 울산에 배를 타고 들어온 용왕의 아들로 묘사되었죠. 그래서 처용은 울산에 무역을 하러 왔다가 우리나라에서 살게 된 이슬람 상인으로 추정합니다. 실제로 이슬람의 역사 자료에는 'Sila'라는 나라에 많은 이슬람 상인들이 가서 무역을 하고 아예 정착을 하여 살기도 했다는 기록들이 나옵니다. 또 이슬람의 세계지도에는 신라가 그려져 있을 정도죠. 12세기 이슬람의 지리학자 알 이드리시가 저술한 『천애횡단갈망자(天涯橫斷渴望者)의 산책』에는 세계지도 1장과 세분 지도 70장이 포함되어 있습니다. 그중 제1 지역도 제10 세분 지도에 5개 섬을 그려놓고 '신라(sila)'라고 표기한 지도의 후미에 다음과 같은 기록이 실려 있다고 합니다.

"그곳(신라)을 방문한 사람은 누구나 정착하여 나오고 싶어 하지 않는다. 그 이유는 그곳이 매우 풍족하고 이로운 것이 많은 데 있다. 그 가운데서도 금은 너무나 흔해 그곳 주민들은 개의 사슬이나 원숭이의 목테도 금으로 만든다."

신라인들은 활발한 국제무역 활동을 했는데, 대표적 증거가 산둥 반도와 양쯔 강 하류에 널리 퍼져 있던 신라인 거주지인 신라방과 신라촌, 신라인들을 다스리는 자치 기관인 신라소, 신라인들의 여관인 신라관, 신라인들이 다니던 절인 신라원 등입니다. 일본의 승려 엔닌이 산둥 반도와 양쯔 강 하류 지역을 여행하며 쓴 기행문에는 이 지역 곳곳에 퍼져 있던 신라방, 신라촌, 신라소, 신라관, 신라원들이 기록되어 있습니다. 많은 신라인들이 중국에서 무역 활동을 하며 살았던 '신라타운'(현재 미국 곳곳에 있는 코리아타운과 비슷하다는 뜻에서 제가 지은 이름입니다)이라고 생각하면 됩니다.

또한 9세기에 장보고는 당나라에서 귀국하여 청해진(현재 완도)을 설치하고 해적을 소탕하여 신라, 당, 일본을 연결하는 해상 무역권을 장악하기도 하였습니다. 지금도 완도에는 청해진 터가 있고, 산둥 반도에는 장보고가 세운 신라원인 법화원이 남아 있고, 일본에는 장보고를 신으로 모신 사당이 남아 있습니다. 장보고가 신라, 당, 일본을 아우르는 해상왕국을 세웠다는 것을 보여주는 증거들입니다. 그러나 결국 장보고는 신라 하대 왕위 쟁탈전 속에서 자객에게 암살당하는 비운의 영웅으로 끝이 나고 말았습니다.

장보고 영정

장보고의 기상이 서려 있는 청해진(완도)

체험학습 계획서

- **주제 :** 통일신라의 경제 활동에 대하여
- **기간 :** 2014년 10월 4일~2014년 10월 8일(4박 5일)

- **경로 :** 경주 출발
  → 완도(청해진)
  → 중국 양주
  → 영파(명주)
  → 등주(법화원)
  → 인천
  → 경주에서 해산
- **인솔 교사 :** 5명
- **참가 학생 :** 100명

장보고 선단의 무역 활동

발해

신라

적산법화원

당

청해진

양주

일본

하카타

영파(명주)

△△고등학교

★ **영화**와 **드라마**로 **역사** 읽기 – **드라마** 「해신」

　　드라마 「해신」에서도 나왔지만 장보고는 어려서 당나라에 가 군인이 되었습니다. 이미 많은 신라인들이 당나라에서 무역을 하며 신라방, 신라촌에 살고 있는 모습도 드라마에 나왔습니다. 다시 신라에 돌아온 장보고는 청해진 대사가 되어 해적들을 모두 소탕하고 해상 무역권을 장악한 뒤 신라, 당, 일본을 연결하는 무역 활동을 벌였죠.

　　장보고 이전에도 당나라 곳곳의 신라방, 신라촌을 무대로 활동한 신라인들은 많았습니다. 신라는 울산항을 국제 무역항으로 이용하며, 중국, 일본과 무역을 하였으며, 이슬람 상인들도 울산항에 드나들었던 것으로 보입니다. 이와 관련하여 제가 쓴 『선생님이 궁금해하는 한국 고대사의 비밀』 중 일부분을 발췌하여 소개합니다.

　　처용 설화에 따르면 처용은 역신(천연두, 홍역 등을 일으키는 질병신)을 퇴치할 만한 힘이 있었습니다. 이것은 처용이 이슬람 세계의 의학적 지식을 이용하여 천연두, 홍역 등 전염병 퇴치에 큰 공헌을 했을 가능성을 보여줍니다. 당시 이슬람 세계는 과학이 급속도로 발전하고 있었습니다. 이러한 과학 발전은 의학 발전에도 영향을 주었고, 특히 천연두, 홍역 등의 치료 의술이 발전했습니다. 9세기 말 10세기 초 페르시아 출신의 알 라지(865~925)는 의학 백과사전인 『의학 대전』을 저술했습니다. 또한 『천연두와 홍역에 관한 고찰』을 저술하여 세계 최초로 홍역과 천연두를 정확하게 구분했습니다. 그 뒤를 이어 이슬람 의학의 발전을 이끈 이븐 시나(980~1037)는 『의학 전범』을 저술하는 등 유럽의 근대 의학 발전에 큰 영향을 주었습니다. 이븐 시나는 상처를 알코올로 소독할 것을 추천한 최초의 의사이기도 합니다. 이와 같이 질병, 특히 천연두와 홍역과 같은 전염병 치료에서 의학 발전을 이룩했던 이슬람 세계에서 처용이 가져온 의술은 신라 사회에서 유명해졌을 것입니다. 그리고 이를 상징적으로 표현한 것이 처용 설화입니다.

■ 발해의 사회 모습

발해의 지배층은 왕족인 대씨(발해를 세운 사람이 대조영이니까 대씨)와 귀족인 고씨 등 고구려계 사람들입니다. 발해의 주민 대다수는 말갈인으로 고구려 전성기 때부터 고구려에 복속된 종족이었죠. 고구려 전성기 이후 발해가 멸망할 때까지 수백 년 이상을 우리나라의 주민으로 함께 살아온 사람들입니다. 말갈인들 중 일부는 발해의 지배층으로 신분이 상승되기도 하고, 말단 행정 단위인 촌락의 촌장(우두머리)이 되어 국가 행정을 보조하기도 하였습니다. 발해는 고구려와 말갈 사회의 전통적인 생활 모습을 계승하면서도 당의 제도와 문화를 받아들여 더욱 발전된 사회 모습을 나타냈습니다.

■ 발해의 무역 발달

발해는 당, 신라, 거란, 일본 등과 무역을 하였습니다. 당은 산둥 반도의 덩저우에 발해관(신라 사람들이 머무르는 여관이었던 신라관처럼 발해 사람들이 머무르는 여관)을 설치하고 발해 사람들이 이용하게 하였습니다. 일본과의 무역 규모도 비교적 크고 활발하였습니다. 신라와는 신라도를 통하여 무역 등 교류를 하였습니다.

6.
응답하라
고대 국가의 문화와 국제 교류

■ 삼국시대의 교육과
역사 편찬

문화 발전의 가장 기초는 문자입니다. 그런데 우리나라는 문자가 없었기 때문에 중국의 한자를 빌려 쓸 수밖에 없었죠. 그렇다면 한자는 언제부터 사용했던 것일까요? 철기시대의 유적지인 경남 창원 다호리에서는 붓이 발견되었습니다. 붓은 글을 쓴 증거이고, 당시의 글은 한자밖에 없었기 때문에 한자를 사용했다는 대표적 증거죠. 이를 통해 우리나라는 철기시대부터 한자를 사용하기 시작했다는 것을 알 수 있습니다. 이후 삼국시대부터는 이두, 향찰을 만들어 한자의 뜻과 소리를 빌려서 우리말을 표현하기도 하였습니다. 예를 들어 置(둘 치)古(옛 고)는 '두고'라는 우리말을 한자의 뜻(둘)과 소리(고)를 빌려 표현한 것인데,『삼국유사』와『균여전』에 기록되어 있는 삼국 시대의 향가들은 이와 같은 방식으로 쓴 것입니다.

삼국시대에는 지배층을 중심으로 한자가 사용되었고, 교육 기관도 만들어지기 시작하였습니다. 고구려는 수도에 태학이라는 국립대학이 있었고, 지방은 경당에서 한학과 무술(고구려 하면 영토 확장이 특징이죠. 당연히 무술을 중요하게 생각하는 나라입니다)을 가르쳤습니다. 또 백제에는 5경 박사, 의박사, 역박사 등이 있었습니다. 지금도 대학교에서 학생들을 가르치는 교수님들이 박사학위를 갖고 있는 것처럼 백제의 박사 역시 제자들에게 5경 등 유교 경전과 의학, 역학 등의 기술학을 가르쳤습니다. 신라 때 만들어진 임신서기석은 두 사람이 "유교 경전을 3년 동안 공부하여 통달하자."는 내용의 맹세를 새긴 비석의 일종입니다. 유교 경전을 학습하였다는 것을 알 수 있죠.

삼국은 왕권 강화를 과시하기 위해 역사 편찬을 하였습니다. 먼저 고구려에는 『유기』라는 역사서가 있었는데, 영양왕 때 이문진이 이 『유기』를 간추려 『신집』 5권을 편찬하였습니다. 간추린 것이 5권이니 원래 있었던 『유기』는 상당한 분량이었죠. 영양왕 때는 고구려가 세워진 지 600년 정도 되었으니까 역사가 긴 만큼 역사서의 분량도 그만큼 방대했던 것입니다. 백제에서는 근초고왕 때 고흥이 『서기』를, 신라에서는 진흥왕 때 거칠부가 『국사』를 편찬하였습니다. 역사서가 편찬된 시대를 살펴보면 다스린 왕들의 공통점이 있습니다. 근초고왕, 진흥왕은 백제와 신라의 영토를 가장 많이 넓히는 등 전성기를 이룩한 왕이죠. 영양왕은 고구려와 수나라의 1차 전쟁(수 문제 때 고구려를 침략한 것이 1차 전쟁, 수 양제 때 침략한 것이 2차 전쟁)에서 고구려를 승리로 이끈 왕입니다. 즉 근초고왕, 진흥왕, 영양왕 모두 전쟁에서 승리한 왕이죠. 그것은 국력과 왕권이 강함을 의미합니다. 이로써 삼국의 역사서는 강한 국력과 왕권을 과시하기 위하여 만들어졌음을 알 수 있습니다.

■ 삼국시대의 불교와 도교

삼국은 왕권을 강화하여 중앙집권 체제를 확립하고 있던 시기에 불교를 수용하였습니다. 먼저 고구려는 소수림왕 때에 불교를 공인하였고, 백제는 침류왕 때 불교를 공인하였습니다. 중앙집권 체제 확립이 가장 늦었던 신라는 가장 늦게 불교를 받아들이고, 법흥왕 때(6세기) 불교를 공인하였습니다. 이와 같이 삼국은 왕실이 가장 앞장서서 불교를 받아들이고 공인하였습니다. 그 이유는 불교에 왕즉불 사상이 있기 때문이었죠. 한마디로 '왕은 곧 부처', 불교를 믿는 것은 곧 왕을 믿는 것과 같다는 것입니다. 당연히 왕들이 좋아할 수밖에 없었죠. 불교는 각 부족들이 믿어왔던 토착 신앙을 대신하여 백성들의 정신을 하나로 뭉치게 만드는 역할도 하였습니다. 불교는 왕권 강화를 합리화하고, 국가를 정신적으로 통일하는 역할을 하였던 것입니다.

특히 신라에서는 불교가 왕권과 밀착되어 발전하여 여러 왕들(법흥왕, 진흥왕, 선덕여왕, 진덕여왕 등)이 불교식 이름을 가졌으며, 원광스님은 젊은이들(화랑도)에게 세속 5계를 제시하였습니다. 또 불교의 전래와 함께 수준 높은 문화도 수용되었습니다. 불교는 인도에서 출발하여 서역(중앙아시아)을 거쳐 중국을 통해 우리나라에 전파되었습니다. 당시 가장 문화가 발달한 지역이 인도, 서역, 중국입니다. 그러니까 불교는 당시 최고 수준의 문화를 가진 나라들을 거쳐 우리나라에 전파되면서 우리 문화의 수준을 더욱 높이는 데 기여한 최고 수준의 종교였던 것입니다.

또한 불교는 나라를 수호하려는 호국적 성격이 강하였습니다. 먼저 백제의 미륵사입니다. 미륵사는 7세기 무왕이 익산에 세운 사원으로 거대한 목탑을 사원 중심에 세우고, 동서에 목탑을 모방하여 만든 석탑을 세웠습니다. 현재는 3탑 중 서탑만 남아 있고, 현대에 복원한 동탑이 세워져 있습니다. 가운데 목탑은 복원되지 않은 채 남아 있습니다. 다음은 황룡사입니다. 황룡사는 6세기 신라 진흥왕이 세운 거대한 사원으로 7세기 선덕여왕 때에는 사원 중심에 매우 높은 9층 목탑을 건립함으로써 더욱 웅장한 절이 되었죠. 실제로 남아 있었다면 정말 대단했겠죠? 고려 시대 몽골의 침입으로 불타 없어져 지금은 절터만 남아 있습니다. 또한 삼국시대의 대표적인 불상으로는 고구려의 금동연가7년명여래입상, 백제 의 서산 용현리 마애여래삼존상, 신라의 경주 배동 석조여래삼존입상 등 이 유명합니다.

　삼국시대에는 도교가 산천 숭배, 신선사상과 결합하여 귀족들 사이 에 많이 퍼졌습니다. 도교의 영향을 받은 유물로는 백제의 산수무늬 벽 돌(무위자연과 연결되어 있죠), 백제 금동대향로(신선사상과 연결되어 있죠), 고구 려의 「사신도」(도교의 방위신인 청룡·백호·주작·현무를 그린 고분 벽화죠. 사신은 무 덤의 주인공인 죽은 자의 사후 세계를 지켜주는 수호신입니다. 드라마 「태왕사신기」에 나 온 사신이 바로 이 사신입니다) 등이 있습니다.

■ 삼국시대의 예술 문화와
　대외 교류

　　　　　　　　우리나라는 삼국시대부터 천체 관측이 이루어지고 천문학이 발달하였습니다. 고구려 고분 벽화 중에는 천문도 가 그려져 있는 것들이 있습니다. 현대 천문학으로 당시의 별자리를 측 정한 결과 고구려에서는 매우 정확하게 관측하여 사실적으로 별자리를 그렸음이 밝혀졌습니다. 또한『삼국사기』에는 일식, 월식, 혜성, 기상이변 등을 관측한 기록이 많이 남아 있는데, 역시 현대 천문학을 통해 그 기록의 정확성이 입증되고 있습니다. 특히 신라에서는 7세기 선덕여왕 때 첨성대를 세워 천체를 관찰하였습니다. 이러한 사실들로 보아 백제, 신라에서도 천문 관측이 이루어졌으며, 천문학이 상당한 수준으로 발달하였다는 걸 알 수 있죠.

그렇다면 이렇게 천문학이 발달하였던 이유는 무엇일까요? 고대 문명은 모두 큰 강을 끼고 발달하였습니다. 농경에 필요한 물이 풍부하였기 때문이죠. 천문학이 발달하여 달력이 제작되기도 하였죠. 우리나라의 고대사회에서 천문 관측이 발달한 이유도 마찬가지입니다. 천문 현상은 농경에 중요한 계절, 날씨 등과 관련이 깊었어요. 한마디로 농경사회였기 때문에 천문학이 발달하였던 것입니다. 또한 천문 현상은 하늘의 뜻을 보여주는 것으로 왕의 권위가 하늘과 연결되어 있다고 생각하였기에 천문학이 발달하였습니다. 드라마 「대왕 세종」에서도 세종이 즉위하자마자 벌어진 일식을 맞이하는 의식에서 일식이 나타날 것을 예측했던 시간이 틀리자 반대세력이 국왕을 공격하는 상황을 묘사하였죠. 천문 관측의 정확성이 국왕의 권위와 연결될 정도로 매우 중요하였음을 보여주는 장면이었습니다.

이와 같이 천문학이 발달하기 위해서는 수학도 발달해야만 합니다. 계산이 정확하지 않으면 천문학은 있을 수 없으니까요. 지금까지 남아 있는 조형물들로 미루어 보아 수학이 높은 수준으로 발달했음을 알 수 있습니다. 고구려 고분의 석실 구조, 천장 구조를 보면 정확한 수치와 각도의 계산이 없으면 나올 수 없는 구조라는 것을 알 수 있습니다. 또한 백제의 정림사지 5층 석탑, 신라의 황룡사 9층 목탑 등에도 수학적 지식이 활용되었습니다. 특히 황룡사 9층 목탑은 현대 건축 기술로도 복원이 어려울 정도로 고도의 건축 기술과 수학이 활용되었던 걸작이었습니다.

고구려는 초기에 주로 돌무지무덤을 만들었습니다. 이는 돌을 쌓아 만든 무덤으로 보시다시피 이집트 피라미드와 비슷합니다. 고구려의 무덤은 돌무지무덤에서 점차 굴식 돌방무덤으로 변화하였습니다. 만주 집안에서는 돌무지무덤에 이어 굴식 돌방무덤이 만들어졌고, 평안도 용강, 황해도 안악 등지에서도 굴식 돌방무덤이 발견되었습니다. 돌로 널방을 만들고 방과 방 사이를 통로로 연결하였습니다. 측면에서 보면 마치 굴처럼 되어 있기 때문에 굴

첨성대 : 선덕여왕 때 건설한 천체 관측 장소.

식 돌방무덤이라고 합니다. 이러한 돌방 위에 흙으로 덮어 봉분을 만들었죠. 돌방의 벽과 천장에는 벽화가 남아 있어 고구려인들의 생활, 문화, 종교 등을 파악할 수 있습니다. 초기에는 주로 무덤 주인이 살아 있을 때의 생활 모습을 묘사한 사실적 그림이 많죠. 무용총의 사냥 그림 등은 진짜 박진감 넘칩니다. 또한 각저총에서는 씨름하는 두 사람이 그려져 있는데, 그중 한 사람이 높은 코를 가진 서역인입니다. 서역은 현재 중앙아시아, 서아시아, 인도 등을 말하는데, 현재 중앙아시아의 한 국가인 우즈베키스탄의 아프라시아브 궁전 벽화에서는 깃털이 꽂힌 관을 쓴 고구려 사신이 그려져 있습니다. 도교의 수호신인 사신, 즉 청룡·백호·주작·현무를 그린 「사신도」와 같은 추상적·상징적 그림은 후기로 갈수록 많아집니다.

백제 초기에는 고구려와 같은 돌무지무덤이었다가 웅진으로 천도한

이후에는 굴식 돌방무덤 또는 벽돌무덤이 만들어졌습니다. 벽돌무덤은 중국 남조에서 유행한 무덤 양식으로 당시 백제가 중국 남조와 밀접하게 교류하였음을 보여줍니다. 대표적인 벽돌무덤인 무령왕릉은 벽돌로 널방을 쌓은 무덤으로 도굴이 되지 않고 완전한 형태 그대로 발견되었습니다. 발견 당시 무령왕과 그 왕비의 지석이 발견되어 무령왕릉임을 알 수 있었습니다. 도굴이 되지 않았기 때문에 왕과 왕비의 금관 장식, 귀고리, 팔찌 등 3,000여 점의 껴묻거리가 발견되어 백제 미술의 귀족적 특성을 보여주는 대표적인 무덤입니다. 백제에서는 사비 시기에도 굴식 돌방무덤을 만들었는데, 규모는 작지만 세련되게 만들어졌습니다. 백제의 굴식 돌방무덤과 벽돌무덤의 벽과 천장에도 「사신도」 등이 그려져 있습니다.

신라는 주로 거대한 돌무지 덧널무덤을 만들었습니다. 이 무덤은 먼저 시신을 넣은 관과 껴묻거리를 넣은 나무덧널을 설치하고, 그 위에 돌무지를 쌓은 다음 흙으로 덮어 거대한 봉분을 만들었습니다. 이렇게 견고한 무덤 구조 때문에 도굴이 어려워 많은 껴묻거리가 그대로 발견되었던 것이죠. 그래서 신라의 금관, 귀금속(서역에서 출토되고 있는 유리그릇, 금제 장식보검, 뿔 모양 잔 등이 발견되어 신라 역시 서역과 많은 교류를 하고 있었음을 보여줍니다) 등 화려한 장식이 많이 발견되었던 것입니다. 무덤 내부에 공간이 없었기에 벽화는 당연히 없었습니다.

구분	돌무지무덤	굴식 돌방무덤	돌무지 덧널무덤
국가(시기)	고구려, 백제 초기 (건국 세력 일치)	고구려 평양 천도 이후, 백제 웅진 천도 이후, 신라 통일 이후	신라 통일 이전
벽화	없음	발달	없음

다음은 삼국시대의 탑에 대해 살펴봅시다. 탑은 원래 부처의 사리를 넣어 보관하면서 예배의 대상으로 삼았던 것입니다. 고구려는 주로 목탑을 건립했다고 하는데, 지금까지 남아 있는 것은 없습니다. 백제는 아까 말씀드린 것처럼 미륵사지 목탑과 석탑 중 석탑만 일부가 남아 있습니다. 부여 정림사지 5층 석탑도 유명합니다. 신라는 황룡사 9층 목탑과 분황사탑이 유명합니다. 분황사탑은 석재를 마치 벽돌 모양으로 만들어 쌓은 모전탑입니다. 멀리서 보면 벽돌로 쌓은 탑처럼 보이죠.

황룡사 9층 목탑 복원 모형(왼쪽)과 충남 부여 정림사지 5층 석탑(오른쪽)

분황사탑(왼쪽)과 감은사지 3층 석탑(오른쪽)

천마도 : 경북 경주 천마총 출토.

　　고구려는 일찍부터 철광석이 풍부한 지역을 차지하고, 제철·제련 기술을 발전시켜왔습니다. 백제에서도 금속 기술이 발달하였습니다. 백제에서 칠지도를 만들어 일본에 보낸 사실과 백제 금동대향로가 그 증거이죠. 신라에서는 금 세공 기술이 발달하였습니다. 신라 고분에서 발견된 금관들이 유명하죠.

　　경주 황남동 천마총에서 출토된 「천마도」가 있습니다. 신라의 대표적 그림입니다. 신라의 화가로는 솔거가 최고입니다. 그가 그린 그림 속 나무에 새가 앉으려다가 벽에 헤딩한 이야기는 너무나도 유명하죠. 고구려 고분벽화들 속에는 무용수들이 춤추는 장면, 악공들이 악기를 연주하는 장면이 있습니다. 고구려에서도 음악과 악기가 발전하였다는 증거랍니다. 신라에서는 백결 선생이 방아타령을 짓고, 고구려 왕산악은 거문고를 만들고, 가야의 우륵은 가야금을 만든 것으로 널리 알려져 있습니다.

충남 공주 송산리 고분군(왼쪽)과 무령왕릉을 복원한 모형(오른쪽)

천마총 내부 : 돌무지 덧널무덤인 천마총 내부 구조를 복원했습니다.

■ 일본으로 건너간 우리 문화

삼국 중 백제는 일본과 가장 활발한 교류를 한 나라로서 우리 문화를 일본에 전파하는 데 크게 기여하였습니다. 4세기에 아직기는 일본의 태자에게 한자를 교육하였고, 왕인은 일본인들에게 『천자문』과 『논어』를 전파하였습니다. 6세기에는 노리사치계가 불경과 불상 등을 전파하였습니다. 백제의 5경박사, 의박사, 역박사, 천문박사, 채약사, 화가, 공예 기술자들도 일본에 건너가 문화를 전파하였고, 백제 가람 양식으로 사원을 건축하기도 하였습니다.

고구려도 일본에 많은 문화를 전파하였습니다. 7세기 초에 담징은 종이와 먹을 만드는 방법을 일본인들에게 가르쳤고, 호류 사의 「금당벽화」를 그렸다고 전해집니다. 승려 혜자는 쇼토쿠 태자의 스승으로 아스카 문화 발전에 영향을 주었으며, 승려 혜관은 일본에 불교를 전파하여 일본 삼론종의 시조가 되었습니다. 또한 일본 나라 시 다카마쓰 고분벽화가 고구려 수산리 고분벽화와 비슷한 것으로 보아 고구려의 영향을 받은 것으로 보입니다.

신라는 일본인들에게 배를 만드는 기술, 제방을 쌓는 기술 등을 전파하였습니다. 그래서 '한인의 연못(제방을 쌓아 물이 고이면 연못이 되죠)'이라는 이름이 생기기도 하였습니다. 또한 가야의 토기가 일본에 영향을 주어 나타난 것이 바로 '스에키'입니다. 이렇게 삼국의 문화는 7세기경 발전한 일본 아스카 문화에 큰 영향을 끼쳤습니다.

왕인박사 탄생지 : 전남 영암 소재.

■ 통일신라의 불교와 풍수지리설

통일신라의 대표적인 스님은 원효와 의상입니다. 먼저 원효는 불교와 관련된 책들, 즉 경전을 아주 많이 읽었습니다. 이러한 독서, 이해를 바탕으로 불교를 이해하는 기준을 제시한 『대승기신론소』와 『금강삼매경론』 등을 저술하였죠. 또한 일심 사상을 바탕으로 『십문화쟁론』을 지었습니다. 원효는 불교의 여러 종파들이 분파 의식, 사상적 대립과 같은 갈등을 극복하고 한마음으로 조화를 이루자는 주장을 하고 있습니다. 이를 화쟁 사상이라고 합니다. 원효의 가장 큰 업적은 불교 대중화입니다. 왕과 귀족들을 중심으로 발전하였던 불교를 대중들에게까지 전파하는 데 큰 공을 세웠죠. 대중은 복잡한 교리를 설명하면서 어렵게 다가가면 이해를 못하기 때문에 단순하게 설명해야 합니다. 그래서 "나무아미타불만 외우면 극락에 갈 수 있다."는 단순한 설명으로 아미타 신앙을 전도하며 불교를 대중들에게 전파하였던 것입니다. 대중들은 여섯 글자만 외우면 극락에 갈 수 있다는 원효의 간단 명료한 설명에 불교를 믿게 되었던 것이죠.

다음으로 의상은 화엄사상을 정립하여 『화엄일승법계도』를 저술하였습니다. 화엄사상은 모든 존재를 상호 의존적이고 조화로운 관계로 파악하는 사상입니다. 이 세상에 단독으로 존재하는 것은 없다는 것이죠. 서로 의존하고 조화가 이루어지는 관계 속에서 존재한다는 것입니다. 그런데 바로 이때가 왕권 전제화가 이루어지던 신라 중대였습니다. 강력한 왕권 아래 조화가 강조되던 시기입니다. 그러니까 왕권 강화를 사상적으로 뒷받침하는 역할을 하였다고 볼 수 있습니다. 또한 의상은 교단을 만들어 많은 제자를 가르치고, 부석사 등 사원들을 세우기도 하였습니다. 그리하여 사후 세계에 극락을 가고자 하는 아미타 신앙을 넘어 현재 살고 있는 이 세상에서 겪는 고난도 구제받을 수 있다는 관음신앙까지 나아 갔던 것입니다.

삼국시대에 들어온 불교는 교종입니다. 통일 전후에 선종이 전래되었으나 교종의 세력이 컸기 때문에 선종은 그리 발전하지 못했죠. 그러나 신라 말기에 지방 호족들이 성장하면서 선종도 널리 퍼지기 시작하였습니다. 교종과 선종을 비교하면 다음과 같습니다. 먼저, 교종은 불교 경전을 공부하여 깨달음을 얻으려고 하였습니다. 그래서 경전 연구, 교단 조직을 중시하였죠. 한마디로 교종은 눈에 보이는 형식적인 것을 중요하게 생각합니다. 그래서 절을 크게 짓고, 불상을 금으로 치장하고, 탑을 높이 쌓는 등 조형미술이 발전하였습니다.

이에 반해 선종은 참선 등 수행을 하여 깨달음을 얻으려고 하였습니다. 선종은 눈에 보이지 않는 비형식적인 것을 중요하게 생각하였습니다. 그래서 스님들의 사리(스님이 참선을 많이 하면 몸에 사리가 생긴답니다. 스님의 시신을 화장하면 남은 유골 중에 사리가 발견되곤 하죠)를 보관하는 일종의 무덤인 승탑과 탑비를 제외한 조형미술은 그리 발전하지 못했습니다. 신라 말 선종은 지방 호족과 연결되어 성장하였습니다. 그래서 선종 승려들 중에는 지방 호족 출신이 많았고, 선종 승려들은 호족 세력의 지원을 받아 각 지방에 근거지를 두었습니다. 이 중에서 가장 대표적인 9개의 선종 사원을 9산 선문이라고 합니다. 그렇다면 왜 호족들은 선종을 좋아했을까요? 교종은 기본적 입장이 경전 연구를 통해 깨달음을 얻는다는 것인데, 그러려면 일단 글자를 알아야 하죠. 그리고 공부를 잘해야 이해를 잘하겠죠? 결국 왕이나 귀족처럼 조건이 좋은 사람들이 깨달음을 얻어 부처님이 될 수 있다는 것입니다. 이에 반해 선종은 참선 등 수행을 통해 깨달음을 얻는다는 입장이니, 글자를 알 필요도 없고 공부를 꼭 잘해야 하는 것도 아니죠. 한마디로 돈이 안 듭니다. 돈 많은 왕이나 귀족이 아니더라도 누구나 깨달음을 얻어 부처님이 될 수 있다는 것입니다. 불교에서는 왕이 곧 부처라고 했습니다. 왕이나 귀족만 부처님(왕)이 될 수 있는 것이 아니라 누구나(왕, 귀족만이 아니라 호족도) 부처님(왕)이 될 수 있다는 것이죠. 그래서 호족들은 선종이 교종보다 더 마음에 들었던 것입니다. 자신들도 왕이 될 수 있다는 이념을 제공해준 것이 바로 선종이었으니까요.

이와 같이 선종은 호족의 지원을 받아 지방에 근거지를 두고 성장하였기 때문에 지방 문화의 역량을 증대하는 데 큰 기여를 하였습니다. 교종은 왕과 귀족을 중심으로 발전하였기에 왕과 귀족이 사는 수도를 중심으로 번성하였죠. 이에 반해 선종은 호족을 중심으로 발전하였기에 호족들이 사는 지방을 중심으로 수준 높은 불교문화가 발전하였습니다. 또한 선종 승려들은 신라 골품제에 불만을 갖고 개혁을 추구한 6두품 지식인들과 함께 힘을 합쳐 고려 건국 과정에서 새로운 사상적 바탕을 제공하기도 하였습니다.

구분	교종	선종
수행 방법	불경 이론 연구	참선을 통한 깨달음
연결 세력	왕실, 진골	호족, 6두품
종파	5교	9산
지역	금성(경주)	지방
예술	조형예술 발달	승탑, 탑비만 발달

통일신라시대에는 불교가 더욱 발전하여 화장이 유행하였습니다. 무덤의 봉토 주위를 십이지신상(십이지신의 동물인 쥐, 소, 범, 토끼, 용 등의 얼굴에 사람 몸의 형상을 띤 수호신을 묘사한 것)을 조각한 둘레돌로 두르는 양식이 나

괘릉(원성왕릉) : 둘레돌에 십이지신상이 조각되어 있습니다.

타나기도 하였습니다.

　통일신라의 대표적인 사원은 8세기 중엽에 건립된 불국사와 석굴암입니다. 불국사는 그 이름처럼 불국토의 이상을 보여주는 사원입니다. 불국토는 불교의 이상 세계를 가리킵니다. 신라인들은 신라를 불국토의 이상을 실현한 나라라고 생각하였죠. 특히 돌계단인 청운교와 백운교가 아름답죠. 건물 아래의 축대는 세속과 이상 세계를 구분 짓는 역할을 하는데, 그랭이 공법으로 자연과 인공을 연결시켰습니다. 자연석의 튀어나온 부분을 그대로 살린 채 위에 얹은 돌을 그 자연석의 튀어나온 부분대로 깎아서 접합하는 공법으로 더욱 안정적인 건축물을 만들었죠. 또한 석굴암은 인공적으로 만든 석굴 사원으로 현재 세계문화유산으로 지정되어 있습니다.

불국사 청운교, 백운교(왼쪽)와 축대(오른쪽)

불국사 3층 석탑(왼쪽)과 다보탑(오른쪽)

통일신라의 전형적인 석탑 양식은 이중 기단 위에 3층으로 쌓는 방식입니다. 감은사지 3층 석탑, 불국사 3층 석탑(석가탑)이 통일신라 석탑의 전형이죠. 통일 이후 신라 중대 왕권 전제화와 어울리는 안정성과 조화미가 특징입니다. 석가탑과 함께 서 있는 다보탑 역시 불국사의 아름다운 예술적 작품으로 유명합니다. 그러나 신라 말기에 만들어진 양양 진전사지 3층 석탑은 약간 다릅니다. 안정성과 조화미가 약간 떨어지지만

성덕대왕 신종(에밀레종) : 경주 국립 박물관 소재.

기단과 탑신에 새겨진 부조가 특징적입니다. 신라 말기 혼란스러운 상황과 어울리는 변화라고 할 수 있습니다.

신라 말기에 선종이 널리 퍼지면서 승려들의 사리를 모신 승탑과 탑비가 유행하였습니다. 선종에서는 참선 수행을 많이 하였기 때문에 스님들을 화장한 후에 사리가 많이 나왔죠. 이를 보관하기 위한 목적으로 만들어진 것이 승탑입니다. 전체 평면이 팔각을 이루어 기단부, 탑신부, 옥개석, 상륜부까지 모두 팔각으로 되어 있는 팔각원당형을 기본형으로 합니다. 선종 승려들이 지방 호족들과 연결되었다는 측면에서 보면 승탑과 탑비는 지방 호족들의 세력이 확대되었음을 보여주는 증거이기도 합니다. 또한 통일신라 때는 종을 잘 만들었습니다. 특히 상원사 종과 성덕대왕 신종이 유명합니다. 현재 경주국립박물관에 보관되고 있는 성덕대왕 신종은 에밀레종이라는 별명이 붙을 만큼 신비한 종소리로도 유명하죠.

통일신라시대에는 목판 인쇄술과 제지술이 발달하였습니다. 대표적 증거가 바로 1966년 불국사 3층 석탑에서 발견된 무구정광대다라니경으로 세계에서 가장 오래된 목판 인쇄물입니다. 이는 8세기 초에 인쇄된 것으로 추정되는 두루마리 불경으로서 종이의 품질 역시 뛰어납니다. 이

종이는 닥나무로 만들어졌는데, 지금까지 보존되었다는 것은 당시의 제지술이 매우 발달했음을 의미합니다.

신라 말기에 도선 등은 중국에서 풍수지리설을 들여왔습니다. 풍수지리설은 산세(산의 모양)와 수세(강의 모양)에 따라 도읍(수도), 주택, 묘지 등의 좋고 나쁨을 평가하고, 국토를 효율적으로 이용할 것을 주장하는 인문지리적 학설입니다. 한마디로 사람에게 좋은 영향을 주는 땅과 나쁜 영향을 주는 땅을 구별하는 것입니다. 이후 풍수지리설은 도참(예언) 신앙과 연결되어 풍수지리로 미래를 예측하기도 하였습니다. 도선이 『도선비기』에 경주를 중심으로 한 신라가 망하고, 송악(고려 때 개경)을 중심으로 한 새로운 나라가 세워질 것이라고 예언했다는 이야기가 있는 것처럼 풍수지리설 역시 고려 건국의 합리화에 영향을 주었다고 할 수 있습니다.

■ 통일신라의 교육과 학문

통일신라에서는 화랑과 승려들이 향가를 지어 불렀는데, 『삼국유사』에 14수가 전하고 있습니다. 통일신라 말기에 향가를 모아 만든 『삼대목』이라는 책을 편찬하였다고 전하지만, 지금은 남아 있지 않습니다. 통일신라의 김대문은 『화랑세기』, 『고승전』, 『한산기』 등을 지었습니다. 그의 저서는 신라의 화랑, 고승, 한산주 지방 등 모두 신라에 대한 내용들이라는 공통점이 있습니다. 어떤 사람이 자신의 일생을 기록한 자서전을 썼다고 하면 자신에 대한 관심, 자부심 등이 강한 사람이겠죠. 마찬가지로 김대문은 자신의 나라인 신라에 대한 관심과 자부심이 강하였던 것입니다.

신문왕 때는 국립대학인 국학이 설립되었습니다. 또 원성왕 때는 독서삼품과를 마련하였습니다. 유교 경전을 읽고(독서), 상·중·하의 삼품으로 나누어 성적이 좋은 사람을 관리로 뽑겠다는 것이었죠. 그러나 골품제 때문에 흐지부지되었습니다. 한마디로 진골들은 신분이 높으니까 공부 못해도 관리가 되고 승진도 잘하는데, 6두품은 공부를 아무리 잘해도 승진에 제한이 있었기 때문이죠. 그러나 평가를 해서 등급을 나누면 더 열심히 공부하기 마련이기 때문에 학문은 더욱 발전하였습니다.

신라의 유학자 중에는 6두품 출신이 많았습니다. 그 이유는 역시 골품제 때문이었죠. 진골들이야 신분이 제일 높으니까 공부를 안 해도 높은 관직에 등용될 수 있었지만, 6두품은 실력이 있어야 관직에 진출하고 승진도 할 수 있었기 때문에 더 열심히 공부하였던 것입니다. 6두품 중 강수는 외교 문서의 전문가, 설총은 유학의 전문가, 이두 정리 등으로 잘 알려져 있습니다. 또 당에 건너가 공부한 유학생들이 많았는데, 역시 6두품들이 많았습니다. 골품제 때문에 능력을 마음껏 펼치지 못한 6두품들은 골품제라는 굴레가 없는 당나라에서 마음껏 공부하고 실력을 펼쳤습니다. 그중에서 가장 유명한 사람이 바로 최치원입니다. 최치원은 당에 건너가 공부하고, 빈공과에 급제하였습니다. 또 황소의 난 때 「토황소격문」을 써서 중국인들 사이에 이름을 떨치기도 하였죠. 이후 귀국하여 진성여왕에게 '개혁안 10여 조'를 건의하였으나 거부되었습니다. 사치와 향락에 빠져 실정을 일삼는 국왕과 진골 귀족들에게 실망한 그는 시골에 내려가 은둔 생활을 하였지만 훌륭한 글들을 많이 남겼습니다. 그가 지은 『계원필경』과 비문의 일부가 오늘날까지 전해오고 있습니다.

■ 발해의 문화

발해는 고구려를 계승한 나라였기 때문에 고구려 문화를 바탕으로 문화가 발전하였습니다. 또한 당나라와의 교류가 활발해지면서 당 문화의 영향을 받기도 하였죠. 특히 발해의 불교는 고구려의 불교를 계승하였는데, 왕실과 귀족을 중심으로 불교가 널리 성행하였습니다. 문왕은 불교적 성왕이라 자처하였으며, 상경에서 10여 개의 대규모 절터와 동경에서 이불병좌상(부처 두 분이 함께 앉아 있는 불상) 등 많은 불상들이 발견될 정도로 불교가 매우 발전하였습니다.

발해에서도 국립대학인 주자감을 설립하였습니다. 신라처럼 발해 역시 당에 유학생을 파견하였는데, 당나라에서 외국인 유학생을 대상으로 실시한 빈공과에 신라인과 발해인들이 번갈아가며 급제할 정도로 경쟁이 심했죠. 발해인과 신라인의 유학을 이해하는 수준이 매우 높았음을 알 수 있습니다.

발해의 수도였던 상경은 당의 장안을 모방하여 만들었습니다. 상경은 당시 당의 수도인 장안처럼 외성을 쌓고, 남북으로 넓은 주작대로를 본떠 건설되었습니다. 당의 영향을 받은 것이죠. 하지만 궁궐터에서는 우리 민족 고유의 온돌 장치가 발견되는 등 고구려적인 특징도 보입니다. 또한 발해는 자기 공예가 발전하여 가볍고 광택이 나는 자기를 만들었는데, 당나라 사람들도 수입해 갈 정도로 품질이 우수했습니다. 발해의 벽돌과 기와 무늬 역시 고구려의 영향을 받았습니다. 또한 발해는 고구려 무덤 양식을 계승하여 굴식 돌방무덤이 많이 발견되었습니다. 특히 정혜공주 묘는 굴식 돌방무덤으로 모줄임 천장 구조까지 고구려 고분과 비슷하죠. 또한 벽돌무덤인 정효공주 묘에서는 묘지와 벽화가 발굴되었습니다.

■ 남북국시대의 대외 교류

불교는 인도에서 출발하여 서역, 중국을 거쳐 우리나라에 들어온 종교입니다. 불교가 발달하면서 많은 승려들이 불교의 원조 나라에 가서 공부를 하고 싶어 했죠. 그러나 인도는 너무 멀기 때문에 그나마 가까운 중국에 가서 새로운 불교를 배워 왔습니다. 가끔은 중국을 거쳐 인도에 가서 불교를 공부한 스님들도 있었죠. 이러한 스님 중 하나인 통일신라의 혜초는 서역(중앙아시아)을 거쳐 인도에 도착하여 불교를 공부하고 다시 서역을 거쳐 중국으로 돌아왔는데, 그 여행과정을 적은 기록이 바로 『왕오천축국전』(1908년 중국 둔황의 천불동에서 발견)입니다. 이 책은 당시 인도와 중앙아시아의 풍속과 문물을 기록하였기 때문에 중요한 역사 자료로 평가받고 있습니다.

삼국시대의 문화가 일본에 영향을 주었던 것처럼 통일신라의 문화도 일본에 전파되었습니다. 통일신라의 불교와 유교 문화가 일본에 전파되어 7세기 후반에 일본에서 성립한 문화가 바로 하쿠호 문화입니다. 특히 통일신라의 심상이 화엄사상을 일본에 전파하여 일본 화엄종에 많은 영향을 끼쳤습니다.

발해는 문왕 때부터 당나라와 교류가 활발해져 많은 유학생들이 당나라에서 공부하고 빈공과에 합격하기도 하였으며, 승려들이 불교를 배우기도 하였습니다. 또한 발해는 일본과도 활발한 교류를 하였는데, 특히 발해의 음악이 일본 궁궐 음악에 영향을 주기도 하였습니다.

II.

응답하라
고려시대

1.
응답하라 936

■ 고려, 민족의 재통일을 이룩하다

응답하라 936! 936년은 고려를 세운 왕건이 후삼국으로 갈라져 있던 우리 민족을 재통일한 해입니다. 왕건이 가장 먼저 통합을 한 것은 발해의 고구려계 유민들이었습니다. 발해가 거란에 멸망당하자(926) 고구려계 유민들이 고려로 망명하기 시작했습니다. 또 발해의 왕자 대광현이 후삼국 통일 직전인 934년 들어오자 왕건은 이들을 우대하여 동족의식을 보여주었습니다. 만약 중국이나 일본이 망하여 난민들이 우리나라에 들어오려고 하면 우리가 받아주겠습니까? 하지만 북한이 망하여 북한 사람들이 남한으로 망명한다면 당연히 받아주어야 하겠죠? 같은 민족이잖아요. 우리 역사에 다른 나라가 망하여 유민들이 우리나라에 들어온 경우는 이때뿐입니다. 왜일까요? 같은 민족이었기 때문이죠. 피는 물보다 진하다 이겁니다. 어쨌든 고려의 재통일은 발해의 고구려계 유민까지 포함한 진정한 민족통일이라고 할 수 있습니다.

왕건의 통일정책은 포용을 가장 기본으로 합니다. 햇볕정책이라는 말이 있죠? 사람의 외투를 벗길 수 있는 것은 강력한 비바람이 아니라 따뜻한 햇볕이라는 우화에서 나온 말입니다. 즉 통일을 위해서는 북한에 대한 강경한 정책보다는 쌀, 비료 등 인도적인 지원, 경제 협력, 관광 사업 등 포용적인 정책이 필요하다는 것이죠. 왕건은 궁예나 견훤과 달리 신라에 대하여 포용적인 정책을 내세웠습니다. 후백제의 견훤은 신라의 경애왕을 살해하는 등 침략과 횡포를 일삼았습니다. 왕건은 이러한 후백제의 공격을 막아내고 신라를 도움으로써 신라 사람들의 마음을 얻었습니다. 드디어 고창(현재 안동) 전투에서 후백제에게 큰 승리를 거둘 때 신라 호족들이 고려군을 적극적으로 도왔습니다. 이러한 흐름 속에 신라의 마지막 왕 경순왕은 왕건에게 항복을 하고 나라를 바쳤습니다(935). 따뜻한 햇볕이 신라인들의 마음을 열었던 것이죠.

한편 후백제에서는 견훤의 큰아들 신검이 쿠데타를 일으켜 아버지 견훤을 금산사라는 절에 가두고 자기가 왕이 되었습니다. 그러니까 견훤이 열 받잖아요? 그래서 탈출하여 왕건에게 와서 항복합니다. 왕건은 오랜 라이벌이었던 견훤도 포용합니다. 그리고 후백제를 정벌하여 신검의 항복을 받아 후삼국 통일을 이룩하였습니다(936). 드디어 민족의 재통일을 이룩한 것입니다.

이와 같이 후삼국시대의 혼란을 극복하고 우리 민족의 재통일을 이룩한 사람이 바로 왕건입니다. 왕건은 원래 송악(현재 개성) 지방의 호족으로 궁예의 부하가 되어 후백제의 나주를 차지하는 등 큰 공을 세워 시중(현재의 총리)의 자리에까지 올랐습니다. 그러나 궁예는 점점 폭군이 되어갔습니다. 갑자기 철원으로 천도하여 나라 이름을 마진으로 바꾸었다가 또다시 태봉으로 바꾸었습니다. 또한 신라, 후백제와 전쟁을 계속하면서 과도한 조세 수취로 농민들의 불만이 커졌습니다. 게다가 스스로 미륵(불교에는 미래에 중생을 구제하기 위하여 미륵이라는 부처님이 오실 것을 기원하는 미륵신앙이 있습니다. 궁예는 자신이 중생을 위해 온 미륵불이라고 하였죠. 드라마 「태조 왕건」에서 "나는 미륵이니라~~" 기억나죠?)이라 칭하면서 관심법으로 아무 잘못도 없는 관료와 장군들을 역적으로 몰아 무자비하게 죽였습니다.

이처럼 궁예의 횡포가 점점 심해지자 많은 신하들이 들고 일어나 궁예를 쫓아내고 왕건을 새로운 왕으로 추대하였습니다. 왕이 된 왕건은 먼저 나라 이름을 고려라고 바꾸었습니다. 고려는 고구려와 같은 말이에요. 고구려의 준말이죠. 고구려 시대에도 보통 고려라고 했습니다. 지금도 우리나라 이름이 대한민국이잖아요? 그런데 한국이라고도 하죠? 마찬가지입니다. 즉 고려는 고구려라는 말입니다. 그렇다면 왕건은 왜 고려라는 나라 이름을 지은 것일까요? 맞습니다. 고구려를 되살리겠다는 뜻입니다. 고구려의 영광을 되살려서 만주 땅을 되찾고 북쪽으로 나아가겠다는 의지가 담긴 것이죠. 그래서 북진정책의 의지를 국호에서도 알 수가 있는 것입니다.

고려의 서울은 개경, 지금의 개성입니다. 개성공단이라고 들어보셨죠? 개경의 원래 이름은 송악이었습니다. 송악이 고려의 서울이 된 이유는 왕건의 근거지였기 때문이었죠. 왕건은 송악의 호족이었습니다. 궁예는 처음에 송악을 서울로 삼았는데, 송악이 왕건의 근거지인 것이 찜찜했습니다. 그래서 철원으로 서울을 옮겨 자신의 근거지를 건설하려고 했던 것이죠. 궁예를 쫓아낸 왕건은 당연히 송악으로 서울을 옮겼습니다.

이제 나라를 세운 왕건이 해야 할 일은 무엇일까요? 당연히 후삼국 통일이죠. 통일을 위해서 가장 먼저 해야 할 일은 무엇이죠? 무엇보다도 중요한 것은 힘입니다. 힘을 기르기 위해 왕건은 호족들을 통합하고, 중국 5대 여러 나라(당시 중국은 5대 10국의 분열, 혼란기였습니다)와 외교관계를 맺었습니다. 후백제와 통일을 위해 경쟁하는데 지방 세력들이 뒤통수치고, 중국에서 까불고 그러면 골치 아프죠? 그래서 미리미리 안팎으로 안정을 꾀하였던 것입니다. 이러한 안정을 바탕으로 왕건은 앞에서 살펴본 바와 같이 후삼국 통일을 이루어냈답니다.

★ **영화**와 **드라마로 역사** 읽기 – 드라마 「태조 왕건」

　　드라마 「태조 왕건」에서 궁예는 자신을 미륵이라 칭하면서 관심법으로 아무 잘못도 없는 관료와 장군들을 역적으로 몰아 무자비하게 죽였습니다. 결국 궁예는 왕건이 일으킨 쿠데타로 인해 쫓겨나 죽었습니다. 관심법은 마음을 보는 법, 즉 자신이 미륵이니까 초능력으로 다른 사람의 마음을 볼 수 있다는 거죠. 눈을 감고 관심법을 한다고 한 후에 무조건 역모를 꾀했다고 윽박지릅니다. 역적으로 몰린 신하들은 역모를 꾀하지 않았다고 극구 부인하죠. 이는 궁예의 초능력을 부정하는 겁니다. 그렇다면 궁예는 어떻게 해야 자신의 초능력을 입증할 수 있을까요? 맞습니다. 아무 잘못도 없는 관료와 장군들을 역적으로 몰아 죽이는 거죠. 죽은 자는 말이 없으니까요.

■ 태조의 정책

　　　　　　　태조 왕건의 정책은 크게 4가지로 살펴볼 수 있습니다. 민생 안정, 호족 통합, 왕권 안정, 북진정책입니다. 먼저 민생 안정을 위해 태조는 취민유도(取民有度, 백성들에게서 세금을 거둘 때 지나치게 걷지 말라는 뜻)를 내세워 호족들이 과도한 조세 수취를 못하도록 하고, 세율을

10%로 하여 민생(농민의 생활)을 안정시키려 하였습니다. 지금도 국민들이 세금을 적게 내는 걸 좋아합니다(물론 세금을 많이 거둬 더 많은 국민들에게 혜택이 돌아간다면 좋은 일이죠). 태조는 백성들의 지지를 얻는 가장 좋은 방법이 세금을 적게 거두어 백성들이 배고프지 않게 하는 것이라는 것을 잘 알았던 것입니다. 태조는 또 흑창을 만들어 가난한 백성들을 구제하고, 불교와 풍수지리설을 존중하여 연등회, 팔관회 행사를 성대하게 거행하였습니다. 종교를 이용하여 백성들의 정신적 안정을 유도하여 민생 안정을 이루려는 목적이었죠.

궁예를 몰아내고 왕위에 오른 임금님이 최고야! 호족이 세금을 너무 많이 거두지 못하도록 하였으니 말이야.

게다가 세율을 대폭 낮추어준다니 이제 좀 한숨을 돌리려나……

태조는 호족 통합을 위해 당근과 채찍을 이용했습니다. 먼저 당근으로 회유하는 의미에서 공신과 호족들을 중앙 고위 관리에 임명하여 권력을 주었습니다. 공신, 호족들에게 역분전이라는 토지를 지급하여 경제적 기반을 마련해주었습니다. 또 각 지방의 힘 있는 호족들의 딸과 결혼하였습니다. 그래서 태조의 부인이 29명이나 되었다고 합니다. 정략결혼, 결혼으로 인척을 이루어 호족들을 통합했던 것입니다. 또 사성(성을 하사) 정책이라 하여 왕건의 성인 왕씨 성을 하사하기도 하였습니다. 같은 성을 쓰는 '패밀리'라 이겁니다.

반면에 채찍으로는 호족들을 견제하기 위하여 사심관제도와 기인제도를 이용하기도 했습니다. 사심관제도는 중앙 관리 중 자신의 출신 지역의 사심관으로 임명하여 향리 임명권을 주고 호족들에 대한 통제를 책임지는 부담을 주는 방법입니다. 여러분의 고향이 부천이라면 부천의 사심관이 되는 것이죠. 그런데 부천에서 반란이 일어나면 그 책임으로 여러분이 처벌을 받게 되기 때문에 부천 지역의 호족들을 잘 통제해야 하는 것이죠. 기인제도는 지방 호족들의 자식들을 개경에 올려 보내서 왕실 호위 등을 맡기는 것입니다. 말이 좋아 왕실 호위지 한마디로 인질입니다. 반란을 일으키면 "네 아들 죽여버리겠다!"고 협박하는 것이죠.

태조는 왕권 안정을 위해 『정계』, 『계백료서』를 지었습니다. 이 책들의 주제는 임금에 대해 신하들이 지켜야 할 규범입니다. 한마디로 왕에게 충성하라는 뜻이죠. 또 죽으면서 유언으로 「훈요 10조」를 남기기도 하였는데, 내용은 후대 왕들이 유지해나가야 하는 국가통치 정책을 강조한 것입니다. 결국 왕 노릇 잘해야 오래오래 나라를 유지할 수 있음을 유언으로 남긴 것이죠.

북진정책은 한마디로 고구려의 옛 땅을 되찾겠다는 것입니다. 고려라는 국호부터 고구려를 계승한다는 뜻이죠. 또한 평양을 서경이라 하여 제2의 서울로 삼고 북진정책의 중심지로 개발하였습니다. 평양은 고구려의 서울이었습니다. 즉 고구려의 옛 땅을 되찾아 평양으로 서울을 옮기겠다는 뜻입니다. 또 거란에 대해서는 적대적인 외교를 벌였습니다. 거란이 사신들을 보내자 "거란은 무도한 나라"라고 하며, 사신들은 유배를 보내고 선물로 가져온 낙타 50마리는 만부교라는 다리 밑에 묶어놓고 굶겨 죽였습니다. 왜 친하게 지내자고 손을 내민 거란의 손을 뿌리쳤을까요? 맞습니다. 거란은 동족 국가 발해를 멸망시킨 원수들이었기 때문입니다. 만약 북한을 멸망시키고 우리의 북쪽 땅을 빼앗은 나라가 있다면 우리들의 원수가 되겠죠? 결국 이러한 북진정책의 결과 청천강에서 영흥만에 이르는 국경선까지 영토를 확장하였습니다.

■ 광종의 왕권 강화와 성종의 유교적 정치 질서 확립

　　　　　　　　　　　　　태조 왕건이 죽자 큰아들 혜종이 왕위를 이어받았습니다. 그러나 왕위를 노리는 사람들이 너무 많았습니다. 그 이유는 왕건의 부인이 29명이었기 때문입니다. 부인 29명의 아버지들이 누굽니까? 호족들 중에서도 가장 세력이 강력한 호족들이었죠. 그런데 외손자가 왕이 된다면 자신의 세력이 커지는 것이었습니다. 그래서 혜종의 뒤통수를 노리는 왕자들과 외척들(왕자의 외할아버지인 호족들)이 많았던 것입니다. 왕건의 첫째부인은 자식이 없었고, 둘째부인이 낳은 큰아들이 바로 혜종이었죠. 그리고 셋째부인이 낳은 둘째아들이 정종, 셋째아들이 광종입니다. 왕규 역시 왕건에게 두 명의 딸을 시집보낸 호족이었죠. 결국 혜종의 죽음, 왕규의 난, 정종의 왕권 불안 등이 계속 이어졌습니다.

이러한 상황에서 정종에 이어 즉위한 광종(정종의 동생)은 어떻게 했을까요? 자신의 형들이 모두 왕권 불안에 시달리고 동생들과 호족 세력이 호시탐탐 왕위를 노리는 상황에서, 그는 당연히 왕권 강화를 원했습니다. 그래서 광종은 가장 먼저 노비안검법을 실시하여 호족들을 공격하기 시작했습니다. 노비안검법은 노비들을 안검(조사)하는 법이죠. 불법으로 억울하게 노비가 된 사정을 조사하여 양인으로 해방시키는 법입니다. 후삼국시대에 전쟁이 많이 일어났던 것 기억하시죠? 많은 전쟁 포로들이 노비가 되었는데, 이렇게 억울하게 노비가 된 사람들을 해방시키는 법이었죠. 그렇다면 당시의 상황을 극화하여 한번 살펴봅시다.

▷ 광종 : 후삼국 통일 때 수많은 백성들이 억울하게 호족들의 노비가 되었다. 그들의 억울함을 풀어주고자 노비안검법을 반포할 것이다.

▶ 호족들 : 전쟁 포로를 노비로 만드는 것이 어디 하루 이틀 된 일이야? 노비를 해방시키는 것은 우리 호족들의 세력을 약화시키려는 음모다. 노비안검법 결사 반대한다!

▷ 광종 : 이것들이 하라면 할 것이지 왜 이리 말들이 많아! 호족 니들이 뭐라고 떠들든 나는 노비들 중 억울하게 노비가 된 사람이 있는지 조사하여 모두 해방시킬 것이다.

▶ 백성1 : 노비안검법이 반포되어 모든 노비들은 관청에 신고를 하라는구먼. 억울하게 노비가 된 사람들은 모두 양민으로 해방시켜준다네.

▶ 백성2 : 정말인가? 임금님께서 못된 호족들로부터 억울한 노비들을 해방시켜주시다니. 만세! 임금님, 만만세!

이렇게 광종이 노린 목적은 바로 공신, 호족 세력의 약화였습니다. 노비들은 공신, 호족들의 재산이었죠. 노비가 해방되면 이들의 재산이 줄어드는 것입니다. 그리고 해방된 노비들은 자신을 풀어준 '광종 만세!'를 외쳤고, 양인이 되어 세금을 내면서(노비들은 가축과 같았으므로 세금을 내지 않았어요. 동물들이 세금 내는 거 봤어요?^^;) 국가 재정이 강화되었습니다.

광종은 이어서 후주 출신의 귀화인 쌍기가 건의한 과거제도를 이용하여 호족들을 공격하였습니다. 과거제도는 한마디로 시험으로 능력을 평가하여 관리들을 등용하겠다는 것이었죠. 그 전까지는 공신, 호족 세력들이 지들끼리 짝짜꿍하면서 관리가 되었죠. 당연히 자신들을 뽑아준 지들 아버지한테 충성하지 국왕한테 충성하겠어요? 그러니까 광종의 목적은 과거제도로 자신이 직접 관리들을 뽑아서 신진 관료들이 자신에게 충성하게 하여 왕권을 강화하는 것이었습니다. 즉 구세력인 호족, 공신 세력들을 몰아내고 신세력인 신진 관료들을 등용하는 신구 세력의 교체를 목적으로 했던 것입니다.

또한 광종은 공복을 제정하였습니다. 관리들이 입는 옷의 색깔을 관직의 높고 낮음에 따라 다르게 하여 위계질서를 확립하였습니다. 위계질서를 확립하면 위계질서의 제일 꼭대기에 있는 왕의 힘이 강해지는 것이죠. 군대에서 계급장 표시가 작대기 1개, 2개, 3개, 4개 이런 식인 것과 마찬가지입니다. 군대는 위계질서가 가장 중요하기 때문이죠. 이러한 광종의 왕권 강화 정책에 대하여 호족 세력들은 당연히 반대했죠. 결국 광종에게 반항하는 공신, 호족들을 역적으로 죽여버리는 등 반대세력들을 숙청하여 왕권에 위협을 주는 세력들을 제거하였습니다. 그리고 국왕의 권위를 높이기 위하여 왕을 황제라 부르고, 독자적인 연호(광덕, 준풍)를 사용하였습니다. 이를 칭제건원이라고 하죠. 한마디로 왕권이 황제처럼 강해졌다는 것을 과시한 것이죠. 이러한 광종의 정치는 결국 공신, 호족들의 세력을 약화시키고 왕권을 강화시키게 됩니다.

그러나 고려 제6대 왕인 성종은 나라를 이끌기 위해서는 유교적 정치 이념이 필요하다고 생각했습니다. 그래서 먼저 5품 이상 관리들을 대상으로 정치에 대해 건의하는 글을 올리도록 하였습니다. 이 건의문들

중에서 성종의 마음에 쏙 드는 글을 올린 사람이 바로 최승로입니다. 최승로는 28조의 개혁안을 건의하였는데, 이를 「시무 28조」라고 합니다. 주요 내용을 살펴보면 다음과 같습니다.

먼저 유교를 강조하여 유교적 정치 질서를 확립해야 한다고 주장하였죠. 그리고 불교 행사는 지나치게 돈이 많이 들기 때문에 억제해야 한다고 했습니다. 한마디로 유교가 불교보다 더 중요하다는 뜻이죠. 또 태조에서 경종까지 5대 왕의 업적을 각각 평가하였는데, 가장 나쁜 평가를 받은 왕이 바로 광종입니다. 광종은 왕권 강화를 했던 왕이죠? 즉 지나치게 왕권을 강화하여 신권을 억눌렀다는 것입니다. 즉 왕권과 신권을 조화롭게 조정해야 한다는 것이죠. 정치권력 간의 견제와 균형을 강조한 것입니다.

또 지방관을 파견하여 지방 세력을 견제해야 한다고 주장하였습니다. 이때까지 고려는 지방관이 없었습니다. 그럼 누가 지방을 다스렸을까요? 바로 지방 호족들이었죠. 성종은 이 건의에 따라 전국 주요 지역에 12목을 설치하고 목사라는 지방관을 파견하였습니다. 그리고 지방 중소 호족을 향리로 편입하는 향리제도를 마련하였습니다. 지방 호족 세력을 견제하는 것이었죠. 이러한 최승로의 건의에 따라 성종은 유교적 정치 질서를 확립하였습니다. 2성 6부제를 기본으로 하는 중앙 통치체제를 마련하였죠. 또 국자감, 과거제도 정비, 지방에 경학박사·의학박사 파견 등을 통하여 유교를 강조해나갔습니다. 또한 불교와 관련된 행사인 연등회를 축소하고, 팔관회는 폐지하여 불교를 약화시키려고 하였습니다. 그러나 제8대 왕인 현종 때 다시 연등회와 팔관회를 국가적인 행사로 만들어 불교를 중시하였습니다.

■ 고려의 중앙 정치조직

고려의 통치체제는 성종 때 마련한 2성 6부제가 기본입니다. 2성 6부제는 당연히 당나라 3성 6부제의 모방이었죠. 그러나 고려에서는 중서성과 문하성을 합쳐서 중서문하성을 만들었죠. 중서문하성은 국가 최고기관으로서 장관인 문하시중이 국정을 총괄하는 역할, 즉 현재의 국무총리 같은 역할을 하였죠. 다음은 어느 문하시중과의 가상 인터뷰를 통해 고려의 중앙 통치조직에 대해 살펴보도록 하겠습니다.

▷ 기자 : 중서문하성의 관리들은 어떻게 구성되어 있나요?

▶ 문하시중 : 국가 정책을 논의·결정하는 고위 관리들인 재신과 정치적 문제점을 비판하는 하급 관리들인 낭사로 구성되어 있습니다.

▷ 기자 : 상서성이 맡은 업무는 무엇인가요?

▶ 문하시중 : 상서성 밑에는 6부를 두고 실제 정책을 집행하였습니다.

▷ 기자 : 송나라의 제도를 모방해서 만든 국가기구가 있다던데요?

▶ 문하시중 : 맞습니다. 중추원과 삼사죠. 중추원은 군사기밀 등 국정을 총괄하는 고위 관리들인 추밀과 왕명 출납을 담당하는, 즉 왕의 비서 역할을 하였던 승선으로 구성되어 있습니다. 또 삼사는 회계기관으로 화폐, 곡식의 지출, 수납에 대한 회계를 맡았죠.

▷ 기자 : 고려의 독자성을 보여주는 회의 기구도 있나요?

▶ 문하시중 : 그렇습니다. 도병마사와 식목도감이 있습니다. 중서문하성의 재신과 중추원의 추밀이 모여 회의를 통하여 중요한 정책을 논의하고 결정하였죠. 한마디로 귀족회의입니다. 화백회의, 정사암회의, 제가회의 같은 귀족회의의 전통을 이어받은 귀족 정치죠. 도병마사는 군사문제를 담당하였고, 식목도감은 법제와 격식을 담당하였습니다. 이 중 도병마사는 원 간섭기 이후에 도평의사사로 이름이 바뀌고 군사문제뿐만 아니라 국정을 총괄하는 국가 최고 회의 기구가 됩니다. 또한 재신과 추밀은 주요 관부의 최고직을 겸하기까지 하면서 정치 운영의 핵심이 되었습니다.

▷ 기자 : 왕권과 신권 사이에 견제와 균형을 목적으로 한 기관도 있었나요?

▶ 문하시중 : 그렇습니다. 어사대와 중서문하성의 낭사를 대간이라고 합니다. 어사대는 정치적 문제점을 비판하고 관리의 부정과 비리를 감찰하는 기관입니다. 감사원과 비슷합니다. 대간은 간쟁·봉박·서경을 하며 왕과 고위 관리를 뒷받침하거나 비판하여 왕권과 신권 사이에 견제와 균형을 조화롭게 이루도록 하는 중요한 역할을 하였습니다.

▷ 기자 : 간쟁·봉박·서경에 대해 더 설명해주십시오.

▶ 문하시중 : 간쟁은 왕의 잘못을 논하는 것입니다. "폐하! 아니되옵니다." 하는 것이죠. 봉박은 잘못된 왕명을 거부하고 되돌려 보내는 것입니다. "폐하의 뜻을 따르지 않겠사옵니다!" 하는 것이죠. 서경은 관리의 임명, 법령의 개정, 폐지에 대한 동의권입니다. "폐하! 동의하지 않사옵니다!" 하는 것이죠.

■ 고려의 지방 행정조직

성종 때 12목을 설치하고 목사를 파견하면서부터 지방 행정조직이 정비되기 시작하였습니다. 다음은 고려의 지방관이었던 안찰사, 병마사, 지방 향리들의 가상 대화를 통해 고려의 지방 행정조직에 대해 살펴보겠습니다.

● 안찰사 : 고려의 지방 행정조직은 크게 5도, 양계, 경기로 나누는데, 5도는 일반 행정구역, 양계는 군사 행정구역, 경기는 개경의 주위를 말합니다. 5도에는 나 같은 안찰사가 파견되었는데, 자신이 맡은 도를 순찰하면서 지방 행정을 살폈습니다. 각 도 밑에는 주, 군, 현이 설치되었고, 각각 지방관이 파견되었습니다. 지방관이 파견되는 현을 주현이라 하고, 파견되지 않는 현을 속현이라 합니다. 그런데 주현보다 속현이 훨씬 많았습니다. 그래서 지방관이 파견되지 않은 속현과 향, 부곡, 소 등 특수 행정구역은 주현의 지방관이 간접적으로 통치하였습니다. 이는 무엇을 의미할까요? 고려의 중앙집권은 완전하지 못했던 것이죠. 이에 비해 조선에서는 모든 군현에 지방관이 파견되었습니다. 조선은 중앙집권이 완전하였고, 이에 비해 고려는 불완전하였던 것입니다.

● 향리 : 그러나 조세, 공물, 역 등을 관리하는 실제 행정사무는 우리 같은 지방의 향리들이 처리하였습니다. 사실상 지방관보다는 우리들이 더 강한 지배력을 갖고 있었던 것이죠. 일반 백성들에게 직접적 영향력을 갖고 있는 것은 같은 지역에 사는 향리들이었죠. 지방관들은 주현에만 파견되어 속현, 향, 부곡, 소의 주민들은 얼굴 한번 보기도 어려운데 무슨 영향력이 있겠습니까?

● 병마사 : 양계는 동계와 북계를 말하는데, 나 같은 병마사를 파견

하여 국경 방어의 임무를 맡겼습니다. 병마사는 병(군인)·마(말)를 담당하는 관리입니다. 군사와 국방을 담당하였죠. 각 계 밑에는 진을 설치하였는데 국방 요충지였습니다. 경기는 개경의 주변 지역으로 지금도 서울 주변을 경기도라고 하는 것과 같습니다. 또 풍수지리설의 영향으로 3경제도가 있었는데, 처음에는 개경(현재 개성), 서경(현재 평양), 동경(현재 경주)이었다가 점차 남경 길지설의 영향으로 개경, 서경, 남경(현재 서울)으로 바뀌었습니다.

■ 고려의 관리 등용제도

고려에서는 관리를 뽑을 때 시험을 봐서 뽑는 과거와, 시험 없이 아버지나 할아버지의 힘으로 뽑히는 음서가 있었죠. 먼저 과거는 제술과(문학, 정책적 능력을 평가)와 명경과(유교 경전 이해 능력을 평가) 등 문신을 뽑는 시험, 기술관을 뽑는 잡과(법률, 지리 등 기술 시험) 등이 있었습니다. 과거는 법적으로 양인 이상이면 모두 응시할 수 있었죠. 그러나 실제로 제술과·명경과에는 귀족들이 주로 응시하여 뽑혔고, 향리의 자제들도 응시하여 뽑히는 경우가 있었습니다. 반면 조선에서는 향리들이 문과 시험에 응시할 수 없었다는 것을 꼭 기억해야 합니다. 고려와 조선의 중요한 차이점입니다.

양인은 평민 즉 백정 농민이었는데, 주로 잡과에 응시하였죠. 그러나 이마저도 드문 일이었습니다. 왜일까요? 먹고살기 바쁜데 공부할 시간이 없었죠. 공부를 못하는데 과거를 보면 뭐하나요? 지금도 우리 모두는 행정 고시, 사법 고시 등에 응시할 자격이 있습니다. 그러나 실제로 응시하는 사람은 일부에 불과합니다. 특히 가난한 사람일수록 고시 공부하기는 더욱 어렵죠. 이와 비슷한 이유라고 할 수 있습니다.

한편, 공신, 종실의 자손, 5품 이상 고위 관료, 즉 귀족들의 아들, 손자, 사위, 동생, 조카 등은 뒷배경으로 관료가 될 수 있는 음서의 특권이 있었습니다. 즉 관료의 지위를 세습하였던 것입니다. 지금도 '낙하산'이란 말이 있죠. 누구 힘으로 회사에 들어오거나 높은 자리에 앉는 경우를 말하죠. 한마디로 고려시대의 '낙하산'이 바로 음서입니다.

■ 고려의 군사조직

고려의 중앙군은 2군 6위로 구성되었습니다. 즉 2개의 군은 국왕의 안전을 지키는 친위 부대, 6개의 위는 수도, 국경을 방어하는 부대입니다. 이들은 직업 군인이었기 때문에 군역의 대가로 군인전을 지급받고 군역은 집안 대대로 세습되었죠. 당연히 군인전도 세습되었죠. 지방군은 일반 농민으로 16세 이상의 장정들로 구성되었는데, 양계의 상비군인 주진군과 5도의 주현군(평상시에는 농사를 짓다가 전시에 동원되던 일종의 예비군)이 있었습니다.

■ 거란의 침입을
격퇴하다

거란(요)은 발해를 멸망시키고 송나라의 북쪽 지방을 위협하며 송나라를 호시탐탐 노리고 있었습니다. 이러한 송과의 대결을 유리하게 이끌기 위해 거란은 고려를 3차례 침략하였습니다. 송나라를 치기 위해 송나라와 친한 고려를 위협하여 송나라와의 관계를 끊으려는 목적이었던 것입니다. 1차 침입은 80만 대군을 이끌고 왔죠. 거란의 의도를 간파한 서희는 거란 장수 소손녕과 담판을 하였습니다.

　▷ 소손녕 : 너희는 신라를 계승한 나라면서 왜 우리 땅을 너희 땅이라고 우기니?
　▶ 서희 : 야! 우리나라 이름이 고려다. 고려는 고구려와 같은 말이다. 우리가 고구려를 계승한 나라니까 고려라고 하지, 신라를 계승하면 고려라고 했겠냐?
　▷ 소손녕 : 그럼 옆에 있는 우리하고 안 놀고 왜 바다 건너 멀리 있는 송나라하고만 노냐?
　▶ 서희 : 그거야 여진족들이 가로막고 있어서 그렇지. 너희가 여진족 애들 쫓아내주면 너희하고만 놀게.

　이렇게 서희는 송과 교류를 끊고 거란과 교류할 것을 약속하였습니다. 그 대가로 고려가 고구려를 계승한 나라임을 인정받고, 강동 6주를 확보하여 압록강까지 영토를 확대하였던 것이죠. 2차 침입은 강조의 정변을 구실로 침략하였지만, 실제로는 송과 교류를 끊고 거란과 교류할 것이라는 약속을 고려가 지키지 않자 침략하였던 것입니다. 또다시 화의를 하고 돌아간 거란은 그 후 다시 3차 침입을 했는데, 10만 정예군 중 수천 명만이 살아 돌아갈 정도로 귀주에서 몰살당하였습니다. 이를 귀주대첩이라 합니다(1019). 귀주대첩으로 거란은 큰 타격을 받고 더 이상의 전쟁을 포기하였죠. 그래서 고려·송·거란 간에 힘의 균형이 이루어졌습니다. 전쟁 후 고려는 개경 주변 외곽에 또 하나의 나성을 쌓고, 국경 지방에 천리장성을 쌓아 거란, 여진의 침략에 대비하였습니다.

■ 여진을 정벌하고 동북 9성을 세우다

　　　　　　　　고구려, 발해 시대에 말갈이라 불리던 사람들이 고려시대에는 여진족이 되어 부족단위로 한반도 북부와 만주 지역에 흩어져 살고 있었습니다. 그러다가 12세기 초 여진족들은 여러 부족들이 힘을 합쳐 세력을 강화하고 고려를 자주 노략질하였습니다. 이에 윤관이 여진족을 정벌하기 위한 대책을 건의하였고, 별무반(말을 잘 타는 여진족들에 대항하기 위하여 기병 위주로 편성되었죠)이 편성되어 여진족을 정벌하여 동북 지방 일대에 9개의 성을 쌓았습니다(1107).

　　그런데 땅을 빼앗긴 여진족들이 땅을 돌려달라고 애원하자, 고려는 다시 노략질을 하지 않는다는 조건으로 여진족에게 돌려주었습니다. 하지만 그 후 여진족은 아구다를 중심으로 급성장하여 금을 건국하고, 거란의 나라인 요를 멸망시킨 후 고려에 군신 관계(임금과 신하의 관계, 즉 금이 임금이니 고려는 신하로서 충성하라 이거죠)를 요구해왔습니다. 당시 권력을 잡고 있던 이자겸은 최강국으로 떠오른 금과의 전쟁을 피하고 자신의 정권을 유지하기 위해 금과 사대관계를 맺었습니다. 이후 금은 중국의 송나라를 남쪽으로 쫓아내고 북중국까지 차지하였습니다.

고려인들은 어떻게 나라를 지켰나
거란, 여진, 몽골과의 항쟁

◎ 장 소 : △△ 박물관
◎ 전시구성
　거란관 : 서희는 어떻게 거란 80만 대군을 담판으로 돌려보내고 강동 6주를 획득하였는가?
　귀주대첩관 : 강감찬은 거란 10만 정예군을 어떻게 격파하였나?
　여진관 : 윤관의 별무반은 어떻게 동북 9성을 획득하였나?
　몽골관 : 고려는 어떻게 40여 년 동안 몽골과 항쟁하였나?
　삼별초관 : 삼별초의 이동 경로를 따라서

2.
응답하라 1135

■ 문벌귀족, 그들만의 세상

          응답하라 1135! 1135년은 묘청의 서경 천도 운동이 일어난 해입니다. 이 사건의 결과가 이후 역사의 흐름을 사대적·보수적 유교사상으로 흐르도록 하였다고 주장한 사람이 바로 신채호입니다. 구한말, 일제 강점기의 독립운동가이자 역사학자인 신채호는 이 사건을 '조선 역사상 일천년래 제일대사건'이라고 평가하였습니다. 우리 역사의 흐름이 달라지는 결정적 계기였다는 것입니다. 자주적·진취적인 전통사상을 대표하는 묘청이 실패한 이후 우리 역사는 사대적·보수적으로 흘러가게 되어 고려 말, 조선의 사대적인 왕조가 이어지고, 결국엔 일제에 나라를 빼앗기게 되었다는 주장입니다. 그리고 묘청의 서경 천도운동이 일어나게 된 근본적인 원인은 문벌귀족들 내부의 갈등이었습니다. 그럼 먼저 문벌귀족에 대해 살펴봅시다.

    고려를 건국한 핵심 세력은 바로 지방 호족과 6두품들이었습니다. 시간이 지나면서 이들 중 집안 대대로 고위 관리들을 배출한 가문들이 나타났습니다. 이들을 문벌귀족이라고 합니다. 경원 이씨, 파평 윤씨, 해주

최씨, 경주 김씨 등이 대표적이죠. 문벌귀족은 과거에 합격하여 관리가 되거나 음서의 특권으로 관리가 되기도 하였죠. 이렇게 관직을 독점하여 권력을 장악하였고, 또한 경제력을 강화하였습니다. 관직에 대한 대가로 전시과에 따라 과전을 지급받고, 집안 대대로 세습할 수 있는 토지인 공음전의 특권을 갖고 있었습니다. 또한 권력을 이용하여 국가의 땅이나 남의 땅을 불법으로 개간하여 차지하거나 백성들의 땅을 강제로 빼앗기도 하였습니다. 문벌귀족들은 정치권력과 경제력을 모두 독점하였던 것이죠.

문벌귀족들은 이러한 독점 구조를 유지하고 강화하기 위하여 끼리끼리 결혼을 하였습니다. 요즘에도 재벌 집안끼리 결혼하거나 재벌 집안과 정치인 집안끼리 결혼하는 경우가 많죠. 왜일까요? 결혼을 자신들의 세력을 유지하거나 강화하는 도구로 이용하려 하기 때문입니다. 한 시민단체에서 조사한 결과를 보면 우리나라 사회지도층 중 약 3,000명 정도가 그물처럼 인척관계를 맺고 있어요. 문벌귀족들 역시 그물처럼 인척관계를 맺어 그들만의 세상을 이루고 있었던 것입니다.

특히 문벌귀족 중 왕에게 딸들을 시집보내 왕비를 배출하고 외척이 되어 정권을 장악하는 가문이 나타났는데, 대표적인 가문이 바로 경원 이씨입니다. 경원 이씨 가문은 왕실의 외척이 되어 80여 년간 정권을 잡았는데, 이자겸에 이르러 그 권력이 꼭대기에 올랐습니다. 이자겸이 자신의 외손자인 인종에게 두 딸을 다시 시집보낸 것을 보더라도(인종은 이모들과 결혼하였던 것이죠.^^;) 문벌귀족들은 권력을 위하여 근친혼까지 감행했다는 것을 알 수 있습니다.

이러한 문벌귀족 사회에도 모순과 갈등이 나타나기 시작하였습니다. 지방 출신으로 과거를 통하여 새로이 관리가 된 사람들은 기존의 문벌귀족들이 특권을 독차지하였기 때문에 불만이 많았죠. 그래서 신진 관료들은 자신들의 몫을 찾기 위하여 왕의 측근 세력이 되어 왕권을 강화하고 보좌하여 문벌귀족과 대립하게 되었던 것입니다. 그리고 이러한 정치세력 간의 갈등이 드러난 사건들이 바로 이자겸의 난과 묘청의 서경 천도 운동입니다.

■ 이자겸, 왕이 되려다 실패하다

　　　　　　　　위에서 이야기한 것처럼 이자겸의 집안은 11세기 이래로 80여 년 동안 정권을 잡은 경원 이씨였어요. 이자겸 때에 이르러 권력은 최고조에 이르렀고, 이자겸은 자신의 반대세력으로 성장하고 있던 신진 관료들을 몰아내고, 외손자이자 사위인 인종까지 죽이려고 하였습니다. 인종 제거에는 실패하였지만 이미 인종에게 남은 힘은 없었고, 시간이 흘러가면 왕의 자리는 이자겸에게 굴러오게 되어 있었습니다. 일단 한숨을 돌린 인종은 머리를 굴렸죠. 이이제이(以夷制夷)! 오랑캐를 이용해서 오랑캐를 친다는 말입니다. 이자겸 세력의 2인자는 척준경이었는데 이 사람이 좀 멍청했어요. 그래서 인종이 이렇게 척준경을 부추겼습니다. "네가 이자겸을 제거하면 네가 정권을 잡는다. 내가 너에게 정권을 주겠다." 이 말을 전해 들은 척준경이 인종의 말을 믿고 군사를 일으켜 이자겸을 제거하였죠. 진짜 멍청하죠? 일단 이자겸을 제거한 인종은 이번에는 신진 관료들을 이용하여 척준경을 탄핵하여 제거하였습니다. 결국 이자겸의 난은 실패하였고 왕권은 일단 위기를 넘겼습니다.

■ 묘청, 조선 역사상 일천년래 제일대사건을 일으키다

　　　　　　　　　이자겸의 난은 문벌귀족들의 내분을 이용해 진압한 것일 뿐 왕권 자체는 약한 상황이었습니다. 인종은 왕권을 완전히 회복하기를 원했죠. 이때 풍수지리설을 내세우며 왕기가 강한 서경으로 서울을 옮기자는 사람들이 인종에게 접근하였습니다. 문벌귀족의 세력 기반인 개경을 떠나 서경에서 왕권을 강화하라는 것이었죠. 인종도 이들의 뜻에 따라 서경에 대화궁이라는 궁궐을 짓는 등 서경으로 천도할 것을 명령하였습니다. 하지만 개경의 귀족들이 가만히 있지 않았습니다. 자신들의 기득권을 잃지 않기 위하여 서경 천도를 적극 반대하였습니다. 결국 인종은 개경파의 반대에 굴복하고 서경 천도를 포기하였습니다.

　　묘청 세력은 서경 천도가 어려워지자 자신들의 뜻을 이루기 위해 서경에서 난을 일으켰습니다. 그러나 개경파의 대표 김부식이 관군을 이끌고 반란군을 공격하여 약 1년 만에 진압하였습니다. 결국 묘청의 서경 세력이 패배하고 김부식의 개경 세력이 승리하였죠. 그러나 이것은 단순히 서울을 옮기자는 운동이 아니었습니다. 묘청의 서경 천도 운동은 문벌귀족 사회 내부의 기성세력과 신진 관료들의 갈등이었으며, 개경 세력과 서경 세력의 대결이었고, 사대적 유교사상과 자주적 전통사상(낭가 사상, 불교, 풍수지리설)의 충돌이었으며, 신라 계승 이념과 고구려 계승 이념의 갈등이었던 것입니다. 어떻게 외울까요? 고구려의 서울은 평양, 즉 서경, 고구려는 중국과 맞선 자주적인 나라, 개혁적·진취적인 나라라는 것을 기억하면 됩니다. 반대로 신라는 중국을 끌어들인 사대적인 나라, 개경은 잘사는 귀족들의 근거지로 보수적인 지역이라는 것을 기억하세요.

구분	개경파	서경파
지역	개경	서경
대표 인물	김부식	묘청
문벌귀족	기성세력	신진세력
사상	사대적 유교사상(금에 사대)	자주적 전통사상 (낭가 사상, 불교, 풍수지리설, 북진정책)
계승 이념	신라 계승	고구려 계승

■ 무신들의 세상이 되다

　　　　　　　　　　의종은 매일같이 잔치를 열고 술 먹고 놀면서 향락을 일삼으며 실정으로 나라를 망쳤습니다. 의종과 문신들이 잔치를 즐기고 있으면 무신들은 쉬지도 못하고 주변을 지키고 있었죠. 고려는 기본적으로 문신을 우대하고 무신들은 차별하고 멸시하였습니다. 무신들을 뽑는 무과도 없었으니까요. 무신들이 승진할 수 있는 최고의 벼슬은 정3품 상장군까지였고, 군사 업무를 맡은 부서인 병부의 책임자들도 문신들이었습니다. 무신들은 문신들의 명령을 받는 로봇에 불과했죠. 심지어 무신들은 문신들에게 수염이 태워지거나 따귀를 맞는 등 멸시를 당했고, 전쟁터에서도 최고 지휘관은 문신이 맡았습니다(거란의 침입을 막은 서희, 강감찬도 모두 문신 출신이죠). 게다가 하급 군인들도 군역의 대가로 지급받아야 할 군인전을 정해진 대로 받지 못하여 불만이 높은 상태였어요. 이러한 원인들이 복합적으로 작용하여 발생한 사건이 바로 무신정변입니다(1170).

　　무신들은 보현원에서 문신들을 죽이고, 의종을 쫓아내고 명종을 허수아비 왕으로 내세워 정권을 장악하였습니다. 한마디로 군사 쿠데타였죠. 정변 이후 무신들은 중방(최고위 무신들의 회의 기구로 무신들이 권력을 잡자 최고 권력기구가 되었죠)을 중심으로 고위 관직을 독차지하고 토지, 노비 등 재산을 축적하였습니다. 우리 현대사의 군사정권 시기에 군 출신들이 고위 관직을 독차지하고 많은 재산을 늘려간 것과 비슷하다고 볼 수 있죠. 그리고 각 세력마다 사병을 훈련하여 정변을 일으키는 등 권력 쟁탈전을 벌였습니다. 무신 집권자의 변화를 보면 이의방 ⇒ 정중부 ⇒ 경대승 ⇒ 이의민 ⇒ 최충헌으로 이어집니다.

최충헌은 1196년 권신 이의민을 죽이고 정권을 잡자, 봉사 10조라는 사회 개혁책을 제시하면서 자신의 집권을 합리화합니다. 그리고 무신정권 시기에 끊이지 않던 농민 항쟁도 강력하게 진압하였습니다. 이렇게 자신의 권력을 강화하자 사회 개혁책은 흐지부지되었습니다. 오히려 최충헌은 자신의 토지와 노비를 엄청나게 늘리고 사병 기관(도방)을 군사적 기반으로 삼아 정권을 유지하였습니다. 또 최고 권력기구로 교정도감을 설치하여 권력을 강화하기도 하였습니다. 이와 같은 일들이 우리 현대사에도 있었죠. 바로 군사정권 시대입니다. 군사 쿠데타로 정권을 잡은 세력은 개혁을 외치며 집권을 합리화했습니다. 군사정권에 저항하는 민주화 운동을 무자비하게 진압했습니다. 군사정권 시기에 각종 권력형 비리 사건들은 셀 수가 없을 정도였습니다. 군사 쿠데타로 권력을 잡은 군인, 무신들의 행태는 어느 시대나 똑같다고 할 수 있죠.

최충헌의 뒤를 이어 그 아들 최우가 1219년(고종6) 정권을 계승하였습니다. 최우는 한술 더 떠서 교정도감뿐만 아니라 자신의 집에 정방을 두고 인사권을 장악하였습니다. 관직에 대한 인사권은 왕이 갖고 있는 것이었죠. 그런데 그 인사권을 자신의 집에서 처리했다는 말은 무슨 뜻일까요? 한마디로 자신의 집을 사실상 궁궐의 역할을 하도록 만든 것이죠.

또 최우는 서방을 만들어 문신들을 등용하기도 하였습니다. 그리고 야별초(후에 삼별초로 발전)를 만들어 최씨 정권의 군사적 기반으로 삼았습니다. 이후 최씨 정권은 집안 대대로 계승하여 4대 60여 년간 정권을 잡았지만 국가 발전, 민생 안정보다는 권력체제 유지에만 더 신경을 썼을 뿐이었습니다.

★ **영화**와 **드라마**로 **역사** 읽기 – 드라마 「무인시대」

드라마 「무인시대」에서는 무신정변에 대해 상세히 묘사하였는데, 결정적 원인은 대장군 이소응이 문신 한뢰에게 따귀를 맞은 사건이었습니다. 당시 의종은 향락을 좋아하여 보현원으로 가던 도중 수박희(우리의 전통 무술) 대결을 열었습니다. 요즘 사람들이 격투기 좋아하는 것처럼요. 그런데 이 경기에서 대장군 이소응이 졌습니다. 이때 의종에게 아부를 떨며 권력을 휘두르던 간신배 한뢰가 이소응을 조롱하며 뺨을 쳤습니다. 이에 격분한 무신들이 정변을 결심하고, 보현원에 도착하자마자 한뢰 등 문신들을 닥치는 대로 죽이고, 의종을 쫓아낸 것이죠. 이후 드라마는 이의방 ⇒ 정중부 ⇒ 경대승 ⇒ 이의민 ⇒ 최충헌으로 이어지는 무신정권의 변화 과정을 재미있게 묘사해 나갔답니다.

■ 농민봉기와
   신분해방운동

무신정변은 한마디로 하극상이었습니다. 당시의 지배층인 문벌귀족들을 몰아내고 무신들이 권력을 잡았던 것이죠. 이에 조위총의 난, 김보당의 난, 귀법사의 난 등 무신정권에 저항하는 반란들이 일어났습니다. 또 무신들 중에는 노비 등 하층민 출신인 사람들이 많이 있었는데, 이들이 권력을 차지하는 것을 본 하층민들은 능력만 있으면 얼마든지 신분 상승을 할 수 있다는 것을 깨닫게 되었던 것이죠.

권력을 차지한 무신들은 이를 바탕으로 대토지를 차지하고 농장을 확대하였습니다. 이에 백성들은 가혹한 수탈에 저항하여 봉기를 일으키기 시작하였습니다. 먼저 공주 명학소에서 망이·망소이의 난이 발생하였습니다. 또 운문, 초전에서는 김사미, 효심이 봉기하였죠. 이러한 봉기를 통하여 농민들은 지방관의 수탈에 항의하였고, 신라 부흥(옛 백제 지역에서 후백제가 나오고, 옛 고구려 지역에서 후고구려가 나온 것처럼 옛 신라의 중심지였던 현재 경상도 지역을 중심으로 신라 부흥운동이 일어나기도 하였죠), 고구려 부흥(옛 고구려 의 서울이었던 평양, 즉 당시 서경을 중심으로 고구려 부흥운동이 일어났죠)을 주장하기도 하였습니다. 최충헌의 집권 후 농민봉기는 일단 진정되기도 하였지만 최충헌의 사노비였던 만적을 중심으로 천민들의 신분해방운동이 발생하였습니다. 만적은 "사람이면 누구나 공경대부(최고 지배층)가 될 수 있다."고 주장하며 신분해방운동을 벌였지만 결국 실패하였습니다.

■ 몽골과 40여 년 동안 항쟁하다

몽골이 전 세계를 휩쓰는 와중에 드디어 몽골이 고려와 만나게 되었습니다. 강동성에 거란의 잔당이 쫓겨 오자 몽골, 여진, 고려가 협공하여 거란을 소탕한 사건이 있었죠. 이후 몽골은 고려에 대해 무리한 요구를 하며 전쟁의 구실을 찾았답니다. 이 와중에 고려에서 몽골로 돌아가던 몽골 사신이 살해당하는 사건이 발생하였습니다.

이 사건을 구실로 몽골군이 침략을 시작하였고, 이후 고려는 40여 년 동안 몽골과의 항쟁을 계속했습니다.

당시 고려 최씨 정권의 최우는 강화도로 천도하고(강화도는 육지에 가까우면서도 배로 건널 때 바닷길이 험하여 몽골족과 같은 유목민족들은 건너올 수 없는 최고의 피난처였죠), 주민들은 산성이나 섬으로 피난하라고 하면서 강화도로 건너갔죠. 한마디로 지배층은 강화도로 도망가고 백성들은 알아서 피하라는 거였어요. 당시 집권자인 최우는 수천 명을 동원하여 강화도에 대저택과 몇십 리 크기의 정원을 건설하였다고 합니다. 또 수시로 연회를 열어 사치와 향락을 즐겼는데, 이를 위해 백성들을 가혹한 세금으로 착취하였던 것입니다. 그러나 육지에 남은 백성들은 산성과 섬에 들어가 몽골에 항쟁하였죠. 사실은 몽골군을 피해 도망간 거였죠. 산성과 섬에는 먹을 것, 입을 것, 잘 곳이 없었고, 특히 식량을 구하지 못해 굶어 죽는 일이 허다했습니다.

그런 와중에도 우리 민중은 몽골군에 맞서 용감하게 싸웠습니다. 충주성 전투에서 관리들은 모두 도망갔지만, 노비와 민중들이 끝까지 싸워 몽골군을 물리친 것만 봐도 알 수 있죠. 또한 김윤후가 이끈 민병(의병과 같이 백성들로 구성된 군대)과 승군(스님들로 구성된 군대)은 처인성에서 몽골군을 이끌던 살리타를 죽이는 등 몽골군을 물리쳤습니다. 특히 당시 가장 천대받던 노비, 부곡 주민 등이 더 용감하게 몽골군과 맞서 싸웠습니다. 우리 역사의 한 특징이죠. 임진왜란 때 의병, 구한말 의병 등도 일반 민중들이 가장 용감하게 싸웠습니다. 우리 민중은 SCV예요. 스타크래프트 테란 종족의 일꾼 SCV는 전투력이 강해서 비상시에는 다른 종족들과 전투를 하곤 하죠.ㅋㅋ

그런데 최씨 정권은 안전한 강화도 안에서 사치와 향락을 누리면서 전쟁으로 황폐화된 백성들에게 평상시대로 세금을 거두는 등 가혹한 수탈을 하였습니다. 이러는 과정에서 백성들의 인심은 최씨 정권으로부터 떠나갔습니다. 처음에는 몽골과의 항쟁에서 가장 천대받던 노비와 천민들까지 목숨을 바쳐 싸웠죠. 그러나 최씨 정권의 수탈이 몽골군보다도 더 심해지자 나중엔 몽골군의 침략을 환영하는 일까지 벌어지게 되었습니다. 오랜 전쟁으로 최씨 정권은 백성들의 지지를 잃었고, 결국 무너졌습니다. 최씨 정권의 마지막 집권자인 최의를 김준(드라마 「무신」의 주인공으로 나온 김준이 바로 이 사람이죠)이, 김준을 임연이, 임유무를 송송례가 제거하는데, 모두 삼별초의 힘을 이용하였습니다. 즉 삼별초는 자기들의 손으로 자신들의 주인이었던 최씨 정권을 무너뜨렸던 것입니다. 그리고 마침내 고려와 몽골은 화의를 하고 고려는 개경으로 환도하였습니다. 이처럼 고려의 주권을 지키고, 우리 고유의 풍속을 계속 누릴 수 있었던 것은 고려의 민중이 몽골의 무력에 굴복하지 않고 끝까지 저항하였기 때문입니다. 몽골 역시 우리의 끈질긴 저항에 질려버려서 직접 통치를 포기한 것이죠.

고려 조정의 항복에도 불구하고 삼별초는 배중손을 중심으로 대몽 항쟁을 계속하였습니다. 그들에게 강화도를 나간다는 것은 자신들의 모든 권력을 내놓는다는 것과 같은 것이었죠. 몽골은 자신들에게 반항하여 강화도에 들어갔던 최씨 정권의 세력이었던 삼별초를 쉽게 용서하지 않을 것이기 때문이었습니다. 삼별초는 최씨 정권의 사병 집단과 같은 성격이었으므로 몽골에 저항한 최씨 정권과 관련된 삼별초는 처벌될 가능성이 컸습니다. 결국 삼별초는 살기 위해 끝까지 싸웠다고도 볼 수 있습니다. 어쨌든 이들은 먼저 진도로 옮기고, 다시 제주도로 옮기면서 항쟁을 계속하였는데, 민중들이 대몽 항쟁을 지지하였기 때문에 삼별초의 항쟁도 가능했습니다.

■ 원의 부마국이 된 고려, 내정간섭을 당하다

원(몽골)은 일본을 원정하여 정복하려고 했죠. 그러나 몽골족은 유목민족이었기 때문에 바다나 배에 대해서 잘 몰랐어요. 그래서 섬나라 일본을 공격할 수가 없었던 것이죠. 때마침 고려가 항복하자마자 원은 일본 원정에 필요한 배, 군대, 각종 물자를 준비하도록 강요했습니다. 몽골과의 전쟁에 지친 우리 민중들은 우리와 상관없는 전쟁 준비에 또다시 고통 받았던 것이죠. 그리고 원정은 두 차례 모두 실패했어요. 모두 태풍이 불어 바다에 빠져 몰살당했습니다. 그래서 일본은 이때 불었던 태풍을 가미카제('신의 바람'이라는 뜻이죠)라고 하여 수호신처럼 생각합니다. 제2차 세계대전 때 일본의 자살 전투기(전투기에 돌아올 기름을 넣지 않고 보내서 기름이 떨어지면 적의 군함에 떨어져서 자살 공격을 했던 전투기)들이 바로 가미카제 특공대입니다.

또 원은 고려의 영토 일부를 빼앗기도 했습니다. 철령 이북에 쌍성총관부, 자비령 이북에 동녕부, 제주도에 탐라총관부라는 원의 관아를 둬 통치하였습니다. 지금도 제주도 목장에서 말을 많이 키우고 있죠? 제주도 땅이 몽골족이 중시했던 말(몽골 기병이 세계를 휩쓸었던 것 잘 아시죠?)을 키우는 목장으로 이용되었던 것이죠. 동녕부와 탐라총관부는 얼마 뒤 돌려주었지만, 쌍성총관부는 공민왕 때 되찾을 때까지 원의 지배 아래에 있었습니다.

원은 내정간섭을 위해 고려의 왕이 원의 공주와 결혼하게 하여 원 황제의 부마(사위)가 되도록 만들었습니다. 즉 원은 장인의 나라, 고려는 사위의 나라가 된 것이죠. 원과 고려의 상하 관계가 명백해진 것입니다. 그래서 원 간섭기 고려 왕들의 이름에는 항상 충(忠) 자가 들어갔습니다.

고려는 원에게 충성하라는 것이었죠. 또 중앙 정치조직도 격하되었습니다. 중서문하성과 상서성을 합쳐 첨의부로 만들고, 6부는 4사로 합쳤습니다. 2성 6부 체제가 1부 4사 체제로 격하된 것입니다. 또한 중추원은 밀직사로 격하시켰습니다.

다음은 고려의 내정간섭을 위해 원이 설치했던 기관에 대해 살펴봅시다. 대표적인 내정간섭 기관인 정동행성은 일본 원정을 준비하기 위해 고려에 설치했던 기관입니다. 그러나 일본 원정이 실패로 끝난 뒤에도 계속 남아서 내정간섭을 일삼았습니다. 또 원은 고려에 군사조직인 만호부를 설치하여 고려에 군사적 영향력을 행사하며 간섭했습니다. 그리고 다루가치(감찰관)를 파견하여 고려에 대한 감시를 하면서 내정을 간섭하기도 했죠.

이 밖에도 원은 고려의 처녀들을 공녀로 바칠 것을 요구하였습니다. 이때부터 공녀로 끌려가지 않기 위해 어린아이 때 결혼하는 조혼 풍습이 생길 정도였죠. 원에 끌려간 공녀들은 대개 비참한 생활을 했던 것으로 보입니다. 당시 원나라에 고려 기생들이 많았던 것으로 보아 이들이 공녀였음을 알 수 있습니다. 그러니까 기황후처럼 높은 지위에까지 올라간 경우는 하늘의 별 따기였죠. 제2차 세계대전 당시 일본이 우리나라 여성들을 전쟁터에 종군 위안부로 끌고 다니며 성노예로 삼았던 일이 있었습니다. 그래서 지금도 피해자인 할머니들은 일본 정부의 사과를 요구하고 있지만 일본은 사과를 거부하고 있습니다. 700년 전 공녀들의 한을 우리가 풀어줄 순 없지만 현재 진행형인 위안부 피해자들의 한은 꼭 풀어주어야 할 것입니다. 그래서 이러한 역사가 또다시 되풀이되어서는 안 됩니다. 다음은 공녀들이 끌려가는 당시의 상황을 극으로 꾸민 장면입니다.

▷ 군인 : (어느 집에서 한 여인을 끌고 나오며) 어서 가자. 너는 원나라에 공녀로 바쳐질 것이다.

▶ 공녀의 어머니 : (뒤이어 집 밖으로 뛰어나오며) 못 간다! 남의 집 귀한 딸을 몽골족들에게 바칠 순 없다!

▷ 군인 : 원나라에 공녀를 바치는 것은 나라의 법이거늘 어찌 국법을 어기려고 하느냐? 우리들은 국법을 집행하는 것이니 어서 길을 비켜라!

▶ 공녀의 어머니 : 안 된다! 못 간다!

또 고려는 금, 은, 인삼 등 각종 특산물을 원에 바쳤는데, 심지어는 응방을 설치하여 매를 징발하기도 했습니다. 몽골족들의 풍습 중 매 사냥이 있는데, 이에 필요한 매를 잡기 위한 것이었죠. 그래서 보라매, 송골매의 보라, 송골 등이 몽골어의 매를 뜻하는 포로, 송굴 등의 몽골어에서 생긴 말이랍니다. 몽골족들이 우리나라 사람들에게 매를 잡아오라고 시켰죠. 그런데 매는 하늘 높이 날아다니는 새인데 잡기가 쉽나요? 그래서 몇 마리 못 잡으면 막 두들겨 패고 괴롭혔죠. 즉 몽골족들이 공녀, 특산물, 응방 등으로 우리나라 사람들을 괴롭혔던 것입니다.

■ 공민왕, 개혁을 추진하다

위에서 배운 것처럼 원나라의 내정간섭을 당한 시기를 원 간섭기라고 합니다. 이 시기에 권문세족이라는 새로운 지배층이 나타났습니다. 이들은 모두 원 간섭기의 지배층으로서 기본적으로 원의 내정간섭을 받으며 우리나라를 지배하는 친원 세력이라고 할 수 있죠. 이와 같이 원의 세력을 바탕으로 한 권문세족은 고위 관직을 모두 차지하고 농장(대토지)을 늘리고 가난한 농민들을 노비로 삼아 늘리는 등 사회 모순을 심화시켰습니다. 일제 강점기에 일제의 앞잡이였던 친일파들이 일본의 세력을 바탕으로 잘 먹고 잘 살았던 것과 같다고 보면 됩니다. 다음 사료를 봅시다.

> "요즘 들어 간악한 도당들이 남의 토지를 겸병함이 매우 심하다. 그 규모가 한 주(州)보다 크기도 하고, 군(郡) 전체를 포함해 산천으로 경계를 삼는다. 남의 땅을 조상으로부터 물려받은 땅이라고 우기면서 주인을 내쫓고 땅을 빼앗아 한 땅의 주인이 대여섯 명이 넘기도 하며, 전호들은 세금으로 소출의 팔구할을 내야 한다(『고려사』)."

위의 기록에 나오는 '간악한 도당'이란 고려 말의 개혁대상인 권문세족입니다. 이들은 고려 후기의 정치적·경제적 특권을 독차지한 특권층이었습니다. 이들은 정치적으로 고려의 최고 권력기구인 도평의사사를 장악하고 있었으며, 경제적으로는 막대한 규모의 대농장을 소유했습니다. 권문세족은 음서를 통해 관직에 진출하여 고위 관직을 독점하다시피 하고, 그 같은 지위를 자자손손에 이르기까지 대를 이어갔습니다. 권문세족은 또한 친원파였습니다. 이들은 원나라의 침략기 때부터 몽골족들에게 빌붙어 그들의 말을 배우거나 몽골 귀족과 혼인하여 출세하여 원나라의 앞잡이가 되었습니다. 일제 강점기 친일파들이 잽싸게 일본어를 배워 총독부 지배체제에 들어가 일하면서 출세한 것과 비슷하죠.

이처럼 원나라의 앞잡이들은 우리 민족의 여자들을 공녀로 갖다 바치고, 원나라에 바칠 각종 물품을 앞장서서 백성들로부터 수탈하면서 자신들의 뱃속까지 채웠습니다. 쌍성총관부 등 우리의 국토를 원나라에 갖다 바치고, 원나라의 허락을 얻어 왕을 세우고, 몰아내고, 또다시 세우기를 반복하였습니다. 또한 권문세족들은 경제적인 측면에서 대농장주였습니다. 권문세족들은 전시과체제의 붕괴와 더불어 불법적으로 대토지를 겸병하여 소유하였습니다. 산천을 경계로 삼을 정도의 거대한 농장을 한 명이 소유하고 있으니, 그 땅에 살던 수많은 민중들의 고통이 어떠했을까요? 게다가 어떤 곳은 땅 주인이 대여섯 명이나 돼 수확량의 80~90%를 세금으로 빼앗기다 보니 일반 농민들은 끼니를 잇기 어려웠습니다. 이들은 또한 막강한 권력을 이용하여 세금마저 내지 않았기 때문에 국가 재정은 더욱 악화되어갔던 것입니다.

그런데 이러한 사회 모순을 개혁하는 정책을 추진한 왕이 나타났죠. 바로 공민왕입니다. 공민왕이 즉위한 당시는 원, 명 교체기입니다. 즉 원나라가 점점 망할 징조가 나타나고, 한족들이 홍건적의 난 등 반란을 일으키면서 주원장을 중심으로 명나라를 세우고, 결국 명나라가 몽골족을 만리장성 북쪽으로 쫓아내게 되는 시기입니다. 즉 원나라가 점점 약해지는 것을 이용하여 공민왕이 "바로 이때 우리도 한번 몽골의 지배에서 벗어나 보자!"고 하면서 고려의 자주성을 되찾고 원나라의 앞잡이들인 권문세족들을 약화시켜 왕권을 강화하려 했던 것입니다. 그래서 공민왕의 개혁은 두 가지 방향으로 이루어졌습니다. 밖으로는 반원 자주 정책, 안으로는 왕권 강화 정책.

먼저 반원 자주 정책을 살펴봅시다. 당시 친원파 중 가장 강한 세력을 갖고 있던 사람이 바로 기철입니다. 기철은 기황후의 오빠입니다. 기황후는 공녀로 끌려갔다가 원 순제의 황후가 되어 태자를 낳음으로써 막강한 권력을 갖게 되었죠. 이러한 누이동생의 권력을 배경으로 기철은 고려의 정치권력을 독차지하고 남의 땅을 빼앗는 등 횡포를 부렸습니다. 공민왕은 "기철은 누이동생인 기황후를 등에 업고 나라를 망친 친원 세력의 대표로 제일 먼저 죽여야 할 놈이다." 하면서 개혁에 계속 저항하던 기철 등 친원파 앞잡이들을 제거하였습니다.

기철을 제거한 공민왕은 내정간섭 기관인 정동행성 이문소(원과의 연락 업무를 맡아 고려의 내정을 간섭하는 핵심 기구였죠)를 폐지하고, 격하되었던 관제를 원래대로 되돌렸으며, 더 나아가 몽골 풍습(변발, 몽골 복장, 몽골어 등)을 금지하였습니다. 원의 강요에 의해 격하된 관제는 원래대로 복구되는 것이 당연한 일이었죠. 비정상을 정상으로 되돌리는 것이니까요. 또 당시 고려에 몽골족의 문화인 머리를 빡빡 깎는 변발이 유행하였고, 몽골 옷을 입고 다니고, 몽골 말을 하면서 거들먹거리는 인간들이 많았습니다. 완전 몽골족들이 된 거죠. 이러한 풍조를 그대로 두고서 몽골족들의 지배에서 벗어날 수는 없었기 때문에 몽골 풍습을 금지하였던 것입니다. 또 군대를 동원하여 쌍성총관부를 공격하여 되찾았습니다. 또 요동 지방을 공격하여 고구려의 옛 영토를 회복하려고 시도하기도 하였습니다.

다음은 왕권 강화 정책을 살펴봅시다. 당시 왕권을 약화시키고 신진 사대부의 진출을 방해하고 있던 정방을 폐지하였습니다. 정방은 최우가 자신의 집에 만들어서 인사권을 장악했던 정치기구였죠. 정방은 인사권을 갖는 기관으로 원 간섭기에는 권문세족들이 정방에 모여 인사권을 독점하였습니다. 자기들끼리 왕권도 무시하고 고위직을 독차지하고 신진사대부들의 정치적 진출을 봉쇄하였던 것이죠. 이러한 정방이 남아 있는 한 왕권은 강화될 수가 없었기에 공민왕은 정방을 폐지하였던 것입니다. 공민왕은 "최우가 자신의 집에 정방을 설치하고, 모든 인사를 장악하고 왕권을 약화시켰다. 이후로도 권문세족들이 인사를 마음대로 하며, 신진

사대부들의 승진을 막기 위해 정방을 이용해 먹었지. 이제부터는 정방을 없애고 모든 인사를 내가 직접 하겠다."라고 말하면서 정방을 없애버렸던 것이죠.

또 신돈을 책임자로 하는 전민변정도감을 설치하고 권문세족이 힘없는 백성들에게서 빼앗은 토지를 원래 땅 주인에게 돌려주도록 하고, 억울하게 노비가 된 사람들은 양민으로 해방시켰습니다. 뭐랑 비슷하죠? 그렇습니다. 광종의 노비안검법입니다. 노비안검법이 억울하게 노비가 된 자들을 안검(조사)하여 양민으로 해방시켜준 것처럼 전민변정도감은 전(토지)과 민(노비)을 변정(바르게 판단)하는 도감(기관)으로 불법적인 토지 탈취, 노비 확대를 바로잡겠다는 것이었습니다. 그래서 권문세족의 세력을 약화시키고 국가 재정 수입을 증가시켰던 것입니다. 전민변정도감에서 신돈이 어떻게 개혁을 해나갔는지 살펴보면 다음과 같습니다.

▷ 신돈 : 권문세족들아! 니들이 불법적으로 노비로 삼은 사람들은 양민으로 해방시키고, 남의 땅을 빼앗은 것은 본래의 소유주들에게 돌려주어라.

▶ 권문세족 : 우리는 불법적으로 노비를 삼거나 남의 땅을 빼앗은 적이 없다. 우리의 재산권을 침해하지 말고 너나 산속으로 기어 들어가서 목탁이나 두드려!

▷ 신돈 : 여봐라! 이 자들의 불법을 증명할 조사 자료를 갖고 오도록 하라!

▶ 권문세족 : 아, 잘못했습니다. 노비들을 양민으로 해방시키고, 빼앗은 땅은 본래 주인에게 돌려주겠습니다. 한 번만 봐주세요.^^;

신돈의 개혁이 점차 가속화됨에 따라 권문세족들은 정치 일선에서 밀려났고, 그들이 불법적으로 소유하고 있던 토지와 노비는 몰수되었습니다. 이로 말미암아 경제적인 기반마저 상실할 위기에 처한 그들은 신돈을 제거해야만 자신들이 살아남을 수 있었습니다. 이렇게 신돈이 권문세족들의 목을 조르자 권문세족들은 음모를 꾸미죠. "신돈이 비리를 저지르고 반역을 일으키려고 했어요. 죽여야 돼요." 결국 신돈은 제거되었습니다. 그 표면적인 이유는 "신돈이 왕이 자기를 꺼릴까 두려워하여 반역을 꾀하였다."는 것입니다. 그러나 신돈이 처형되고 나서 공민왕은 개혁을 포기하고 향락에 빠져 살다가 시해됨으로써 개혁은 결국 실패로 끝나고 말았습니다.

드라마 「신의」에서 악역 주인공으로 나온 인물이 바로 기철입니다. 사병들을 이용하여 공민왕을 위협하고, 몽골식 옷을 입고 다니며 최영 장군 등 주인공들을 괴롭히는 악역으로 나왔죠. 여주인공은 현대의 의사였는데, 최영 장군이 시간의 문을 통해 현대로 와서 여주인공을 데리고 공민왕 시대로 돌아가죠. 이후 현대의 의사가 고려 시대에 살게 되면서 벌어지는 일들을 재미있게 묘사하였습니다. 여주인공은 결국 최영 장군과 사랑에 빠지게 되고, 시간의 문을 통해 현대로 돌아오지 않고 고려 시대에 남게 되죠. 물론 사랑하는 최영 장군과 재회하면서 해피엔딩으로 끝납니다. 그런데 여주인공의 이름이 '유은수'입니다. 현재 최영 장군의 묘는 경기도 고양에 있는데, 부인 문화 유씨와 합장(부부를 한 무덤에 모시는 것)하였다고 하죠. 옛날에도 보통 부부 사이가 좋았던 경우에 합장을 많이 하였다고 합니다. 여주인공의 성이 왜 유씨가 되었는지 알 수 있겠죠? ㅋㅋ

■ 고려, 멸망하다

공민왕이 반원 자주 정책, 왕권 강화 정책을 추진하면서 신진사대부의 정계 진출이 늘어났습니다. 공민왕의 개혁에 저항하는 세력이 바로 권문세족들이었기 때문에 이들의 세력과 맞서 싸울 수 있는 세력들이 필요했던 것이죠. 신진사대부들은 대개 지방 향리의 자제들로 과거를 통하여 중앙 관리로 진출하였습니다. 이들은 무신정권 시기부터 진출을 시작하여 공민왕 때 진출이 확대되었고, 고려 말 권문세족과 대립하는 세력으로 성장하였습니다.

신진사대부는 과거시험에 합격하기 위하여 공부를 많이 했는데, 원간섭기에 전해진 성리학을 학문적 기반으로 삼았죠. 그런데 당시 불교의 폐단이 더욱 심해졌습니다. 즉 스님들이 술을 만들어 팔기도 하고 돈놀이(고리대)하고 땅을 늘리는 등 백성들 등쳐먹기 일쑤였지요. 심지어는 절을 서로 차지하려고 스님들끼리 싸우고, 반대파 스님들에게 행패를 부리면서 난장판을 벌이고……. 그래서 신진사대부는 불교를 비판하면서 폐단을 시정하려 했습니다.

구분	권문세족	신진사대부
출신	문벌귀족, 무신, 친원 세력	지방 향리 자제
관직 진출	음서	과거
토지 소유	대지주	중소 지주
사상	불교	성리학

당시 권문세족은 음서를 통하여 관직에 진출하고(아버지 힘으로 관리가 되니 실력이 없었죠), 고위 관직을 독차지하고(실력 없는 것들이 관직을 독차지했으니 나라가 잘 돌아갈 리가 없었죠), 신진사대부의 진출을 방해하였습니다. 또 신진사대부들은 관직에 진출하더라도 과전과 녹봉을 제대로 지급받지 못하였죠. 권문세족이 대토지 소유를 확대하였기 때문에 신진사대부에게 줄 토지가 없었기 때문입니다. 여러분이 알바를 하려는데 자꾸 방해하고, 일을 하고도 알바 비를 못 받는다고 생각해보세요. 열 받겠죠? 그래서 신진사대부는 자신들에게 피해를 주고 비리와 불법을 저지르는 권문세족들과 충돌할 수밖에 없었던 것입니다.

공민왕 때부터 외세의 침략으로 사회가 불안하였습니다. 북쪽에서는 홍건적의 침입으로, 남쪽에서는 왜구의 노략질로 백성들이 많은 고통을 받았죠. 홍건적과 왜구의 격퇴에 큰 공을 세운 사람이 바로 최영과 이성계였습니다. 이들은 전쟁 영웅이 되었고, 백성들의 신망을 얻어 중요한 정치세력이 되어갔습니다. 우왕 때 명나라가 철령 이북의 땅을 내놓으라

고 고려에 통보하자 최영은 요동 정벌을 주장하였고, 이성계는 반대하였습니다. 결국 최영의 주장대로 요동 정벌을 결정하고 이성계에게 군대를 주어 보냈습니다.

그러나 이성계는 압록강 가운데 있는 섬인 위화도에서 회군하여(군대를 돌려 개경으로 쳐들어왔죠. 한마디로 쿠데타입니다) 최영을 제거하고 정권을 장악하였습니다. 이성계와 손을 잡은 사람들은 신진사대부들 중에서도 급진 개혁파들이었습니다. 여진족들과 살다 온 변방 출신 이성계와 지방 향리 출신이었던 급진 개혁파들은 모두 아웃사이더였죠. 자신들이 주인공이 되는 새 나라를 만들기 위해 서로를 필요로 했던 것입니다.

이성계가 정권을 잡자, 급진 개혁파(혁명파) 사대부 세력은 우왕을 폐한 데 이어 창왕마저 폐하고, 고려의 마지막 왕인 공양왕을 허수아비로 즉위시켰죠. 그리고 과전법이라는 전제 개혁을 단행하여 토지 대장을 불사르고 권문세족들의 토지를 몰수하였습니다. 이 토지들은 다시 신진사대부들에게 지급되어 이들의 경제적 기반을 마련해주었습니다. 또한 소작료를 수확량의 10분의 1로 제한하여 농민들의 환영을 받기도 하였습니다. 이렇게 건국 준비를 끝낸 혁명파는 이성계를 왕으로 내세우며 고려를 멸망시키고 조선을 건국하였습니다(1392).

3.
응답하라
고려의 경제

■ 고려의 토지제도

고려는 관직, 직역의 대가로 수조권을 주는 전시과제도를 운영하였습니다. 문무 관리, 군인, 한인(6품 이하 하급 관료의 자제로서 관직에 오르지 못한 사람) 등에게 18등급으로 나누어 전지(곡물을 수취하는 토지)와 시지(땔감을 얻는 임야)를 주었죠. 전시과로 지급된 토지는 수조권(생산량의 10분의 1을 세금으로 걷을 수 있는 권리)만 가지는 토지였습니다.

전시과제도는 경종 때 처음 만들어졌는데, 관직의 등급에 인품도 고려하여 수조권을 지급하였습니다. 이를 시정 전시과라고 합니다. 그러나 인품이란 기준은 애매모호했기 때문에 목종 때부터는 관직만을 기준으로 수조권이 지급되었습니다. 이를 개정 전시과라고 합니다. 점차 수조권의 반납이 제대로 이루어지지 않으면서 관료에게 줄 토지가 부족해지자 문종 때부터는 현직 관료에게만 지급되었던 것입니다. 이를 경정 전시과라고 합니다. 다음은 고려시대 사람과의 가상 인터뷰를 통해 고려시대의 토지제도에 대해 더 자세히 살펴보겠습니다.

▷ 기자 : 귀족들에게 지급된 토지에 대해 설명해주세요.

▶ 고려인 : 5품 이상의 관료들, 즉 귀족들에게 지급된 공음전이 있습니다. 공음전은 자손에게 세습할 수 있는 특권이 있었죠. 귀족의 대표적 특권 2가지가 바로 이 공음전과 음서제입니다.

▷ 기자 : 그렇다면 6품 이하 하급 관료들에게는 어떠했을까요?

▶ 고려인 : 한인전이라 하여 6품 이하 하급 관료의 자식으로 관료가 되지 못한 사람에게 지급된 토지가 있었습니다. 역시 일부 토지를 세습하여 관인 신분이 세습될 수 있는 경제적 기반을 마련해준 토지입니다.

▷ 기자 : 군인들에게도 지급된 토지가 있나요?

▶ 고려인 : 군인들에게는 군역의 대가로 지급된 군인전이 있습니다. 군역이 집안 대대로 세습되면서 역시 자손에게 세습된 토지입니다.

▷ 기자 : 만약 하급 관료나 군인이 사망하면 남은 유가족들의 생계대책은 어떠했나요?

▶ 고려인 : 구분전을 지급하였습니다. 역시 일부 토지를 세습하였다고 할 수 있습니다.

▷ 기자 : 왕실, 관청 등에서 필요한 비용은 어떻게 해결하였나요?

▶ 고려인 : 왕실에서 필요한 비용을 해결하도록 내장전이 지급되었고, 관청에서 필요한 경비를 해결하도록 공해전이 지급되었습니다.

▷ 기자 : 고려는 불교 국가로 알고 있습니다. 사원에 지급된 토지도 있었나요?

▶ 고려인 : 그렇습니다. 불교를 경제적으로 지원하기 위하여 절에 사원전이 지급되었습니다.

▷ 기자 : 개인 소유지도 있었나요?

▶ 고려인 : 그렇습니다. 매매, 상속, 임대, 기증 등이 가능한 개인 소유

지로 민전이 있습니다. 민전은 소유권이 보장되기 때문에 불법적으로 강탈할 수 없는 토지입니다. 이러한 소유권 보장의 대가로 민전을 소유한 사람들은 국가에 세금을 내야 하는 의무가 있었죠. 이 세금을 걷을 수 있는 수조권을 관리 등에게 전시과로 지급하기도 했던 것이죠.

구분	시정 전시과	개정 전시과	경정 전시과
대상	전현직 관리		현직 관리
지급	관직, 인품 반영	관직만 반영	

■ 전시과제도가 무너진 이유

원래 수조권은 조세를 수취할 수 있는 권리만을 받은 것이므로 관리가 죽거나 관직에서 물러나면 토지를 국가에 반납하는 것이 원칙이었죠. 그러나 실제로는 죽거나 관직에서 물러나도 토지를 국가에 반납하지 않는 경우가 늘어났고, 점차 조세를 거둘 수 있는 토지가 줄어들었습니다. 여러분들이 도서관에서 책을 빌리면 반납하는 것이 원칙이잖아요? 그런데 책을 반납하지 않는 사람들이 많으면 어떻게 되겠어요? 도서관에 책이 부족하니까 도서 대출이 중단되겠죠? 바로 이와 같은 일들이 발생하여 국가가 수조권을 지급하기 어려워지게 된 것이죠. 결국 이러한 폐단은 무신 정변을 거치면서 무신들의 대토지 소유로 더욱 악화되었고, 고려 말에는 권문세족들의 대토지 소유로 전시과제도가 완전히 붕괴되었던 것입니다.

이러한 상황 속에 신진사대부들이 위화도회군을 계기로 권력을 잡았습니다. 그리고 토지제도의 개혁을 둘러싼 입장 차이에서 온건파 사대부와 급진파 사대부가 나뉘게 되었죠. 온건파 사대부들은 전시과제도를 다시 되살릴 것을 주장하였고, 급진파 사대부들은 권문세족들의 대농장이 대부분인 사전을 폐지할 것과 경기도에 있는 토지만 관리들에게 수조권을 지급하는 과전법을 주장하였습니다. 결국 권력투쟁에서 승리한 급진파 사대부들이 주장한 과전법이 시작되어 조선 초기의 기본적인 토지제도가 되었습니다.

■ 고려의 수취제도

　　　　　　　　　　　　고려의 국가 재정을 맡은 부서는 호부와 삼사입니다. 호부는 국가 재정을 총괄하는 역할을 하였고, 삼사는 화폐, 곡식의 지출, 수납에 대한 회계를 맡았죠. 세금을 걷기 위해서는 토지와 호구의 파악이 중요했습니다. 그래서 토지대장인 양안(토지의 소유자, 면적 등을 기록한 장부)과 호구를 기록한 호적(한 가족 또는 여러 세대의 가족이 기록된 장부)의 정확한 기록이 필요했죠.

　고려시대에는 토지를 논(쌀을 재배), 밭(잡곡을 재배)으로 분류하고, 토지 비옥도에 따라 3등급(비옥한 땅은 상, 보통인 땅은 중, 척박한 땅은 하, 이렇게 3등급으로 나누었죠)으로 나누어 거두었는데, 역시 생산량의 10분의 1정도를 거두었습니다. 또한 토지는 크게 공전과 사전으로 나뉘었습니다. 공전은 수조권이나 소유권을 국가가 갖는 땅으로 경작자는 수확량의 4분의 1을 국가에 바쳤습니다. 사전은 수조권이나 소유권을 개인이 갖는 땅으로 경작자는 수확량의 2분의 1을 소유자에게 바치고, 소유자는 국가에 세금으로 10분의 1을 바쳐야 했죠. 그리고 조세는 각 군현에서 강가나 바닷가의 조창으로 일단 운반하고, 그 이후에는 강 길과 바닷길로 운반하는 조운에 의해 개경의 좌창(왕족, 관리들의 녹봉으로 지급하는 곡식을 보관)과 우창(궁궐 건축이나 행사 비용으로 사용되는 곡식을 보관)으로 운반하였습니다.

중앙 관청에서 각 군현에 특산물(공물)의 액수를 할당하면 각 군현은 집집마다 특산물을 할당하여 걷었습니다. 특히 소에서 생산하는 수공업 제품들이나 광물 등은 납부 기준에 맞는 품질과 수량을 준비해야 했기 때문에 더욱 부담이 컸습니다. 또 매년 거두는 상공과 수시로 거두는 별공이 있었습니다. 특히 별공은 항목에도 없는 물품을 걷는 경우가 많았기 때문에 향리와 백성들이 많은 고생을 하기도 하였습니다. 게다가 관청에 필요한 물품이 부족하면 세력가들이 갖고 있던 물품을 먼저 바치고, 지방 백성들에게 원래 걷어야 할 양보다 더 많은 수량을 걷는 폐단이 나타나기도 했습니다.

고려에서도 요역과 군역을 징발하였습니다. 16세에서 59세까지 남자 양인들은 각종 노동에 동원되는 요역, 국방의 의무에 동원되는 군역을 부담하였습니다.

■ 고려의 농업

고려에서는 농사 일이 바쁜 농번기에는 잡역을 동원하지 않았고, 자연재해를 당한 농민에게는 그 피해 규모에 따라 조세, 부역을 깎아주거나 면제해주었습니다(지금도 태풍, 홍수 등으로 피해를 입은 지역의 주민들에게 세금을 면제해주는 것과 비슷하죠). 또한 이자가 원금과 같은 액수가 되면 그 이상의 이자를 받지 못하도록(즉 100만 원을 빌려 이자가 100만 원이 되어 총 200만 원이 되면 그 이상의 이자를 받지 못하는 것) 법으로 정하여 농민들이 몰락하는 것을 막으려고 하였습니다. 고구려의 진대법을 계승한 고려시대의 사회제도가 바로 의창입니다. 의창은 평상시에는 곡물을 저축하고, 흉년에 빈민들에게 곡식을 나누어주어 구제하는 기관이죠. 또 상평창은 물가가 쌀 때 물건을 사들였다가 물가가 비싸지면 물건을 팔아서 물가를 조절하는 기관으로 역시 백성들의 생활을 안정시키는 역할을 하였습니다.

삼국시대부터 통일신라까지는 퇴비를 만드는 기술이 발달하지 못하여 한 번 농사를 지은 땅은 1년에서 3, 4년을 묵혀두고 농사를 짓지 못했습니다. 이를 농경을 쉰다고 하여 휴경법이라고 합니다. 그러나 고려시대 이후 조선을 거쳐 현재까지 시비법(퇴비를 땅에 뿌려 농작물이 잘 자랄 수 있도록 땅에 양분을 주는 농법)이 발달하여 계속해서 농사지을 수 있게 되었죠. 지금도 시골에서는 가축의 배설물 따위를 이용해서 퇴비를 만든답니다.

고려시대부터는 밭농사에서도 2년 3작 윤작법이 발달하였습니다. 2년 동안 조, 보리, 콩을 돌아가면서 3번 농사를 짓는 것을 말합니다. 고려 후기 남부 일부 지역에서는 모내기가 시작되기도 하였습니다. 공민왕 때 문익점이 원에서 목화씨를 들여와 무명(면)으로 옷을 만들어 입게 되었습니다. 이전에는 삼베나 모시로만 옷을 만들어 입었죠. 비단은 비쌌기 때문에 귀족들만 입을 수 있었습니다. 무명이 생산되면서 우리나라 사람들의 옷이 더욱 다양해졌고, 솜옷처럼 따뜻한 옷도 입게 되었습니다. 또한 고려 후기에 이암이 소개한 원의 농업 서적 『농상집요』가 보급되어 농업 기술이 더욱 발전하였죠.

▪ 고려의 수공업

고려 전기에는 관청 수공업(기술자의 명단을 기록한 공장안에 이름이 오른 수공업자들에게 관청에서 필요한 물품을 생산하게 하는 것, 농민을 부역으로 동원해 보조하게 함), 소 수공업(특수 행정구역인 소에서 국가에 공물로 내기 위해 금, 은, 철, 옷감, 종이, 먹 등을 만든 것) 중심이었고, 고려 후기에는 민간 수공업(농촌 가내 수공업으로 삼베, 모시, 명주 등을 짜서 공물로 내게 하는 것), 사원 수공업(절에서 승려, 노비가 삼베, 모시, 기와, 소금, 술 등을 생산하여 판매하는 것)이 발달하였습니다.

▪ 고려의 상업 활동

고려의 수도 개경에 설치된 시전에서는 상업 활동이 활발하게 이루어졌습니다. 시전에서 이루어지는 상행위를 감독하는 관청인 경시서의 관리들이 시전을 돌아다니며 상행위를 감독하였죠. 개경(개성), 서경(평양), 동경(경주) 등 대도시에 설치된 책을 파는 서적점, 약을 파는 약점, 술을 파는 주점, 차를 파는 다점 등 관청에서 운영하는 상점에서도 물건을 사고팔았습니다.

특히 고려 후기에는 전기보다 상업 활동이 더 활발해집니다. 개경의 상업 활동이 주변으로 확대되었고, 항구들이 상업의 중심지로 발달하였습니다. 행상도 조운로를 따라 교역 활동을 더욱 활발하게 하였고, 원(육로 곳곳에 설치한 여관으로 먹고 쉴 수 있는 곳)이 발달하여 상업 중심지가 되기도 하였습니다. 또한 공물을 대납하는 경우가 많아지면서 이러한 과정을 이용하여 큰돈을 번 상인이나 수공업자들도 나타났습니다.

상업 활동이 활발해지면서 화폐가 필요했습니다. 그래서 건원중보,

삼한통보, 해동통보, 해동중보, 활구(은병, 은으로 만든 포 100여 필에 해당하는 고액 화폐) 등을 주조하여 사용하였죠. 고려 후기에는 원나라 화폐인 보초가 지배층 사이에서 사용되기도 하였습니다. 그런데 당시 화폐 유통이 제대로 이루어지지 않아 곡식이나 삼베 등을 화폐처럼 사용하였답니다.

■ 고려의 무역 활동

고려는 무역이 활발하여 국제 무역항이었던 벽란도에 많은 외국 상인들이 활동하였죠. 무역 상대국 중 가장 활발한 교역을 한 나라는 송나라였고, 거란 상인, 여진 상인, 일본 상인들과도 무역을 하였습니다. 특히 대식국인으로 불리던 아라비아 상인들을 통해 당시 서방 세계에도 고려(Corea)가 알려지게 되어 현재 우리나라의 영어 이름이 코리아(Korea)가 된 것이랍니다. 또 고려 가요 중 아라비아 상인인 '회회아비'가 나오는 「쌍화점」 노래가 있습니다. 한번 보시죠.

쌍화점에 쌍화를 사러 가니
회회아비가 내 손목을 쥐어이다.
이 소문이 가게 밖으로 나거들랑
조그만 새끼 광대 네가 한 말로 알리라.

4.

응답하라
고려의 신분제와 사회

■ 고려 귀족의
　생활 모습

　　　　　　고려의 신분은 크게 분류하면 양인과 천인이 있었습니다. 양인은 귀족, 중류층, 양민으로 다시 나뉘어지고, 천인은 노비, 재인, 양수척 등 천한 일을 하던 사람들이었습니다.

　먼저 귀족들은 왕족들인 왕씨를 포함하여 5품 이상 고위 관료들입니다. 이들은 음서의 특권과 과거를 통하여 관료가 되어 정치권력을 차지하였습니다. 이러한 권력을 바탕으로 공음전의 특권을 갖고, 불법 개간, 탈취로 많은 땅을 차지하였죠. 그리고 귀족들은 대개 개경에 거주하였는데, 만약 죄를 짓게 되면 형벌로 개경에서 쫓아내어 귀향을 당하기도 하였습니다. 개경에 거주하는 것 자체가 특권이므로 형벌로써 개경에 거주하는 특권을 빼앗는 것입니다.

　고려시대는 지배층의 변화가 많았습니다. 문벌귀족 ⇒ 무신 ⇒ 권문세족으로 변화하였죠. 먼저 고려 전기에는 호족과 6두품 출신들 중 5품 이상 고위 관료를 대대로 배출한 가문들이 문벌귀족이 되었죠. 이들은 특권을 유지하기 위해 자기들끼리 결혼하거나 왕실과 결혼하기도 하였고, 심지어 이자겸의 난과 같은 반란을 일으켜 왕권을 위협하기도 하였습니다. 결국 고려 중기에는 무신들이 문벌귀족들을 몰아내고 새로운 지배층으로 약 100년간 정권을 잡기도 하였습니다. 무신들은 고위 관직을 독차지하고 농장을 늘려나갔죠.

무신정권이 무너지면서 원에게 항복한 후 원 간섭기가 시작되었습니다. 이후 고려 후기의 지배층은 권문세족입니다. 이들은 고려 전기의 문벌귀족 중 계속 세력을 유지한 일부, 무신정권기에 권력을 차지한 세력, 원의 앞잡이가 되어 성장한 친원파 등입니다. 이들은 고위 관직을 모두 차지하고 음서로 자손들에게 권력을 세습했습니다. 이러한 권력을 바탕으로 엄청나게 큰 대토지를 차지하였는데, 국가에 세금을 한 푼도 내지 않았죠. 지금도 많은 재산을 갖고 있는 부유층 중 세금을 안 내며 버티는 사람들이 있는 것과 똑같습니다. 또한 권문세족들은 자신의 농장에 몰락한 농민들을 모아서 부려먹으며 재산을 더욱 늘려나갔습니다.

■ 고려 중류층의
　생활 모습

고려 시대에는 귀족과 양민 사이의 중간층인 중류층이 나타났습니다. 중류층도 과거에 합격하여 관료가 되어 5품 이상이 되면 귀족이 되기도 하였으며, 반대로 귀족 중 지방으로 내려가 향리로 전락하는 경우도 있었습니다. 이처럼 고려시대에는 신분이 엄격하였지만 신분의 이동은 가능하였다는 것을 알 수 있습니다.

한마디로 중류층은 귀족 아래의 하급 지배층입니다. 이들은 서리(중앙 관청 말단 관리), 남반(궁중 실무 관리), 향리(지방 행정 실무 관리), 군반(하급 장교), 역리(도로 중간 중간에서 말을 바꾸어 주는 역을 관리하는 실무 관리) 등으로 말단 행정을 맡았습니다. 집안 대대로 직역을 세습하였죠. 아버지가 향리면 그 아들도 향리, 그 손자도 향리가 되는 것이죠. 또한 직역에 대한 대가로 국가로부터 토지를 지급받았습니다. 향리 중에서도 고려 초기의 호족 출신 향리들은 지방의 실질적 지배자 역할을 하였는데, 각 지방 향리 세력의 대표 역할을 한 호장, 부호장을 대대로 배출하며 같은 호족 출신 향리 가문끼리 결혼하고, 과거 응시 자격에서도 하위 계급의 향리들보다 유리하였습니다. 향리 중에는 문과에 합격하여 고위 관리가 되어 귀족이 되는 경우도 있었는데, 고려 말 신진사대부들은 향리의 자제로서 과거에 합격하여 관직에 진출한 세력들이죠.

■ 고려 양민의
생활 모습

　　　　　　　　　　　양민들은 평민층으로 농민들이 대부분입니다. 이들을 백정이라고도 하는데, 조세, 공납, 역의 부담을 지는 것은 어느 시대나 똑같습니다. 양민들은 자유민이었기 때문에 과거에 응시할 자격이 있었습니다. 그러나 과거 준비에는 돈도 많이 들고 공부할 시간도 많이 필요하였기 때문에 먹고살기 바쁜 양민이 과거에 응시하는 일은 거의 없었죠.

　또한 향, 부곡, 소의 주민들은 일반 군현에 사는 주민들보다 더 차별받았습니다. 향, 부곡, 소에 사는 주민들은 신분은 양민이면서도 일반 군현의 주민들보다 세금을 더 많이 내야 했습니다. 또한 이들은 과거 응시도 불가능했고, 승려가 되는 것도 금지되었습니다. 만약 여러분이 향, 부곡, 소에 사는 사람이라면 다른 지역보다 세금 부담이 큰데도 향, 부곡, 소에 살고 싶겠습니까? 다른 지역으로 이주하는 것을 허용하면 누가 향, 부곡, 소에 남겠습니까? 그래서 이들은 이주도 할 수 없었죠. 반란을 일으킨 군현을 부곡 등으로 강등한 경우마저 있습니다. 마을 전체에 형벌을 내린 것입니다. 향, 부곡에서는 주민들이 농업에 종사하고, 소에서는 주민들이 수공업이나 광업에 종사하는 차이점이 있습니다. 또한 역의 주민들은 육로 교통에 종사하였고, 진의 주민들은 수로 교통에 종사하였답니다.

▨ 고려 천민의
   생활 모습

천민들의 대다수는 노비입니다. 노비는 주인에게 예속된 일종의 가축으로 인격적 대우를 받지 못하여 가축처럼 매매, 증여, 상속되었죠. 그래서 노비 주인들은 부모 중 어느 한쪽이라도 노비이면 그 자식도 노비가 되는 법을 이용하여 자신의 노비를 양민과 결혼시켜 그 사이에서 태어난 자식을 자신의 노비로 늘려나갔습니다. 또 주인이 소유한 여자 노비가 자식을 낳으면 그 자식 또한 법에 따라 여자 노비의 주인이 소유하게 되었죠. 노비는 가축이나 마찬가지이기 때문입니다. 여러분 집에서 키우는 암캐가 다른 집 수캐와 교배하여 새끼를 낳으면 누가 주인이 될까요? 당연히 암컷의 주인인 여러분입니다. 이와 같은 이유라고 생각하면 됩니다.

노비들은 크게 궁궐, 관청 등이 소유한 공노비와 개인, 사원이 소유한 사노비로 구분됩니다. 공노비는 다시 궁중, 중앙 관청, 지방 관청에서 시키는 잡역의 대가로 급료를 받는 공역노비와, 지방에 살며 농사를 지어 얻은 수입 중 일정 액수를 관청에 신공(몸값)으로 내는 외거노비로 구분됩니다. 사노비는 주인의 집에 같이 살면서 잡일을 하는 솔거노비와 주인과 따로 살면서 농사를 지어 얻은 수입 중 일정 액수를 신공으로 바치는 외거노비로 구분됩니다. 외거노비들은 비록 신분은 노비지만 주인과 따로 살기 때문에 비교적 자유로운 경제생활을 하였습니다. 그래서 재산을 모아 노비에서 해방되어 지위(신분)를 높인 경우도 있었습니다.

노비 이외의 천민으로는 재인과 양수척이 있었습니다. 재인은 한마디로 광대입니다. 무리를 지어 각지를 돌아다니며 여러 가지 재주를 사람들에게 보여주며 먹고 살았죠. 양수척 역시 각지를 돌아다니며 사냥을 하거나 버들고리(버드나무 가지의 껍질을 벗겨 만든 그릇)를 만들어 살아가는 천민들이었습니다. 여진족 등이 고려에 귀화하여 유목민들의 습성대로 사냥하며 떠돌아다니며 살았던 것으로 보입니다.

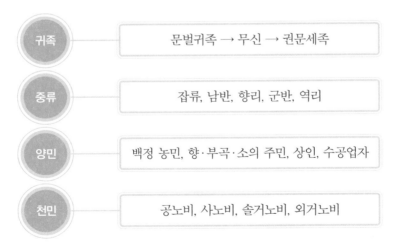

귀족	문벌귀족 → 무신 → 권문세족
중류	잡류, 남반, 향리, 군반, 역리
양민	백정 농민, 향·부곡·소의 주민, 상인, 수공업자
천민	공노비, 사노비, 솔거노비, 외거노비

■ 고려 신분제의 개방성

고려의 신분제 역시 엄격한 것은 사실이지만 신라 골품제보다는 개방적인 신분제였습니다. 신라 골품제는 아무리 능력이 뛰어나더라도 골품이 나쁘거나 일반 평민이라면 관직에 진출하기 어려웠습니다. 그러나 고려에서는 과거 제도가 있어서 귀족이라도 과거 시험에 합격하지 못하면 음서제라는 당당하지 못한 방법으로 관직 생활을 시작하였습니다. 또한 중류층도 능력이 뛰어나면 과거 시험에 합격하여 귀족으로 신분이 상승하기도 하였고, 법적으로는 양민들도 과거 시험에 합격하면 신분을 상승시킬 수 있었죠.

또한 남반, 서리 등 중류층도 능력을 인정받으면 승진하여 문무 관료가 되기도 하였고, 양민이나 천민도 전쟁 등에서 군공을 쌓으면 무관이되어 신분 상승이 되기도 하였습니다. 특히 외거노비들은 자신의 재산을 모을 수 있어서 주인에게 재산을 주고 양민으로 해방되는 경우도 있었죠. 또한 무신 집권기에는 향, 부곡, 소의 주민들이 차별 철폐를 요구하며 봉기를 일으켜 일반 군현으로 승격하는 경우도 있었습니다.

■ 고려인들의 혈연 의식

고려에서는 부계와 모계를 똑같은 혈연으로 생각하는 시대였습니다. 그래서 아들과 딸을 차별하지 않았고, 당연히 친손과 외손도 차별하지 않았죠. 부모의 유산은 아들, 딸 모두에게 골고루 분배되었습니다. 이를 자녀 균분 상속이라고 하죠. 자녀 균분 상속이었기 때문에 형제가 돌아가면서 제사를 지내거나 형제들이 제사 음식 등의 책임을 각각 나누어 준비하였습니다. 다음은 고려 남성과의 가상 인터뷰를 통해 당시 친족 관계가 어떠하였는지 살펴보겠습니다.

▷ 기자 : 음서의 혜택을 사위, 외손자들도 받을 수 있었나요?

▶ 고려 남성 : 아들이 없을 경우에 친손자뿐만 아니라 사위와 외손자도 받았고, 공을 세운 사람의 부모뿐만 아니라 장인, 장모에게도 상을 주었죠. 부계와 모계를 동등하게 대우했다고 할 수 있죠.

▷ 기자 : 그렇다면 상피제(같은 부서에 가까운 친인척이 근무하지 못하도록 하거나 자신의 출신 지역에 지방관으로 임명되지 않도록 하는 제도)의 대상도 친가와 외가의 차이가 없었겠네요?

▶ 고려 남성 : 맞습니다. 상피의 대상은 친삼촌, 외삼촌 모두 같았으며, 친사촌, 외사촌도 역시 똑같은 상피의 대상입니다.

▷ 기자 : 직역 세습 역시 친가와 외가의 차이가 없었나요?

▶ 고려 남성 : 그렇습니다. 아들이 없고 친손자 역시 없다면 사위나 외손자 등이 직역을 세습하고 그 대가인 땅(수조지)을 세습하였습니다.

▷ 기자 : 상복 제도에서 친가와 외가의 차이가 있었나요?

▶ 고려 남성 : 상복을 입는 기간 등을 규정한 상복 제도에서도 친가와 외가의 차이가 거의 없었습니다.

▷ 기자 : 그렇다면 친척들을 부르는 용어도 같았나요?

▶ 고려 남성 : 맞습니다. 친할아버지, 외할아버지 모두 '한아비'로 불렀으며, 친삼촌, 외삼촌 모두 '아자비', 고모, 이모 모두 '아자미'로 구별이 없었습니다.

■ 고려 여성들의 지위

고려시대의 일반적인 혼인 형태는 일부일처제입니다. 원 간섭기 때 박유가 첩을 허용하는 일부다처제를 주장했다가 당시 여자들한테 욕을 바가지로 먹었던 일이 있을 정도로 고려 여성들의 지위는 강했었죠. 이와 같이 고려시대는 가족 내에서 여성의 지위가 비교적 높은 편이었습니다. 다음은 고려 여성과의 가상 인터뷰를 통해 당시 여성들의 지위가 어느 정도였는지 살펴보겠습니다.

▷ 기자 : 부모의 유산은 어떻게 상속되었나요?

▶ 고려 여성 : 아들과 딸 모두에게 골고루 분배되었어요.

▷ 기자 : 아들이 없으면 제사는 누가 지냈나요?

▶ 고려 여성 : 딸도 자식이죠. 아들과 딸들이 돌아가면서 제사를 지냈기 때문에 아들이 없으면 당연히 딸이 제사를 지냈죠. 딸도 제사를 지낼 수 있었기 때문에 아들이 없어도 양자를 들이는 일은 없었습니다.

▷ 기자 : 호적에 자녀의 이름을 어떻게 기재하였나요?

▶ 고려 여성 : 여성도 호주가 될 수 있었으며, 자식들은 태어난 차례대로 기록할 뿐 아들, 딸을 구별하지 않았습니다.

▷ 기자 : 족보 제도에서 친가와 외가의 차이가 있었나요?

▶ 고려 여성 : 족보에는 친손뿐만 아니라 외손도 모두 이름을 기록하여 차별하지 않았습니다.

▷ 기자 : 과부나 이혼한 여인들은 다시 결혼할 수 있었나요?

▶ 고려 여성 : 물론이죠. 여성들이 먼저 남편에게 이혼을 요구하기도 하였고, 여성이 재혼하여 태어난 자식들도 사회적 진출(과거시험 응시 제한 등)에 차별을 두지 않았습니다.

▷ 기자 : 결혼하면 처가살이하는 남자들도 있었나요?

▶ 고려 여성 : 예, 사위가 처가의 호적에 입적하여 처가에서 생활하는 경우가 많았어요. 아들과 함께 사는 경우보다 딸과 함께 사는 경우가 더 많았죠. 남자들이 결혼하는 것을 '장가간다.'라고 하는데 '장가'가 바로 '처가'를 뜻하는 말입니다. 즉 고려시대는 남자들이 처가살이하는 경우가 많았던 시대였죠.

■ 고려의 민간 풍속

고려시대 대부분의 사람들은 불교를 믿었습니다. 향도는 불교 신도들의 신앙조직이었죠. 향도는 매향(미륵의 구원을 기원하며 향나무를 바닷가에 묻는 것)을 하는 무리(徒)라는 뜻입니다. 그 매향 활동 이외에 절(불상, 석탑) 등을 만들 때도 대규모 인력을 동원하는 역할을 했습니다. 이러한 신앙적인 성격이 강했던 향도가 고려 후기에 이르러서는 마을 공동체의 이익을 위하여 활동하는 향도로 바뀌어 마을 노역, 마을 제사, 혼례, 상장례 등을 주도하는 농민 공동체 조직이 되었습니다(지금도 같은 교회, 성당, 절을 다니는 신도들끼리 결혼식, 장례식 등에 참여하여 서로 돕는 것과 비슷합니다). 이와 같이 고려시대의 장례와 제례 풍속은 대개 토착 신앙과 융합된 불교와 토속 신앙의 풍속을 따랐습니다. 정부에서는 유교적 규범을 시행하도록 장려했지만 백성들은 대대로 내려오는 풍속을 따랐던 것이죠. 죽음과 관련된 장례, 제례는 그 풍속이 좀처럼 바뀌지 않기 때문입니다.

5.
응답하라
고려의 문화와 국제 교류

■ 고려의 역사 편찬과
　유교 문화

　　　　　　　고려를 세운 태조 왕건은 신라 6두품 출신
이었던 최언위, 최응, 최지몽 등 유학자들의 도움을 많이 받았습니다. 이
들은 태조의 건국과 통치 과정에서 유학자답게 유교를 통치이념으로 강
조하였습니다. 광종 때에는 과거제도가 처음 실시되어 유학이 더욱 강조
되었습니다. 과거시험에서 출제된 문제들이 유학이었기 때문이죠. 이어
성종 때에는 최승로의 건의를 받아들여 유교정치 이념이 확립되었습니
다. 최승로는 당시의 대표적 유학자로서 자주적·주체적 유교사상을 갖고
있었습니다. 그가 쓴 「시무 28조」에는 "구태여 중국의 것과 같이할 필요
가 없습니다."라고 하여 자주적·주체적인 유교사상이 드러나 있습니다.

　　고려 중기에는 문벌귀족들이 보수화되면서 그들의 유교사상도 귀족
적이고, 보수화되었습니다. 고려 중기의 대표적 유학자인 최충은 해동공
자로 유명하였습니다. 해동, 즉 고려의 공자라는 뜻이죠. 지금도 한국의
누구(세계적 스타 이름)라고 부르는 것과 마찬가지입니다. 최충은 해동의 공

자라고 불릴 정도로 유학자로서 명성을 얻었던 것입니다. 고려 중기 또한 명의 대표적인 유학자인 김부식은 묘청의 서경 천도 운동에 반대하였습니다. 개경의 기득권을 지키려는 보수적 성격 때문이죠. 묘청 세력의 금나라를 정벌하자는 주장에 대해서는 당시 거란과 송나라를 압박할 정도로 최강국이었던 금나라와 싸우는 것은 어리석은 일이라며 반대하는 현실적 성격을 보였습니다. 그러나 무신정변으로 문벌귀족이 몰락하자 무신정권 시기에 고려의 유학은 크게 위축되었습니다. 문(文)보다 무(武)가 앞선 세상에서 유학을 공부하기보다는 칼을 드는 것이 출세하기 쉬웠기 때문이죠.

고려는 건국 이후 계속 왕조실록을 편찬하였으나 거란 군대(거란의 1차, 2차, 3차 침입 기억나죠?)에 의해 불태워졌습니다. 그래서 불타버린 7대 왕의 실록을 다시 편찬하였죠. 이후에도 고려 왕조에서는 계속 실록을 편찬하였지만 현재는 남아 있지 않습니다. 우리가 현재 알고 있는 고려의 역사는 조선시대에 편찬한 『고려사』, 『고려사절요』 등을 연구한 결과입니다. 현재 남아 있는 우리나라 역사서 중 가장 오래된 역사서는 무엇일까요? 맞습니다. 『삼국사기』입니다. 고려 중기인 인종 때 김부식 등이 『삼국사기』를 편찬하였습니다. 고려 초에 『구삼국사』가 편찬되었지만 현재는 남아 있지 않죠. 『삼국사기』는 『구삼국사』를 기본으로 기전체(사마천의 『사기』에서 시작된 역사 서술 방식. 본기, 세가, 지, 열전, 연표 등으로 나누어 편찬하는 방식)로 서술되었습니다. 김부식 등은 유교적 합리주의 사관(객관적인 증거가 없는 전설, 설화, 신화 등을 역사에서 배제하고 객관적으로 역사를 기록하려는 입장)에 기초하여 신라 계승의식(고려를 세운 태조 왕건 때부터 강한 고구려 계승의식을 내세우고 있었죠. 그러나 고려 중기에 이르면서 문벌귀족들이 보수화되었고, 신라 계승의식이 강화된 결과 『삼국사기』가 편찬되었다고 할 수 있습니다)을 중심으로 『삼국사기』를 편찬하였습니다.

앞에서 배운 것처럼 무신정권 시기는 정권이 계속 바뀌고 민중들의 봉기가 발생하는 등 사회적 혼란이 매우 극심하였던 시기입니다. 이어진 몽골과의 전쟁을 겪으면서 고려 후기에는 민족적 자주의식이 강해지고, 전통적인 우리 문화에 대한 관심이 나타났습니다. 사회적 혼란과 전쟁 등을 겪으면서 생활이 점점 힘들어졌습니다. 현실이 어려울 때 사람들은 옛날을 그리워하게 됩니다. '내가 이래봬도 왕년엔 잘 나갔어.'라는 생각을 하게 되는 것이죠. 그래서 무신정권 시기에 신라 부흥운동이 일어나기도 하였고, 몽골과의 항쟁을 통하여 민족의식이 나타났던 것이죠.

이러한 변화를 보여주는 역사서가 바로『해동고승전』,「동명왕편」이 실린『동국이상국집』,『삼국유사』,『제왕운기』 등입니다.『해동고승전』은 각훈이 쓴 것으로 삼국시대 고승들의 전기를 기록한 책입니다. 불교국가였던 고려 사람들에게 훌륭한 스님들의 전기는 우리 민족에 대한 자부심을 느끼게 해주었을 것입니다.「동명왕편」은 이규보가 동명왕(주몽)을 주인공으로 쓴 영웅 서사시로서 고구려 계승의식이 나타나 있습니다. 우리가 드라마「주몽」을 보면서 고구려에 대한 자부심을 갖게 되는 것과 비슷하죠. 일연이 쓴『삼국유사』는 단군의 건국 이야기가 처음 기록된 역사서로 유명합니다. 우리 민족은 단군의 후손이라는 민족의식을 엿볼 수 있습니다. 또 일연은 스님으로『삼국유사』에 불교와 관련된 민간 설화 등을 많이 수록하였기 때문에 우리의 고유한 옛 문화를 지금까지 보존하는 데 중요한 역사 자료로 평가받고 있습니다.『제왕운기』는 이승휴가 쓴 것으로 우리 역사를 중국사와 비교하여 대등하게 서술하고, 우리 역사의 시작을 단군으로부터 기록하는 등 자주성을 보입니다. 당시 중국은 몽골족이 지배하는 원나라였죠. 그런데 고려는 원의 부마국이 되긴 하였지만 몽골족의 직접 지배를 받지는 않았습니다. 우리는 중국과 비교하여 꿀릴 것이 없었습니다. 바로 이러한 의식을 바탕으로 쓰였던 것입니다.

원 간섭기에 성리학이 들어온 이후 성리학적 유교사관이 나타났습니다. 성리학적 유교사관은 정통의식과 대의명분을 중시하는 사관입니다. 대표적인 역사서로는 이제현의 『사략』이 있습니다. 성리학이 만들어진 송나라는 거란족, 여진족 등 이민족(중국인들이 오랑캐라고 부르던 민족들)들에게 압박을 받았죠. 그래서 성리학적 유교사관은 이민족들을 오랑캐라고 무시하고 중국이 정통이며 대의명분이 있다는 생각에 바탕을 둔 사관입니다. 즉 오랑캐인 몽골족에게 빌붙어 지배층이 된 권문세족들과 대립하고 있던 신진사대부들이 성리학을 공부하면서 당연하게 가지게 된 사관이었습니다.

■ 고려의 교육제도

고려시대에는 중앙에 국자감(후에 국학으로 바뀝니다. 국립대학이죠)이 설치되었습니다. 국자감은 유학부(국자학, 태학, 사문학, 문무관 7품 이상 관리의 자제가 입학하여 공부함)와 기술학부(율학, 서학, 산학, 8품 이하 관리나 서민의 자제가 입학하여 공부함)로 나뉘었습니다. 당연히 핵심은 유학부였고, 국자감은 많은 유학자와 국가의 인재를 양성하는 역할을 하였습니다. 그리고 지방에는 향교가 설치되었습니다. 향교는 지방 관리와 서민의 자제들이 입학하여 공부하는 일종의 지방 학교였죠. 역시 많은 유학자들을 양성하였습니다.

고려 중기에는 사학 12도가 융성하였습니다. 이 중 가장 인기 있는 사학이 해동공자 최충의 문헌공도였어요. 최충은 관직에서 물러난 후에도 9재 학당이라는 일종의 학원(현재의 입시 학원과 비슷합니다)을 세워 유학 교육에 힘썼는데, 여기 출신들이 과거시험에서 좋은 성적을 거두는 경우가 많아 사학 12도(잘나가는 사학 12개란 뜻이죠. 현재의 입시 학원 중에도 잘 나가는 몇몇 학원들이 있는 것과 비슷하죠) 중에서도 가장 많은 학생들이 몰려들 정도였다고 합니다. 이처럼 사학에서 교육을 받은 학생들이 과거시험에서 성적을 잘 받으면서 국자감의 관학 교육은 위축되었습니다. 현재 유명 입시 학원에 다니는 학생들이 대학 입시에서 좋은 결과를 얻으면서 공교육이 위축되고 있는 상황과 비슷합니다. 그래서 지금도 공교육을 정상화하기 위한 여러 가지 방안이 나오고 있는 것처럼 고려 정부에서도 관학을 다시 살리기 위한 여러 시책을 추진하였습니다.

먼저, 숙종은 서적포라는 국영 출판사를 만들어 관학에서 배우는 학생들에게 책을 지원하고, 예종 때에는 국자감을 재정비하여 7재라는 전문 강좌를 설치하였습니다. 사학이 과거시험에서 좋은 성적을 받기 위한 입시 교육을 위주로 하는 것처럼 국자감에서도 입시 교육 강좌를 설치하였던 것이죠. 또 양현고라는 장학재단을 설치하여 관학을 경제적으로 뒷받침하였습니다. 그러나 무신정권 시기에는 교육 활동이 크게 위축되었습니다. 무신정권이 끝나고 충렬왕은 관학을 되살리기 위해 노력하였습니다. 우선 장학재단이었던 양현고의 부실을 보충하기 위하여 섬학전이라는 교육재단을 추가로 설치하였습니다. 또 충선왕 때는 국학의 이름을 성균관으로 바꾸고 문묘(공자의 사당으로 공자와 그 제자들에게 제사 지내는 곳)를 만들었습니다.

■ 성리학의
  수용과 발달

고려 후기에는 성리학이 전래되었습니다. 성리학은 남송의 주희가 집대성한 학문이라 하여 송학(남송의 학문이란 뜻), 주자학(주희를 높여서 부르는 말이 주자입니다. 즉 주자의 학문이란 뜻이죠)이라고도 부릅니다. 원래 유학은 훈고학적이고 사장(시와 문장, 즉 문학적인 글) 중심이었습니다. 이와 달리 성리학은 인간의 심성과 우주의 원리 문제를 연구하는 철학적인 신유학이었죠. 그렇다면 성리학이 우리나라에 처음 소개된 것은 언제였을까요? 원의 간섭기인 충렬왕 때 안향이 원으로부터 성리학을 받아들여 처음으로 소개하였습니다. 이어서 충선왕 때 이제현은 원의 수도였던 대도(현재 베이징)의 만권당에서 원의 학자들과 교류하고 귀국하여 이색 등에게 성리학을 전파하였습니다. 다시 이색은 정몽주, 권근, 정도전 등에게 성리학을 전파하였죠.

이렇게 신진사대부들은 성리학을 수용하여 공부하기 시작하였습니다. 신진사대부들은 성리학을 내세워 권문세족의 잘못과 불교의 폐단을 비판하는 등 고려사회의 문제점을 개혁할 것을 주장하고, 성리학의 실천적 기능을 강조하여 『소학』과 『주자가례』를 중요하게 생각하였습니다. 이와 같이 성리학은 고려 말의 개혁과 조선 건국 과정에서 신진사대부의 사상적 기반이 되었습니다. 이 과정에서 신진사대부들이 두 세력으로 나뉘었는데, 바로 온건 개혁파와 혁명파입니다.

■ 고려의
불교 진흥 정책

　　　　　　　　　고려는 불교의 나라였습니다. 태조 왕건은 불교를 적극 지원하였어요. 고려를 세우는 데 많은 도움을 준 종교가 불교였기 때문이죠. 태조는 서울인 개경에 여러 사원을 세워 불교를 장려하였고, 「훈요 10조」에서는 불교와 관련된 행사인 연등회, 팔관회 등을 열어 불교를 숭상할 것을 유언으로 남겼습니다. 또한 태조는 불교 행정을 처리하는 승록사라는 관청을 설치하였으며, 국사(나라의 스승), 왕사(왕의 스승) 제도를 만들어 국사나 왕사가 된 승려가 왕실의 고문 역할을 하게 하였습니다. 광종 때부터는 과거제도를 실시하면서 승과를 마련하여 합격자에게 승려의 지위를 보장하는 승계를 발급하였습니다. 또 고려는 국가가 절에 땅을 하사하고 스님들에게는 역을 면제해주는 특권을 부여하는 등 불교를 적극적으로 지원하였습니다.

　　고려시대에는 불교의 발달로 대장경이 여러 차례 편찬되었습니다. 대장경은 불교 서적을 총망라하여 집대성한 것으로 불교사상에 대한 이해 체계가 정비되었음을 의미하는데, 경(부처가 설한 근본 교리)·율(교단에서 지켜야 할 윤리 조항과 생활 규범)·론(경과 율에 대한 승려나 학자들의 의론과 해석)의 삼장으로 구성되었습니다.

　　현종 때 처음 대장경을 간행하였기 때문에 이를 초조대장경(처음 만든 대장경이란 뜻)이라고 합니다. 당시 고려는 거란의 침략에 맞서 부처님에게 거란을 물리쳐줄 것을 기원하기 위하여 대장경을 간행하기 시작하였습니다. 그러나 초조대장경은 몽골의 침입 때 불타버리고 인쇄본 일부만 남아 있습니다. 또 의천은 속장경을 편찬하였는데, 신편제종교장총록이라는 목록을 만들고 교장도감을 설치하여 고려·송·요(거란)에서 간행된 대장경의 주석서들을 모아 교장(속장경의 다른 말)을 편찬하였습니다.

초조대장경이 몽골의 침입으로 불타버리자 고려는 다시 부처의 힘을 빌려 몽골의 침략을 물리치기 위하여 대장경을 만들었습니다. 강화도 천도 시기인 고종 때 대장도감을 설치하여 16년 만에 완성하였는데, 다시 만든 대장경이라는 뜻으로 재조대장경이라고 합니다. 8만 매(정확히 8만 1,258매)가 넘는 목판으로 되어 있기에 팔만대장경이라고도 부릅니다. 팔만대장경은 방대한 분량임에도 불구하고 잘못 새기거나 실수로 빠뜨린 글자가 거의 없을 정도로 정밀하고, 새겨진 글씨도 매우 아름다워서 세계에서 가장 우수한 대장경으로 유명합니다. 현재 합천 해인사 장경판전에 보관되어 있는데, 유네스코 세계문화유산으로 등재되어 있습니다.

■ 교종 중심으로
  불교를 통합하려 한
  해동 천태종

고려 초기에는 균여의 화엄종이 성행하였습니다. 균여는 화엄사상을 정비하고 보살의 실천행(부처가 될 수 있지만 중생을 위해 부처가 되지 않은 보살이 깨달음과 중생구제를 실천함)을 펼쳤습니다. 고려 초기에는 선종에 대한 관심도 높았습니다. 고려를 세울 때 중요한 역할을 한 호족들과 연결된 불교가 선종이었으니까요. 이후 개경에 흥왕사, 현화사 등이 세워지고, 화엄종과 법상종이 함께 번성하였습니다.

11세기에 의천은 불교의 여러 교단을 통합하려고 하였습니다. 의천은 흥왕사에서 화엄종을 중심으로 교종을 통합하려 하였으며, 교종을 중심으로 선종을 통합하기 위하여 국청사를 만들어 해동 천태종을 창시하였습니다. 또한 의천은 교종과 선종의 통합을 사상적으로 뒷받침하기 위해 교관겸수를 제창하였습니다. 교는 경전이고 관은 깨달음으로, 경전 연구와 깨달음을 위한 실천 수행을 함께 닦아야 한다는 뜻이죠. 이론을 공부하고 실천하여 깨달음을 얻어야 한다는 사상입니다. 교종(이론, 경전 연구)과 선종(실천 수행)을 모두 강조하는 것이죠. 그러나 의천이 죽은 뒤 교단은 다시 뿔뿔이 흩어져버리고 통합은 깨졌습니다.

■ 선종 중심으로 불교를 통합하려 한 조계종

무신이 집권하면서 문신과 결탁했던 교종은 약화되고 무신의 후원을 받은 선종이 발달하기 시작하였습니다. 이러한 상황에서 타락한 불교를 비판하며 근본적인 불교의 모습으로 돌아갈 것을 주장하는 결사 운동이 일어났는데, 이를 이끈 스님이 바로 지눌입니다. 지눌은 수선사(현재의 송광사) 결사를 제창하고, 승려들은 독경(불경 연구), 선 수행, 노동을 해야 한다고 주장하였습니다. 또한 지눌은 정혜쌍수(정은 참선이고 혜는 경전으로 근본에 있어 둘이 아니라는 사상)와 돈오점수(단번에 깨달을 것을 지향하면서도 깨달음의 꾸준한 실천이 필요하다는 사상)를 주장하였습니다. 한마디로 선종을 중심으로 교종을 포용하여 교와 선을 통합하자는 것입니다.

또한 천태종의 요세는 강진 만덕사에서 백련결사를 제창하였습니다. 백련결사는 법화 신앙을 중심으로 조계종의 수선사와 양립하였습니다. 백련결사에서는 염불만 외워도 극락왕생할 수 있다는 주장을 하였는데,

구분	천태종	조계종
대표 승려	의천	지눌
핵심 이론	교관겸수(教觀兼修)	정혜쌍수(定慧雙修)·돈오점수(頓悟漸修)
통합의 중심	교종을 중심으로 선종 통합	선종을 중심으로 교종 통합
중심 사찰	국청사	송광사

많은 하층민들이 이에 호응하기도 하였습니다. 또한 혜심은 유불 일치설 (유교와 불교가 근본적으로는 일치한다는 주장)을 주장하며 심성의 도야를 강조 하였는데, 이후 인간의 심성에 대한 철학적 유학인 성리학을 수용할 수 있는 사상적 토대가 되었습니다.

■ 고려 후기의 불교

원 간섭기에 불교계에는 다시 폐단이 나타 났습니다. 사원은 대토지를 소유하고 고리대금과 상업 활동으로 백성들 을 등쳐먹는 등 부패가 심하였습니다. 신진사대부들은 이와 같은 불교계 의 사회 경제적인 폐단을 비판하면서 성리학을 새로운 사상으로 내세우 기 시작하였습니다.

고려 후기는 원 간섭기였기 때문에 불교도 원나라의 영향을 많이 받 았습니다. 보우, 혜근 등의 승려들은 원나라에 유학을 가서 임제종을 배 워 오기도 하였죠. 임제종을 받아들인 보우는 고려로 돌아와 공민왕의 왕사가 되었습니다. 타락과 분열에 빠진 불교계를 다시 깨끗하게 만들고 통합하려고 했지만 별다른 성과를 거두지는 못하였죠.

■ 고려의 도교와
풍수지리설

고려시대에도 도교는 발전하였습니다. 도교는 불로장생(늙지 않고 오래 사는 것)과 현세구복(현재 세상에서 복을 구하는 것)을 추구하는 종교입니다. 그래서 국가에서도 도교 행사를 자주 열고, 하늘에 초제를 지냈습니다. 특히 예종 때는 도교 사원인 도관이 만들어졌죠. 그러나 도교에는 체계의 일관성도 없고 교단도 없었기 때문에 이후 민간신앙으로만 그 명맥이 이어졌습니다.

고려시대에 들어와 풍수지리설은 도참사상(예언사상)과 결합하여 크게 유행하였습니다. 태조 왕건은 「훈요 10조」에서 도선의 풍수지리설에 따라 절을 지어야 한다며 풍수지리설을 중시하고, 서경이 길지이므로 왕이 1년에 100일 이상 머무르며 중시해야 한다고 하였습니다. 이렇게 개경 길지설(개경이 명당이라는 풍수지리설)을 유포하여 고려 건국을 합리화하였고, 서경 길지설(서경이 명당이라는 풍수지리설)을 유포하여 서경을 중시하고 북진정책을 추진하였습니다. 서경 길지설은 묘청의 서경 천도 운동에도 영향을 주어 개경 세력과 서경 세력의 정치적 투쟁에 이용되기도 하였습니다. 북진정책이 약화되면서부터는 새로이 한양 명당설이 나타났는데, 한양을 남경이라 하여 중시하였습니다. 결국 조선을 건국하면서 이성계가 한양으로 천도한 것도 바로 한양 명당설 때문이었습니다. 한양 명당설은 이씨가 왕이 되어 한양에 도읍을 한다는 예언 사상과 결합되었고, 이씨였던 이성계가 이를 이용한 것입니다.

팔관회는 도교, 민간신앙, 불교가 결합되어 명산대천에 제사 지내는 국가적인 행사였습니다. 또한 고려에서는 국왕들이 죽으면 찰흙으로 소상을 만들거나 그림으로 초상을 그려 사원에서 신성하게 모시기도 하였습니다. 왕실의 혈통을 신성시하였는데, 태조 왕건의 시조라고 알려져 있는 호경은 산신으로 숭배되기도 하였습니다.

■ 고려의 과학 기술과 예술 문화

고려시대에는 국립대학이었던 국자감에서 율학·서학·산학 등의 기술학을 가르치고, 잡과를 통해 기술관을 뽑을 정도로 과학에 대한 관심이 많았습니다. 천문·역법을 맡은 관청으로 사천대(서운관)를 설치하였고, 첨성대에서 천문 관측을 하였죠. 『고려사』 「천문지」에는 일식, 혜성, 태양 흑점 등을 관측한 기록이 남아 있는데, 현대 천문학으로 계산한 결과 매우 정확한 관측 기록으로 평가되고 있습니다.

고려시대에는 의료 업무를 맡은 관청인 태의감에서 의학 교육을 실시하였고, 기술관을 뽑는 잡과 중에도 의원을 뽑는 의과가 있었습니다. 고려 중기에는 우리나라의 실제 상황에 맞는 의학이 발달하여 고려에서 개발된 독자적 처방인 향약방이 이루어졌습니다. 그래서 13세기에는 우리나라에서 가장 오래된 의학 서적인 『향약구급방』이 편찬되었습니다.

목판 인쇄술은 하나의 책을 다량 인쇄하는 데는 적합하지만 여러 권의 책을 소량으로 인쇄하는 데는 적합하지 않습니다. 그래서 중국처럼 인구가 많은 나라에서는 목판 인쇄술이 계속 사용되었고, 우리나라처럼 인구가 적은 나라에서는 여러 권의 책을 소량으로 인쇄하기에 적합한 활판 인쇄술이 발달하였던 것이죠. 고려시대에 세계 최초로 금속활자 인쇄술이 발명된 것은 12세기 말이나 13세기 초라고 추측됩니다. 1234년 금속활자로 『상정고금예문』을 인쇄하였다는 기록으로 보아 적어도 13세기 초에는 금속활자가 만들어졌습니다. 이는 서양에서 금속활자 인쇄가 시작된 것보다 200여 년이나 앞선 것이지만, 현재 남아 있지 않기 때문에 현존 세계 최고의 금속활자본은 1377년 청주 흥덕사에서 인쇄한 『직지심체요절』입니다. 이것은 현재 프랑스 국립 도서관에 소장되어 있습니다. 고려시대 역시 제지술이 발달하여 종이의 원료였던 닥나무의 재배를 장려하였고, 종이 제조를 맡은 관청을 설치하였습니다. 고려의 종이는 중국에 수출될 정도로 품질이 뛰어났습니다.

개성 만월대 궁궐터를 조사한 결과 당시 고려의 궁궐 건축이 얼마나 웅장했는지 알 수 있습니다. 고려 전기 건축에서는 주심포 양식이 유행하였지만 현재 남아 있는 건물은 없습니다. 현재 남아 있는 주심포 양식은 13세기 이후에 지은 건물들이죠. 경북 안동 봉정사 극락전은 현존하는 가장 오래된 건물로 알려져 있고, 경북 영주 부석사 무량수전과 충남 예산 수덕사 대웅전도 유명합니다. 고려 후기에는 다포식 건물이 등장하였는데, 대표적인 건물로 황해도 사리원 성불사 응진전이 유명합니다. 이후 다포식은 조선시대 건축으로 이어졌습니다. 주심포 양식은 공포가 기둥 위에만 있고, 다포 양식은 공포가 기둥뿐만 아니라 그 사이사이에도 있습니다.

고려 초기에는 대형 철불이 많이 제작되었습니다. 대표적으로 경기도 광주 춘궁리 철불이 유명합니다. 거대한 불상들로는 충남 논산 관촉사 석조미륵보살입상, 경북 안동 이천동 석불이 유명합니다. 또 부석사 소조 아미타여래좌상은 신라 양식을 계승한 것으로 유명합니다.

고려는 불교 국가였으니까 불교적 성격의 공예도 발전하였습니다. 고려의 금속공예는 불교 도구를 중심으로 발전하였습니다. 은입사 기술은 청동기 표면을 파서 무늬를 만들고, 실처럼 만든 은으로 메워 무늬를 장

봉정사 극락전(왼쪽, 경북 안동 소재)과 경천사 10층석탑(오른쪽, 국립중앙박물관 소재)

식하는 기술입니다. 청동 향로, 청동 정병이 대표적인 작품입니다. 나전칠기 공예도 발달하여 경함, 화장품갑, 문방구 등을 만들었습니다.

■ 고려 전기의 국제 교류

고려 전기의 국제 교류는 주로 송과의 문화 교류가 중심이었습니다. 그중 대표적인 것이 자기 공예와 아악입니다. 먼저 자기 공예입니다. 전통적인 신라와 발해의 기술을 이어받아 송나라에서 들어온 기술을 결합하여, 고려는 11세기에 들어서 독자적인 경지를 이루었습니다. 특히 비취색 고려청자는 중국인들도 천하의 명품으로 칭송할 정도였습니다. 12세기 중엽에는 고려의 독창적 기법인 상감법이 개발되어 상감청자가 만들어졌습니다. 상감법은 그릇 표면을 파서 무늬를 만들고, 백토·흑토를 메워 색깔을 넣는 방법이죠. 특히 전라도 강진은 최고급의 청자 생산지로 유명하였습니다. 그러나 원 간섭기 이후 청자의 빛깔이 퇴조하고 점차 소박한 분청사기로 바뀌어갔습니다.

고려시대의 음악은 크게 아악과 향악으로 나눌 수 있습니다. 아악은 송나라에서 들어온 대성악이 우리나라 궁중 음악으로 발전된 것으로 주로 제사에 쓰였습니다. 고려와 조선의 문묘제례악이 바로 아악으로 오늘날까지도 이어지고 있습니다. 향악(속악)은 우리의 전통적인 음악이 당악의 영향을 받아 발달한 것인데, 당시 민중들에게 유행한 속요와 어울려 「동동」, 「한림별곡」, 「대동강」 등의 곡이 유행했습니다.

■ 고려 후기의 국제 교류

고려 전기에는 송과의 교류가 활발하였지만 고려 후기에는 원과의 교류가 활발하였습니다. 달력 역시 고려 초기에는 당나라의 선명력을 사용하였고, 고려 후기 충선왕 때부터는 원나라 수시력을 사용하였습니다. 수시력은 이슬람 역법까지 수용하여 만들었는데, 당시 동아시아 문화권에서는 가장 훌륭한 역법이었죠.

고려 후기에 이암이 소개한 원의 농업 서적 『농상집요』가 보급되어 농업기술이 더욱 발전하였습니다. 또한 공민왕 때는 문익점이 원에서 목화씨를 들여와 무명(면)으로 옷을 만들어 입게 되었습니다. 이전에는 삼베나 모시로만 옷을 만들어 입었죠. 비단은 비쌌기 때문에 귀족들만 입을 수 있었습니다. 무명이 생산되면서 우리나라 사람들의 옷이 더욱 다양해졌고, 솜옷처럼 따뜻한 옷도 입게 되었습니다. 고려 말 최무선은 오랜 실험과 노력 끝에 화약 제조법을 알아냈습니다. 그러자 고려 정부는 화통도감을 설치하고 최무선을 책임자로 임명하여 화약과 화포를 생산하기 시작하였습니다. 드디어 최무선은 진포(현재 금강 하구) 싸움에서 화포를 사용하여 왜구를 공격, 격퇴하였습니다.

　고려 후기에는 친원 세력들과 원의 부마국이 된 왕실을 중심으로 몽골풍(변발, 몽골식 복장-족두리, 몽골어-마마, 수라, 몽골 술-소주)이 유행하였습니다. 일제 강점기 친일파들이 단발에 앞장서고, 일본 옷을 입고, 일본어를 잽싸게 배웠던 것과 비슷하죠. 반면에 고려의 옷, 그릇, 음식 등의 풍습이 몽골에 전해진 것을 고려양이라 합니다. 대몽 항쟁기에 끌려간 포로들, 원 간섭기에 끌려간 공녀들이 몽골 사람들에게 고려의 문화를 전파한 것이죠.

　고려시대의 석탑은 다각 다층탑이 많았습니다. 대표적인 석탑으로는 개성 불일사 5층 석탑과 오대산 월정사 팔각 9층 석탑이 유명합니다. 고려 후기의 경천사 10층 석탑은 원나라의 석탑 양식을 모방하여 만들었는데 현재는 국립중앙박물관에 전시되어 있습니다. 고려시대에도 승려들의 사리를 보관하는 승탑이 있었습니다. 특히 팔각원당형을 계승한 것이 많았는데, 고달사지 승탑이 대표적입니다. 법천사 지광국사 현묘탑도 유명합니다.

고려 전기의 서예는 구양순체가 유행했고, 탄연의 글씨가 명필이었습니다. 고려 후기에는 송설체가 유행했는데, 이암의 글씨가 유명합니다. 고려의 대표적인 화가 이령이 그린 「예성강도」는 최고의 작품이며, 이령의 아들 이광필도 유명합니다. 고려 후기 공민왕이 그렸다고 전해지는 「천산대렵도」는 원나라 북화의 영향을 받았습니다. 또한 고려 후기에는 불화가 많이 그려졌습니다. 혜허가 그린 「관음보살도」가 대표적인 작품인데, 현재 일본에 남아 있습니다. 사경화도 유행하였는데, 이것은 불경 맨 앞장에 그 불경의 내용을 알기 쉽게 표현한 그림이죠. 또한 부석사 소조 아미타여래좌상, 부석사 조사당 벽화의 사천왕상과 보살상도 이름난 작품들이죠.

III.

응답하라

조선시대

1.
응답하라 1392

■ 조선의 건국과 태종의 왕권 강화

구분	온건 개혁파	급진 개혁파(혁명파)
대표 인물	이색, 정몽주	정도전
역성혁명	반대	찬성
개혁	점진적	급진적
과전법	반대	찬성

응답하라 1392! 1392년은 태조 이성계가 조선을 건국한 해입니다. 왕은 물론 이성계 장군이었지만 조선의 밑그림을 그린 사람은 신진사대부 정도전이었습니다. 그리고 정도전은 신진사대부 중에서도 급진 개혁파였죠. 고려 말 신진사대부들은 크게 두 가지 세력이 있었습니다. 대다수의 신진사대부들은 이색·정몽주를 중심으로 하는 온건 개혁파였고, 정도전을 중심으로 하는 일부 세력이 급진 개혁파였습니다. 먼저 온건 개혁파는 고려 왕조를 유지하면서 급진적 토지개혁인 과전법에 반대하는 등 점진적인 개혁을 하자는 입장이었습니다. 반

대로 급진 개혁파는 고려 왕조를 멸망시키고 급진적 토지개혁인 과전법을 실시하고, 새로운 나라를 건설하자는 역성혁명을 주장하였습니다. 다음은 당시 대립하고 있던 두 세력의 대화를 가상한 내용입니다.

▷ 급진 개혁파 : 토지 문서를 모두 폐기해야 합니다. 신진 관료들에게 줄 땅도 돈도 없습니다. 이는 권문세족들이 모두 차지하고 있기 때문입니다. 백성들은 제 땅을 가진 자가 없고 모두 노비가 되어 나라에 세금도 내지 못하고 있으니 나라가 이 모양 이 꼴이 된 것입니다. 과전법을 실시하여 권문세족의 땅을 몰수하고 신진사대부들이 생활할 수 있는 기반을 마련해줘야 합니다.

▶ 온건 개혁파 : 이건 재산권 침해입니다! 국가가 날강도입니까? 개인의 토지를 몰수한다는 것은 잘못된 방법입니다. 문제가 있는 가지만 쳐내면 되지 뿌리째 뽑아버리면 다 죽습니다. 우리들은 과전법 실시에 반대합니다.

▷ 급진 개혁파 : 고려 왕조를 무너뜨리고 새 왕조를 열어 역성혁명을 해야 합니다. 천천히 개혁을 하면 실패합니다. 급진적으로 개혁을 해나가야 합니다.

▶ 온건 개혁파 : 충신은 두 임금을 섬기지 않습니다. 고려 왕조를 유지하며 점진적으로 개혁을 해나가는 것이 순리죠.

▷ 급진 개혁파 : 임금은 하늘의 명을 따라 나라를 다스리는 것입니다. 민심은 천심이죠. 민심을 잃은 임금은 천심을 잃은 것입니다. 민심에 따라 임금을 바꾸는 것이 바로 역성혁명입니다.

▶ 온건 개혁파 : 당신들은 삼강오륜도 모르나요? 유학의 가장 기본이 충, 효입니다. 부모가 싫다고 부모님을 다른 부모로 바꾸나요?

결국 급진 개혁파는 역성혁명에 반대하는 정몽주 등 온건 개혁파를 제거하였고, 이성계를 왕으로 내세우며 조선을 건국하였습니다(1392). 태조는 한양으로 도읍을 옮겼는데, 이는 남경 길지설의 영향을 받은 것입니다. 한양은 고려 때 남경이라고 불렸는데, 남경은 길지(좋은 땅)로서 이(李)씨가 왕이 되어 서울로 삼는다는 풍수지리설이 있었습니다. 이씨인 이성계가 왕이 되니 남경으로 서울을 옮김으로써 역성혁명을 합리화했다고도 할 수 있습니다. 그리고 개경을 떠나 한양에서 새롭게 왕권을 강화하려는 목적도 있었다고 보입니다.

앞에서 말했다시피 조선을 건국한 왕은 이성계였지만 진짜 조선을 세운 사람은 정도전입니다. 정도전은 급진 개혁파 사대부의 대표적 인물로서 조선의 통치체제를 세운 사람이었죠. 정도전과의 가상 인터뷰를 통해 정도전은 어떠한 정치를 꿈꾸었는지 살펴봅시다.

정도전 동상 : 충북 단양 소재. 도담삼봉(정도전의 호인 삼봉의 유래)을 바라보고 있습니다.

▷ 기자 : 귀하께서 쓰신 『조선경국전』, 『경제문감』 등은 어떠한 책입니까?

▶ 정도전 : 민본적 통치 규범을 제시한 책이죠. 국가는 백성들을 위해 존재하는 것입니다. 백성들이 잘살 수 있도록 통치하기 위한 국가체제를 마련한 것이죠.

▷ 기자 : 귀하께서는 훌륭한 재상에게 정치적 실권을 주어 정치를 맡기자고 주장하였습니다. 그 이유가 무엇인가요?

▶ 정도전 : 왕위는 세습이 되므로 왕의 자질이 좋을 수도 나쁠 수도 있지만, 재상은 자질이 좋은 사람을 뽑으면 되므로 왕권 중심보다는 신권 중심의 정치가 이루어져야 한다는 것입니다.

▷ 기자 : 그래서 왕권 중심의 정치를 주장하는 이방원과 대립하게 되었고, 결국 이방원에 의해 죽음을 맞이하였던 것이군요. 또 귀하께서는 『불씨잡변』을 쓰셨는데, 어떠한 책인가요?

▶ 정도전 : 고려 말 불교는 고리대를 하여 백성들을 괴롭히는 등 많은 폐단을 일으키고 있었습니다. 이러한 불교의 문제점을 비판하고 새로운 국가 이념인 성리학을 중심으로 통치해야 한다는 내용을 담고 있습니다.

다음은 태종이 된 이방원에 대해 살펴보겠습니다. 이방원은 1차 왕자의 난을 일으켜 세자였던 방석과 바로 위의 방번을 죽입니다. 방석과 방번은 이복(엄마가 다른) 동생들이었죠. 자신이 왕이 되고 싶었던 이방원은 먼저 이복동생들을 제거하려고 했던 것이죠. 또 왕권을 제한하고 자신이 왕이 되는 것을 방해하고 있던 정도전도 죽입니다. 이방원에 의해 사실상 쿠데타가 일어나자 태조 이성계는 열이 받아 왕위를 버리고 함흥으로 가버립니다. 그 뒤를 이어 형 정종이 즉위하였지만 실권은 이방원에게 있었습니다. 결국 이방원은 2차 왕자의 난을 일으켜 반대세력(방원의 바로 위의 형인 방간도 왕이 되려는 야심을 갖고 있었죠)을 모두 제거한 뒤 왕위에 올랐습니다. 왕자의 난이 일어난 것은 사병이 그 중요한 이유였는데, 각 정치세력이 사병을 키워 권력투쟁을 벌이자 왕권이 불안정해진 것이었죠. 이러한 상황을 잘 알고 있던 태종은 왕권을 강화하기 위해 여러 정책을 펼쳤습니다.

태종은 먼저 6조 직계제를 실시하여 실제 행정을 담당하는 6조가 의정부를 거치지 않고 직접 국왕에게 재가(허락)를 받도록 하였습니다. 6조가 의정부를 거치면 의정부 3정승(영의정, 좌의정, 우의정)의 합의를 거치게 되고 결국 국왕은 합의에 따를 수밖에 없었습니다. 의정부(재상) 중심의 정치가 이루어질 수밖에 없었던 것입니다. 그래서 태종은 6조 직계제를 통해 의정부의 힘을 약화시키고 왕권을 강화시켰습니다. 또 사간원을 독립시켜 대신들을 견제하였는데, 사간원은 언론기관으로 대신들을 견제하거나 제거하는 데 이용되기도 하였습니다. 지금도 언론기관인 신문, 방송에서 어떤 총리나 어떤 장관의 잘못을 찾아내 비판하여 결국엔 사퇴를 시키는 경우가 종종 있죠. 이러한 역할을 했던 것이 사간원이었습니다. 사간원 등 언론기관을 통해 신권끼리 서로 견제하게 하면서 왕권을 강화했다고 볼 수 있습니다.

또 양전 사업, 호구 파악을 하였던 이유도 왕권 강화에 있습니다. 양전 사업은 토지 조사 사업으로 누가 토지를 얼마만큼 갖고 있는지 파악하여 세금을 걷겠다는 것이죠. 호구 파악 역시 어느 집에 사람 숫자, 특히 남자가 몇 명 있는가를 파악하여 세금을 걷고 부역을 시키겠다는 것입니다. 이렇게 세금과 부역을 정확히 부과하면 국가 재정이 늘어나고 결국 왕권이 강화됩니다. 이와 같은 이유로 호패법이 실시되었는데, 호패는 16세 이상 남자들이 차고 다니는 신분증, 즉 현재의 주민등록증 같은 것입니다. 지금도 경찰들이 수상한 사람을 검문할 때 신분증 좀 보자고 하잖아요? 마찬가지입니다. 호패를 차고 다니게 하여 세금이나 부역을 회피하며 도망 다니는 사람들을 붙잡겠다는 것이죠. 호패법은 백성들을 통제하여 향촌사회를 안정시키고 왕권을 강화하는 방법이었습니다. 또한 사원의 토지를 몰수하여 불교 세력을 약화시켜 국가 재산을 늘렸습니다. 왕권 강화죠. 그리고 억울하게 불법적으로 노비가 된 사람들을 조사하여 양인으로 해방시켰는데, 노비안검법이나 전민변정도감의 목적과 같습니다. 왕권 강화죠. 또 사병을 없애 왕권을 위협하는 세력을 제거하고 국왕의 안전을 지키는 친위 군사를 증가시켰습니다. 이 역시 왕권 강화죠. 이렇게 태종의 모든 정책은 왕권 강화를 위한 것들이었다는 것을 꼭 기억해야 합니다.

■ 유교적 민본정치의
  강화 과정

태종의 왕권 강화를 바탕으로 즉위한 세종은 유교적 민본정치를 실현하려 하였습니다. 세종과의 가상 인터뷰를 통해 그의 민본정치가 어떻게 이루어졌는지 살펴봅시다.

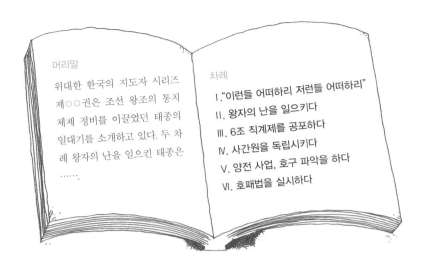

▷ 기자 : 대왕께서는 즉위하시자마자 집현전을 설치하셨는데, 집현전은 무슨 목적으로 만드신 건가요?

▶ 세종 : 집현전은 말 그대로 현명한 사람들을 집합한 기구(전)였죠. 현명한 신하들을 모아 국가 정책을 연구하게 하고, 국왕과 학문을 연마하는 자리인 경연에 참가하여 국왕의 통치에 자문하게 하였습니다. 나의 통치에서 가장 중요한 것이 백성들을 위한 민본 정책이었다는 것을 상징적으로 보여주는 기관이었습니다.

▷ 기자 : 대왕께서는 또한 의정부 서사제를 실시하여 왕의 권한을 의정부에 많이 넘기셨습니다.

▶ 세종 : 의정부 서사제는 의정부의 3정승이 논의하여 합의된 것을 국왕에게 올려 결재를 받는 형식이었습니다. 나는 유교적 민본 사상을 바탕으로 왕도정치를 주장하였습니다. 훌륭한 청백리(청렴결백한 관리) 재상들을 등용하여 깨끗한 유교적 민본정치를 실현하고자 하였죠. 이를 위

의정부 서사제를 시행합시다! 의정부에서 논의하여 합의된 사항을 국왕에게 올려 결재를 받아야 하옵니다.

아니되옵니다. 6조에서 의정부를 거치지 않고 곧바로 사안을 국왕에게 올려 재가를 받아 시행해야 하옵니다.

해 필요한 것이 바로 의정부 서사제였습니다. 그러나 인사권, 군사권은 국왕의 고유 권한으로 행사함으로써 왕권과 신권의 조화를 이루었다고 할 수 있습니다.

▷ 기자 : 대왕께서 편찬을 명하였던 『오례의』와 사대부들에게 장려하셨던 『주자가례』에 대해 한 말씀 해주시죠.

▶ 세종 : 『오례의』는 국가 행사를 유교식인 오례에 따라 진행하여 유교적인 통치체제를 만들기 위한 것이었습니다. 『주자가례』는 아직 사대부들에게도 유교 윤리가 사회 윤리로 자리 잡지 못한 상황에서 이를 보급하여 자리 잡게 하려는 목적이었습니다.

문종의 아들 단종이 즉위하자, 문종의 동생이었던 수양대군이 계유정난이란 쿠데타를 일으켜 조카 단종을 쫓아내고 왕위에 올라 세조가 되었습니다. 세조는 왕권 강화를 위해 먼저 6조 직계제를 다시 실시하였습니다. 태종 때 6조 직계제 기억하시죠? 왕권 강화입니다. 또 집현전을 없앴습니다. 왜냐하면 집현전에서 사사건건 국왕의 활동을 견제하였기 때문이죠. 경연도 열지 않았습니다. 경연 역시 왕의 학문 연마를 위한 자리로서 국왕의 활동을 견제하였기 때문입니다. 세조는 신하들이 경연을 핑계로 왕권을 제약한다고 생각한 것이죠. 한마디로 국왕이 마음대로 못하게 간섭하는 집현전, 경연을 없애어 왕권을 강화하겠다는 것이었죠. 그리고 종친(왕족)들을 등용하여 자신의 왕권을 뒷받침하기도 하였습니다. 국왕과 가장 가까운 왕족들을 이용해 신권을 억누르고 견제하겠다는 것이었습니다.

조선의 통치체제는 성종 때 모두 완성되었습니다. 그래서 이룰 성(成) 자를 쓰는 것이죠. 고려 때도 성종 때 통치체제를 완성한 것 기억하시죠? 성종이란 이름 자체가 통치체제를 완성한 왕이란 뜻이라고 기억하면 됩니다. 조선은 건국 초기부터 법전을 편찬하기 시작하였습니다. 정도전은 『조선경국전』과 『경제문감』을, 조준은 『경제육전』을 편찬하였습니다. 조선의 기본 법전인 『경국대전』은 세조 때 편찬을 시작하여 성종 때 완성되었습니다. 『경국대전』의 편찬은 조선의 유교적 통치체제가 완전해졌음을 보여줍니다. 국가의 기본적인 통치 방향과 이념을 담은 법전이었기 때문입니다. 즉 현재의 헌법과 비슷한 것입니다. 다음은 성종과의 가상 인터뷰를 통해 성종의 정치에 대해 살펴보겠습니다.

▷ 기자 : 임금님께서 생각하시는 최고의 업적은 무엇입니까?

▶ 성종 : 『경국대전』을 완성하여 반포함으로써 조선의 기본 통치 방향과 이념을 제시한 것이라고 생각합니다.

▷ 기자 : 홍문관을 세우신 목적은 무엇인가요?

▶ 성종 : 집현전을 세우신 세종대왕의 참뜻을 기리고 본받고자 홍문관으로 하여금 그 기능을 대신하게 할 생각이었습니다.

▷ 기자 : 홍문관의 기능을 좀 더 설명해주십시오.

▶ 성종 : 홍문관의 관원은 학문을 연구하며 경연관을 겸하여 국왕의 통치를 자문하였고, 사헌부, 사간원을 지원하였습니다.

▷ 기자 : 대왕께서 다시 부활시킨 경연에 대해서도 설명해주십시오.

▶ 성종 : 원래 경연은 임금과 신하들이 격의 없이 만나 학문을 토론하는 중요한 자리였습니다. 그런데 세조께서 경연을 폐지하여 국왕 마음대로 정치하는 상황이 나타났습니다. 나는 경연에 정승을 비롯한 주요

관리들을 참여하게 함으로써 국왕과 신하가 함께 국가 정책을 토론, 심의하게 하여 왕권과 신권의 조화를 되살리고자 하였던 것입니다.

★ 영화와 드라마로 역사 읽기 - 드라마 「공주의 남자」와 영화 「관상」

　드라마 「공주의 남자」, 영화 「관상」은 수양대군이 계유정난을 일으켜 왕이 되는 과정을 배경으로 한 작품들입니다. 두 작품 모두 세종의 뒤를 이어 즉위했던 문종이 일찍 죽으면서 그 아들 단종이 어린 나이에 즉위하는 장면이 주요 내용으로 나옵니다. 그리고 김종서, 황보인 등 재상들에게 정치의 실권이 넘어가면서 어린 왕이 허수아비가 되는 상황으로 이어지죠.

　먼저 드라마 「공주의 남자」는 당시 정치적 라이벌이었던 수양대군과 김종서의 아들과 딸이 사랑하는 사이였다는 가상의 역사를 소재로 했습니다. 실제 역사에는 기록되지 않은 수양대군의 큰딸과 김종서의 막내아들이 사랑하는 연인이었고, 계유정난으로 원수가 되었지만 결국 사랑의 힘으로 멀리 도망가 결혼하여 행복하게 살았다는 내용입니다. 이 드라마에서 계유정난을 묘사한 장면은 실록에 기록되어 있는 내용과 상당히 비슷합니다. 수양대군이 김종서의 집으로 찾아가 수양대군의 부하들이 김종서를 철퇴로 내려치지만 큰아들이 대신 칼을 맞고 죽습니다. 김종서는 가까스로 목숨을 구하여 둘째 아들의 처갓집으로 몸을 숨겼습니다. 드라마에서는 둘째 아들이 안 나오므로 죽은 큰아들의 처갓집으로 피신한 것으로 나오죠. 어쨌든 김종서가 살아 있음을 안 수양대군 세력이 들이닥쳐 김종서는 결국 목숨을 잃었습니다. 이와 같이 「공주의 남자」는 「금계필담」이라는 설화집에 나오는 김종서 손자와 수양대군의 큰딸의 사랑 이야기를 소재로 만들어진 재미있는 드라마였습니다.

　영화 「관상」은 관상쟁이를 주인공으로 한 작품입니다. 얼굴만 보고도 놀랍도록 정확하게 사람들의 과거와 미래를 말하는 관상쟁이가 계유정난의 과정에서 겪게 되는 엄청난 일들을 소재로 하였죠. 관상쟁이가 김종서의 부하가 되어 수양대군의 얼굴이 역적의 관상임을 알게 되면서 미래를 바꾸려 하는 이야기를 담고 있죠. 수양대군의 책사 역할을 하며 왕위에 오르게 하는데 결정적 역할을 한 한명회의 관상을 통해 그가 어떤 인물이었는지를 보여주는 내용도 재미있었습니다.

■ 조선의
중앙 통치체제

　　조선의 중앙 통치체제는『경국대전』에 의해 법제화되었습니다. 다음은 조선시대를 묘사한 전시회장에서 가이드와 관람객들의 가상 대화를 통해 조선의 중앙 통치체제에 대해 살펴보겠습니다.

　▷ 가이드 : 이곳은 의정부에서 재상들인 3정승, 즉 영의정, 좌의정, 우의정이 국정을 총괄하여 논의하는 모습을 묘사하고 있습니다. 의정부 아래에는 행정기관 6조를 두어 실제 행정을 맡았습니다. 조선의 관리는 문반과 무반의 양반으로 구성되었고, 30등급(18품 30계)으로 나뉘어 있었습니다.

　▷ 가이드 : 이곳은 사헌부입니다. 관리의 비리를 감찰하는 곳으로 현재의 감사원 역할을 하였죠. 이곳은 사간원입니다. 정사를 비판하는 역할을 하였습니다. 다음은 홍문관입니다. 문필(글을 쓰는 것), 자문(임금이 잘 모르는 것을 물으면 대답하는 것)의 역할을 하였죠. 이러한 사헌부, 사간원, 홍문관을 3사라고 부르는데 언론 기능을 담당하였습니다.

　▶ 관람객 : 언론 기능이라면 3사를 언론기관이라고 할 수 있겠군요. 현재의 언론기관인 신문, 방송과 비슷한 역할을 했나요?

　▷ 가이드 : 맞습니다. 현재의 신문, 방송에서도 정치인들의 잘못을 찾아내고 비판하는 경우가 많잖아요? 이러한 역할을 했던 것이 바로 3사입니다. 3사의 활동은 고위 관리나 왕이라도 막을 수 없는 관행이 있었는데, 이는 권력의 독점, 부정을 막기 위한 목적이라고 볼 수 있습니다. 즉 왕권과 신권의 조화라고 할 수 있습니다. 민주화 전인 군사정권 시기에는

신문, 방송이 정부를 함부로 비판할 수 없었습니다. 그러나 점차 민주화가 이루어져 정부에 대한 비판이 신문, 방송에서 거의 매일 이루어지고 있죠. 조선의 3사와 현재의 신문, 방송은 언론 기능을 하고 있다는 점에서 비슷합니다.

▷ 가이드 : 이곳은 의금부에서 국가의 큰 죄인, 즉 반역죄(역적), 강상죄(유교 윤리에 어긋나는 죄)를 저지른 자들을 붙잡아다가 고문하는 모습을 묘사한 곳입니다. 의금부는 국왕의 직속 사법기관, 즉 왕권 강화 기관이었죠. 이곳은 승정원입니다. 왕명을 출납하는 비서기관이죠. 사극에 나오는 왕의 비서들이 바로 승지입니다. 승지들이 소속되어 있는 기관이 바로 승정원이고, 승정원의 책임자가 도승지이죠. 즉 승정원은 왕의 비서 역할을 담당했던 기관이므로 왕권 강화 기관이었습니다. 관습법을 따랐던 고려와 달리 조선은 『경국대전』과 명의 형법인 대명률에 따라 형벌, 민사를 규율하였습니다. 특히 형벌은 대명률에 따라 규율하였습니다. 조선시대에 가장 큰 죄는 반역죄, 강상죄였습니다. 조선은 유교사회였기 때문에 유교 윤리(삼강오륜)를 어긴 강상죄가 가장 큰 죄였죠. 불효, 근친상간 등 부도덕한 범죄들을 말합니다. 또한 반역죄, 강상죄를 지은 죄인의 부모, 형제, 처자까지도 함께 처벌하는 연좌제가 시행되었습니다. 고을에 범죄가 발생하면 호칭이 강등되거나, 고을 수령이 근무 성적을 낮게 받거나 파면되기도 하였습니다. 고려와 마찬가지로 형벌은 태, 장, 도, 유, 사의 다섯 종류가 있었습니다. 또 일반적인 일은 아니었지만 신문고(북을 쳐서 임금에게 억울함을 호소), 격쟁(임금이 궁궐 밖에 행차할 경우 징을 쳐서 억울함을 호소하는 것이죠. 임금이 궁궐 밖으로 나오시는 경우가 많지 않았기 때문에 쉽게 할 수 있는 방법은 아니었죠. 그러나 정조 대왕은 화성 능행을 많이 하면서 수천 건의 백성들의 억울함을 풀어주기도 하였죠)으로 임금에게 직접 호소하기도 하였습니다.

▷ 가이드 : 이곳은 한성부입니다. 조선의 서울이었던 한양의 행정, 치안을 맡은 기관으로 지금의 서울시청이라고 볼 수 있죠. 이곳은 춘추관입니다. 역사서의 편찬, 보관을 맡은 기관으로 지금의 국가기록원이라고 할 수 있죠. 그리고 춘추관 아래에 설치된 실록청에서는 실록 편찬을 담당하였습니다. 이곳은 성균관에서 유생들이 공부를 하고 있는 모습을 묘사하고 있습니다. 성균관은 국가 최고 교육 기관으로 국가 통치에 필요한 인재를 양성하는 역할을 하였습니다.

■ 조선의 지방 행정조직

　　　　　　　　　조선은 전국을 8도로 나누고, 약 330여 개의 군현을 두었습니다. 고려 때까지 있었던 속현, 향, 부곡, 소는 모두 없어지고 일반 군현이 되어 모든 군현에 수령이 파견되었습니다. 중앙집권 체제가 완성되어 있었죠. 다음은 조선의 지방관이었던 수령, 관찰사, 암행어사와 지방 향리인 아전들의 가상 대화를 통해 조선의 지방 행정조직에 대해 살펴보겠습니다.

● 수령 : 각 도 아래에는 인구수와 면적 등을 기준으로 부, 목, 군, 현으로 나누고, 부사, 목사, 군수, 현령(현감) 등의 수령을 파견하였습니다. 군현 아래에는 면이 있었고, 그 아래에는 리가 있었습니다. 리는 몇 개의 자연 촌락으로 이루어졌죠. 이를 면리제라고 합니다. 면, 리에는 토착 주민들 중에서 책임자를 뽑아 수령을 보좌하도록 하였습니다. 수령은 왕의 통치를 대신하는 지방관으로 지방의 행정, 사법, 군사권을 가지고 있었

죠. 특히 민사에 관한 재판은 관찰사, 수령 등 지방관이 자신의 관할 구역 내의 사건을 처리하였습니다. 만약 재판에 불만이 있을 때에는 다른 관청, 상부 관청에 소송을 다시 제기할 수도 있었습니다.

● 관찰사 : 8도에는 관찰사를 파견하였는데, 관찰사는 백성들의 생활을 살피고 수령들을 지휘·감독하였죠. 파견된 도의 감찰권, 행정권, 사법권, 군사권이 집중된 중요한 직책이었습니다.

● 암행어사 : 이러한 공식적인 통치조직 이외에도 임금께서는 수시로 암행어사를 지방에 파견하여 백성들의 생활을 살피고 수령을 지휘·감독하기도 하였습니다.

● 향리 : 조선시대에 우리들은 수령을 보좌하며 행정실무를 처리하는 아전(이방 아시죠? 형방, 호방 등등)으로 격하되었습니다. 고려 때 향리는 문과를 보아 중앙 관리로 진출할 자격이 있었지만 조선의 향리는 문과를 보는 것이 금지되어 중앙 관리가 될 수 없고, 집안 대대로 아전을 세습하게 되었어요.ㅠ.ㅠ

향촌은 중앙과 대칭되는 개념입니다. 즉 지방이죠. 향은 군현 단위를 말하고, 촌은 촌락, 마을을 말합니다. 조선은 향촌사회의 자치를 허용하여 유향소(향청)가 있었습니다. 유향소는 수령을 보좌하고(수령은 임기가 5년이 넘을 수 없었고, 자신의 연고지-고향, 거주지-에 임명될 수 없었기 때문에 그 지방의 사정을 잘 알지 못했죠. 그러니까 그 지방의 사정을 잘 알고 있는 양반들이 수령을 돕는다는 뜻이죠), 향리를 감찰하며(백성들을 직접 상대하며 세금을 걷는 등 백성들의 생활에 강한 영향력을 갖고 있는 향리들을 견제하여 지방 양반들의 지위를 강화하려 했던 것이죠), 향촌사회의 풍속을 바로 잡기 위한 기구였죠(지방 사회를 양반들이 잘 통제하겠다는 것이죠). 즉 지방 양반들이 향촌 자치에 참여할 수 있는 기구입니다.

중앙 정부는 유향소를 통제하기 위해 경재소를 설치하였습니다. 경재소는 경저리(이들은 각 지방 출신 중앙 관리들로 자기 고향과 정부 사이의 연락을 맡았죠)들이 자신의 연고지(출신 고향)와 연락 업무를 하며 연고지의 유향소를 통제하였던 것입니다. 이렇게 조선은 유향소로 향촌 자치를 허용하면서도 경재소를 통하여 중앙집권을 하였던 것입니다.

이렇듯 향촌사회를 이끌었던 것은 지방 양반들이었습니다. 지방 양반들은 향안(지방 양반들의 명단)을 작성하고, 향회(지방 양반들의 총회)를 통하여 자신들의 결속을 강화하고, 지방 백성들을 통제하였는데, 향회의 운영 규칙을 향규라고 합니다. 향안, 향회, 향규를 통해 지방 양반들은 자신들의 지위를 강화하고자 하였습니다. 지금도 같은 학교 출신들끼리 동창회를 하는 경우가 있죠. 동창회가 유지되기 위해서는 우선 동창회 명단이 있어야죠. 그리고 동창회 일을 맡아서 할 사람들을 임원으로 뽑고, 동창회를 운영할 규칙도 만들죠. 그리고 동창회 모임을 통해 만난 같은 학교 출신들끼리 서로서로 도우면서 뭉치고 힘을 키우려고 합니다. 같은 학교 출신들끼리 뭉쳐서 자신들의 지위를 강화하려는 것입니다. 이와 비슷하게 지방 양반들이 자신들의 지위를 강화하기 위하여 향안, 향회, 향규를 이용하였던 것입니다.

촌락은 자연촌으로 존재하면서 동, 리로 편제된 조직입니다. 조선 초기에는 면리제(자연촌 단위의 몇 개의 리를 면으로 묶음)를 통하여 촌락을 지배하였고, 17세기 중엽 이후에는 오가작통제(다섯 집을 하나의 통으로 묶고, 통수를 책임자로 하여 다섯 집을 관리하도록 함)를 통하여 촌락을 지배하였죠. 양란 이후 느슨해진 향촌사회를 더욱 촘촘하게 관리하기 위한 것이었습니다. 대개의 촌락은 서로 인척관계인 2~4개의 씨족이 거주하였는데, 양반, 평민, 천민 등 여러 신분이 섞여 살았습니다. 그러나 양반들끼리 거주하는 반촌도 있었고, 평민들끼리 거주하는 민촌이 있기도 하였습니다.

■ 조선의 군역제도와 군사조직

조선시대의 군사제도에 대해 어느 농민의 가상 일기를 통해 살펴보겠습니다.

"나는 농민이다. 16세 이상 60세 미만의 모든 양인 남자는 군역을 지는 것이 의무이다. 양인의 대다수는 농민이다. 그러니까 나를 포함한 양인은 현역 군인인 정군이 되거나 정군의 비용을 부담하는 보인(봉족)이 되어야 한다. 현역 군인인 정군은 군사 훈련을 받느라고 농사도 못 짓고 돈을 못 버니까 보인들에게 정군의 비용을 부담하게 하는 것이다. 그러나 양인 중에서도 군역을 면제받는 사람들이 있다. 현직 관료, 향리는 국가의 행정을 맡고 있는 사람들이므로 면제를 받는다. 또 학생은 공부를 한다는 명분으로 면제를 받는다. 그러니까 현직 관료, 학생은 한마디로 양반들이고, 향리는 중인들이다. 즉 양반, 중인을 제외한 평민 즉 나 같은 농민들만 군역의 의무를 지는 것이다. 양반, 중인들은 다 빠지고, 정말 짜증난다. 그러나 양반 중에서 종친(왕족), 외척(왕의 외가), 공신, 고급 관료의 자제는 고급 특수군에 편입되어 군역을 대신한다. 종친, 외척, 공신, 고급 관료는 양반 중에서도 제일 잘나가는 사람들이다. 즉 사회 지도층으로서 국방의 의무를 지는 모범을 보이는 것이다. 그나마 이들이 모범을 보이니 다행이다.

정군은 수도인 한양이나 국경 요충지에서 근무를 한다. 일정 기간 교대로 복무하는데, 복무 기간에 따라 품계를 받는다. 군대는 크게 중앙군과 지방군으로 나누는데, 중앙군인 5위는 궁궐 수비와 수도 방어를 맡은 군대들이다. 5위의 군인들은 정군, 갑사(직업 군인), 특수병으로 구성되어 있다. 그리고 지방군은 육군과 수군으로 구성되어 있는데, 수군은 칠반천역(조선시대에 천한 계급이 종사하던 7가지 천한 구실) 중 하나로서 바다에서 배를 타고 훈련하는 등 매우 힘들고 위험하기 때문에 사람들은 수군이 되는 것을 모두 기피한다. 또 현역 군인이 아닌 예비군으로는 잡색군이란 것이 있는데, 말 그대로 잡색이다. 서리, 잡학인, 신량역천인, 노비 등 잡다한 계층을 소속시켜 평상시에는 생업에 종사하다가 전쟁 등 유사시에 동원되는 일종의 예비군이다.

국방을 위해서는 교통·통신 체계도 중요하다. 전쟁이 나면 전쟁을 지휘할 중앙 정부와 각 지방의 연락이 제일 중요하니까. 먼저 봉수제는 외적의 침략 등 군사적인 위기를 중앙에 신속히 전달하기 위한 통신체계이다. 산꼭대기에 있는 봉수대에서 봉화를 올려 빠른 시간 안에 위급 상황을 알릴 수 있는 제도이다. 또 역참은 물자 수송, 통신 전달을 위한 교통체계인데, 길 중간 중간에 말을 바꾸거나 사람들이 밥을 먹고 잠을 잘 수 있는 곳이다. 봉수대에서 일하는 봉수군과 역참에서 일하는 역졸들 역시 칠반천역에 속하여 모두 기피한다. 그나마 칠반천역이 아닌 것이 얼마나 다행인지 모르겠다."

■ 조선의 관리 등용제도와 교육

조선에서도 과거를 보아 관리들을 뽑았습니다. 과거는 크게 문관을 선발하는 문과, 무관을 선발하는 무과, 기술관을 선발하는 잡과의 3종류가 있었죠. 조선시대의 관리 등용제도에 대해 어느 양반의 가상 일기를 통해 살펴보겠습니다.

"나는 양반이다. 과거에 합격하여 관리로 등용되는 것이 꿈이다. 문과는 3년마다 정기적으로 실시하는 식년시가 있고, 부정기적으로 큰 경사가 있을 때 실시하는 증광시, 임금께서 문묘에 가서 제례를 올릴 때 성균관 유생들을 대상으로 실시하는 알성시 등이 있다. 관리가 되기 위해서는 먼저 공부를 열심히 해야 했다. 초등 교육 기관이라고 할 수 있는 서당을 다니고, 좀 더 높은 수준의 공부를 하기 위해서는 서울의 4부 학당이나 지방 각 군현에 있는 향교를 다니기도 했다. 4학은 공립학교로 중학·동학·남학·서학을 말하고, 향교는 부·목·군·현에 각각 하나씩 세워진 일종의 지방 공립 학교였다. 이렇게 공부하여 어느 정도 실력이 되면 소과에 합격하여 생원이나 진사가 되어야 한다. 그래서 소과에 합격한 양반들에게는 김 진사, 이 생원이라고 부르기도 한다. 즉 진사, 생원은 소과 합격자들을 말하는 것이다. 진사, 생원이 되면 성균관에 들어가서 공부를 더하며 문과를 준비할 수도 있고, 바로 문과에 응시할 수도 있다. 또는 바로 하급 관리가 될 수도 있다. 조선시대 국립대학의 역할을 한 것은 성균관이다. 성균관에는 대개 소과에 합격한 생원, 진사가 입학하여 준비하였다. 이렇게 뽑힌 소과 합격자들을 대상으로 한 초시에서 각 도의 인구 비례로 1차 합격자들을 뽑고, 2차 시험인 복시에서 33명을 선발한 후

3차 시험으로 임금님 앞에서 보는 시험인 전시를 본다. 이 시험에서 1등에서 33등까지의 순위를 결정한다. 이때 받은 등수에 따라 관직 생활이 달라졌기 때문에 누구나 장원급제를 하고 싶어 한다.

그야말로 관리가 된다는 것은 하늘의 별 따기만큼 어려운 일이다. 그러나 과거를 보지 않고도 관리가 될 수 있는 방법들이 있기는 하다. 고관의 추천을 받는 천거나 고관의 자손이 아버지 힘으로 되는 음서가 있다. 그러나 천거는 대개 기존의 관리를 대상으로 하였기 때문에 벼슬 경력이 없던 사람이 천거되는 경우가 거의 없다. 이미 검증이 된 사람을 천거를 통하여 관리로 등용하는 것이다. 음서 역시 고려시대에 비해 특권을 갖는 대상자가 3품 이상으로 제한되어 고려시대의 5품 이상에 비해 대상자가 크게 줄었다. 그리고 음서 출신은 낙하산이라고 손가락질당하고 무시당하기 때문에 고위 관리로 승진하는 것이 거의 불가능하다. 그래서 다시 과거를 준비하는 경우도 있다고 한다. 이렇게 우리 조선은 고려시대에 비해 보다 더 능력을 중시하는 사회가 된 것이다.

과거에 합격한 후 관리가 되면 중요한 인사 원칙이 있다. 같은 부서에 가까운 친인척이 근무하지 못하도록 하거나 자신의 출신 지역에 지방관으로 임명되지 않도록 하는 제도를 상피제라고 한다. 즉 친인척끼리 같은 부서에서 근무하면 권력의 집중으로 부정부패가 일어날 가능성이 크고, 자신의 고향에서 지방관이 되면 가까운 친지들의 온갖 청탁을 받게 될 가능성이 크기 때문에 이러한 권력의 집중, 부정, 비리를 막기 위한 제도이다. 또 5품 이하 관리들은 3사의 동의, 즉 서경을 거쳐 등용하도록 하여 인사를 공정하게 하는 것이 원칙이다. 만약 불공정한 인사가 이루어지면 3사에서 들고 일어나 반대하기도 한다. 또 고위 관리는 하급 관리들의 근무 성적을 평가하는데, 이를 근거로 승진을 시키거나 좌천시키기도 한다. 즉 근무 성적이 좋은 관리는 높은 직급으로 보내고, 근무 성적이 나쁜 관리는 낮은 직급으로 보낸다. 나도 열심히 공부하여 과거에 합격해서 출세해야겠다.ㅋㅋ"

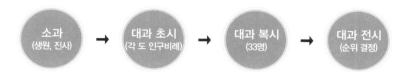

2.
응답하라
조선 전기의 경제와 문화

■ 조선 전기의
토지제도

고려 말 토지개혁에 의해 과전법이
마련된 이후 조선은 관리들에게 과전을 지급하였습니다. 과전은 고려 때
전시과처럼 수조권을 지급한 토지로서 한양 주변 경기 지방의 토지로 지
급하였는데, 관리가 죽거나 반역을 하면 국가에 반납하는 것이 원칙이었
습니다. 경기 지방에 한정되어 있었고, 관직에서 물러나도 죽기 전까지는
토지를 반납하지 않았기 때문에 토지는 더 빨리 부족해졌습니다. 게다가
관료가 사망하면 남은 유가족들의 생계 대책을 마련해주기 위해 수신전
(죽은 관료의 과부에게 지급된 토지), 휼양전(죽은 관료의 유자녀에게 지급된 토지) 등
으로 다시 일부 토지를 지급하여 세습이 가능하였고, 공신전(공신들에게
지급된 토지)도 세습이 되었습니다.

이렇게 세습이 되면서 신진 관료들에게 지급해야 할 토지가 부족해
지자 국가에서는 토지제도를 바꾸게 되었는데, 이것이 바로 직전법입니
다. 15세기 후반 현직 관리에게만 수조권을 지급하는 직전법으로 바꾸었

죠. 이렇게 되자 관리들은 퇴직 후에도 먹고살 재산을 마련하기 위해 현직에 있을 때 과다하게 세금을 거두는 폐단이 발생하였습니다(원래는 생산량의 10분의 1을 거둠). 이러한 폐단을 시정하기 위해 성종 때 다시 법을 바꾼 것이 바로 관수관급제입니다. 지방 관청이 주관하여 매년 생산량을 조사하여 10분의 1을 조세로 거두어 관리들에게 지급하였죠. 세금을 과다하게 거둘 수 없도록 관리가 직접 걷지 못하게 한 것입니다. 그리고 16세기 중엽 명종 때는 아예 수조권 체제를 폐지하고 녹봉만 지급하는 녹봉제로 바꾸었습니다. 그래서 관리들이 수조권을 이용하여 농민들을 지배하는 체제가 완전히 사라지고, 국가의 토지 지배권이 강화되었습니다.

이 외에도 조선 전기의 양반들은 대개 200~300마지기(4만~6만 평)에서 2,000마지기(40만 평) 이상의 개인 소유지를 갖고 있었습니다. 토지의 규모가 매우 큰 농장을 소유했던 셈이지요. 양반은 토지를 자신의 노비에게 경작시키거나 소작농에게 땅을 빌려주어 농사짓게 하고 병작반수로 생산량의 절반을 거두었습니다. 이러한 농장은 15세기 후반 직전법이 나타나면서 더욱 증가하였는데 18세기 말에는 지주전호제(지주가 소작농에게 땅을 빌려주어 농사짓게 하고 병작반수로 생산량의 절반을 거두는 형태)가 일반화되었습니다.

구분	과전법	직전법	관수관급제	녹봉제
대상	전현직 관리		현직 관리	
지급	관리가 직접 수조권 행사		지방 관청이 거두어 지급	국가가 녹봉 지급

■ 조선 전기의 조세제도

　　　　　　　　　　　　　　　조선시대 초기에는 과전법에 의해 10분의 1을 전세로 거두었습니다. 그리고 세종 때 토지 비옥도에 따라 6등급으로 나눈 전분 6등법, 풍흉의 정도에 따라 9등급으로 나눈 연분 9등법이 만들어졌습니다. 그래서 1결당 최하 4두(24리터)에서 최고 20두(120리터)를 거두었죠. 그러나 너무 복잡했기 때문에 대개 1결당 4두를 거두었습니다.

　그러나 전세보다 더 부담스러운 세금은 공물이었습니다. 중앙 관청에서 각 군현에 특산물의 액수를 할당하면 각 군현은 집집마다 특산물을 할당하여 걷었습니다. 또 매년 거두는 상공과 수시로 거두는 별공이 있었습니다. 농민들이 내는 세금 중 가장 부담스러워했던 것이 바로 이 공물입니다. 왜냐하면 납부 기준에 맞는 품질과 수량을 준비하기 어려웠기 때문이죠. 그래서 조선시대에는 다른 지역에서 사다가 납부하기까지 하였습니다. 그리고 이러한 상황을 이용하여 폭리를 얻는 나쁜 인간들이 나타났습니다. 바로 방납의 폐단이랍니다. 중앙 관청의 서리가 백성들이 낼 공물을 대신 내고 그 대가로 엄청난 이익을 챙기는 것입니다.

　중앙 관청의 서리가 그 지방의 특산물이 아닌 공물을 내라고 각 군현에 할당하면 그 지방에서는 구할 수 없는 물건이니까 어떻게 구하냐고 나오게 되어 있습니다. 그럼 서리들이 "내가 대신 구해줄게." 하고 나오는 거죠. 그리고 백성들에게는 "이거 구하는 거 엄청 어려웠거든. 돈 엄청 들어갔어. 야, 빨리 돈 모아 와!"라고 사기를 쳤습니다. 그래서 실제 들어간 비용의 3~4배는 기본이고 10배 이상 받아먹는 경우도 많았습니다. 이렇게 공물의 부담이 너무 심해지자 농민들이 도망을 하게 되었고, 그 몫을 이웃이나 친척에게 대신 내게 하는 인징(隣徵, 도망자의 공물을 이웃에게 징수), 족징(族徵, 도망자의 공물을 친척에게 징수)이 나타났죠. 인징·족징 때문에 더욱 부담이 늘어난 농민들이 또다시 도망을 가는 악순환이 되풀이되면서 방납의 폐단은 더욱 심화되었습니다.

방납의 폐단을 해결하는 방법은 사실 간단하였습니다. 앞에서 살펴본 것처럼 특산물을 거둘 때 중간에서 농간을 부리는 일들이 발생하므로 아예 처음부터 공물을 쌀로 거두면 중간에서 농간을 부리는 일들이 사라질 것이기 때문이었죠. 그래서 공물을 특산물로 걷지 않고 쌀로 거두는 수령이 나타나기도 하고, 이이, 유성룡 등은 국가에서 공물을 아예 쌀(米)로 거두자(收)는 수미법(收米法)을 주장하기도 하였습니다.

또한 조선에서는 16세에서 60세 미만까지의 남자들에게 군역(군대 가는 것)과 요역(각종 건설 공사에서 노동하는 것)을 징발하였죠. 그러나 16세기부터 농민들은 요역 동원을 기피하게 되었습니다. 어쩔 수 없이 국가에서는 군인들에게 요역을 시키게 되었고, 농민들은 군역도 기피하게 되었죠. 게다가 장기간의 평화가 지속되면서 군역의 기피는 더욱 심해졌습니다. 관청이나 군대에서 군역에 복무해야 할 사람에게 포(옷감으로 화폐의 역할을 하였죠)를 받고 군역을 면제해주는 방군수포(포를 수납하고, 군역에서 방조해주는 것이죠. 관청, 군대에서 돈이 부족하니까 군대 가기 싫어하는 사람들에게 불법적으로 포를 받아 썼어요), 다른 사람에게 돈을 주고 군역을 대신하게 하는 대립(대신 세운다는 뜻이죠. 군대에 가면 고생하니까 가기 싫은 사람들이 가난한 사람들에게 돈을 주고 대신 군대에 가게 하는 것이죠)이 불법적으로 이루어졌습니다.

이러한 불법을 합법화한 것이 바로 군포징수제였습니다(지금은 발코니 확장이 합법화되었지만 예전에는 불법이었습니다. 그러나 확장 공사를 안 한 집이 거의 없을 정도였죠. 즉 많은 국민들을 불법을 저지르는 범죄자로 만드는 상황이었기 때문에 아예 합법화하였던 것입니다). 아예 군포를 징수하고 군역을 면제시켜주었죠. 한 마디로 노동력을 징발하는 군역이 포를 걷는 세금이 되었던 것입니다.

그러나 이 군포세의 부담이 너무 커서 도망가는 사람들이 많아졌습니다. 아까 공물에서 배운 것처럼 도망간 사람들의 몫을 남아 있는 사람들에게 인징, 족징으로 거두었죠. 다른 사람들의 도망으로 더욱 부담이 커지자 사람들은 또 도망가게 되고, 그 부담은 남은 사람들에게 또다시 돌아가는 악순환이 계속되었습니다. 이렇게 군역체제가 엉망이 되면서 조선의 군사력은 크게 약화되었고, 결국 임진왜란 초기에 조선군은 급속도로 무너지죠.

■ 조선의 농본주의 경제 정책

조선에서는 유교적 민본 사상에 따라 농업을 가장 중시하였습니다. 그래서 농번기(농사일이 빈번한 시기)에 잡역을 면제하여 농업에 전념하도록 하였고, 자연재해를 입은 농민에게는 그 피해 정도에 따라 조세, 부역을 깎아주었습니다. 조선은 건국 초부터 토지 개간을 장려하고 양전(토지 조사) 사업을 실시하여 고려 말에 50만여 결이 15세기 중엽에는 160만여 결로 증가했습니다.

조선 초기에는 농업과 민생 안정을 중시하는 정책에 따라 농업 서적들이 많이 편찬되었습니다. 먼저 『농사직설』은 조선 세종 때 정초 등이 편찬한 우리나라 최초의 농서인데, 농민들이 실제로 씨앗을 저장하고, 모내기한 경험 등을 종합한 농사법을 기록하였습니다. 성종 때 강희맹은 『금양잡록』이란 농서를 편찬하였습니다.

■ 조선 전기의 상업, 무역, 수공업 활동

조선은 유교사회였습니다. 그래서 경제관 역시 유교적이었습니다. 상업 활동을 국가의 통제 없이 자유롭게 맡겨 두면 소비가 많아지면서 사치, 낭비가 심해지고 농민들이 농업을 포기하고 많은 돈을 벌 수 있는 상업을 하게 된다고 생각하였습니다. 그렇게 되면 결국 농업이 몰락하게 되어 빈부 격차가 더욱 심화된다고 여겼죠. 그래서 조선 정부에서는 사치, 낭비를 억제하고, 검소한 생활을 할 것을 장려하였습니다. 또 사(선비), 농(농민), 공(수공업자), 상(상인)의 직업적인 차별을 하여 상공업자들이 천한 대우를 받으며 차별당하였습니다. 게다가 도로나 교통수단도 별로 없었기 때문에 유통 경제 발달이 매우 어려웠습니다. 이러한 상황 때문에 결론적으로 조선은 상공업 활동이 매우 부진한 자급자족적 농업 중심 경제였다고 할 수 있습니다.

조선은 건국 후 개경에서 활동하던 시전 상인들을 한양으로 옮기게 하여 종로 거리 상점가에서 장사하게 하고 점포세, 상세를 거두었고, 경시서를 설치하여 상행위를 통제하였습니다. 시전 상인은 특정 상품에 대한 독점 판매권을 갖고 있었는데, 그 대가로 나라(왕실, 관청)에 물품을 공급하였습니다. 이들 중 가장 장사가 잘 되었던 점포들을 육의전이라 하는데, 명주, 모시, 삼베, 무명, 종이, 어물을 파는 점포들을 말합니다.

장시는 지방 백성들의 교역 장소였습니다. 농민, 상인, 수공업자들이 일정한 날짜와 장소를 정하여 장시를 열어 물물교환을 하였죠. 15세기 말 남부 지방에서부터 열리기 시작하여 16세기 중엽에는 전국적으로 확대되었고, 18세기 중엽에는 전국에 1,000여 개소가 열릴 정도로 발달하였습니다. 장시는 보통 5일마다 열렸는데(그래서 5일장이라고 하죠), 하나의 지역적 시장권(가까운 지역에서 열리는 장시들과 연결된 네트워크)을 이루었습니다. 한 장시에서 5일마다 장이 열려도 인근의 장시들 역시 시차를 두고 5일마다 열리기 때문에 마음만 먹으면 매일 매일 주변 지역의 장시에 가서 상행위를 할 수 있었죠.

조선 초기에 정부에서는 저화(지폐), 조선통보 등을 유통시키려 하였으나 잘 쓰이지 않았고, 일반적으로 쌀과 무명이 화폐 역할을 하였습니다. 상업 활동의 발전과 함께 명, 여진, 일본과의 무역도 활발하였습니다. 명과는 사신이 왕래할 때를 이용하여 공무역과 사무역을 하였고, 여진과는 무역소를 통하여 무역을 하였습니다. 일본과는 왜관(동래에 위치)을 통하여 무역을 하였죠.

조선 전기에는 기술자를 공장안에 등록시켜 관청에 속하게 하고 수공업 제품을 만들게 하였습니다. 기술자들은 자신의 책임량을 다 채우면 나머지 생산품은 국가에 세금을 내고 팔아서 돈을 벌어 생활하였죠. 또 부역 동원 기간 이외에도 개인적으로 만든 물품을 팔아서 돈을 벌었습니다. 또 민영 수공업자들은 농기구, 양반의 사치품 등을 생산하였고(농기구는 전국 곳곳의 농민들이 필요한 도구였기 때문에 마을마다 농기구를 만들고 수리하는 민영 수공업자들이 필요하였죠. 또 조선은 유교 국가이고, 유교에서는 사치와 향락을 나쁘게 생각하였죠. 즉 관청에서 공식적으로 사치품을 만들지 않으니까 양반들에게 필요한 사치품들은 민영 수공업자들이 만들었던 것이죠), 가내 수공업에서는 무명(고려 말 문익점이 목화씨를 들여오면서 조선 초부터 목화 재배가 많이 이루어져 무명이 생산되기 시작하였죠), 삼베, 모시, 명주 등 주로 옷감을 생산하였습니다.

■ 세종대왕의 최고 업적은
  한글 창제

우리나라는 오랜 기간 한자, 이두, 향찰을 사용하였지만 우리 고유의 문자가 없어서 우리말을 자유롭게 표현할 수 없었습니다. 이러한 필요성을 인식한 세종은 훈민정음을 만들어 반포하였습니다(1446). 한글 창제 후 조선 정부는 한글이 널리 쓰이도록 하기 위하여 『용비어천가』, 『월인천강지곡』, 불경, 농서, 윤리서, 병서 등을 한글로 지어 간행하였습니다. 『용비어천가』는 왕실의 조상들을 칭송한 글이었죠. 한글 창제에 반대하는 세력들에게 더 이상 반대할 수 없도록 한글에 왕실의 위상을 더하여 한글의 위상을 높여주었던 것입니다. 『월인천강지곡』이나 불경들을 한글로 간행한 이유는 당시 백성들이 불교를 많이 믿었기 때문입니다. 유럽에서도 종교개혁을 계기로 성경이 각국의 고유 언어로 번역되면서 문자가 보급되고 문화가 발전하였습니다. 이와 비슷한 이유로 한문을 모르던 불교 신자들에게 한글로 된 불경은 불교를 새롭게 이해할 수 있는 계기가 되었고, 한글 보급이 더욱 가속화되었던 것입니다.

또한 윤리서, 농서, 병서는 백성들에게 유교 윤리를 보급하고, 농업 기술을 빠르게 전파하며, 군사훈련과 전쟁 대비 등을 더욱 효율적으로 하기 위해 한글로 간행되었습니다. 세종 때 유교 윤리를 보급하기 위하여 편찬한 『삼강행실도』가 대표적입니다. 충신, 효자, 열녀 등의 본받을 만한 행동을 그림으로 그리고 그에 대한 설명을 한글로 기록하여 이해하기 쉽게 만들었습니다. 그리고 백성들을 직접 상대하는 행정 실무 관리자인 서리들이 한글을 사용하게 하기 위하여 서리 채용 시험에 훈민정음 문제를 출제하기도 하였습니다. 백성들이 한글을 사용하는데 백성들과 상대하는 서리들이 한글을 읽고 쓰지 못하면 안 되잖아요? 그래서 서리들의 한글 사용 능력을 평가하여 한글을 읽고 쓰도록 만들었던 것입니다.

★ 영화와 드라마로 역사 읽기 – 드라마 「뿌리 깊은 나무」

세종이 훈민정음을 만든 가장 큰 이유는 조선 한자음의 혼란 문제를 해결하고 백성들을 교화하여 양반 지배체제를 유지하기 위해서였습니다. 한자는 중국 발음을 표현한 문자이기 때문에 우리가 사용하는 한자 발음은 우리나라 사람들이 들리는 대로 쓴 것입니다. 그래서 같은 한자에 대해서 다르게 발음하는 경우가 많았습니다. 이러한 혼란을 없애기 위해서는 우리의 문자를 만들어 한자 발음의 기준을 정해야 했던 것입니다. 또한 피지배층은 한자를 배우기 어려웠기 때문에 지배층이 한자로 교화하려고 해도 할 수가 없었죠. 그래서 지배층이 피지배층을 교화하기 위해서는 피지배층도 쉽게 배울 수 있는 문자가 필요했습니다. 이러한 필요성을 인식한 세종은 훈민정음을 만들어 반포하였습니다(1446).

드라마 「뿌리 깊은 나무」는 이정명의 동명소설을 각색한 드라마입니다. 세종이 훈민정음을 창제하는 과정에서 이를 방해하기 위한 세력과의 대결을 그린 작품입니다. 특히 한글을 전혀 모르던 주인공들이 한글을 하루도 안 되어 배울 수 있다는 사실을 알고는 엄청난 충격을 받습니다. 한글은 글자 수가 적고, 글자를 만드는 원리가 매우 과학적이고 간단하여 누구나 쉽게 배우고 쓸 수 있는 훌륭한 문자입니다. 표현 못하는 소리가 없을 정도죠. 심지어는 '뷁'도 표현하니까요.ㅋㅋ 한글은 특히 현대 정보화사회에 적합한 문자입니다. 우리나라 사람들이 인터넷 채팅, 문자 메시지 쓰기를 잘할 수 있는 이유도 바로 한글이 있기 때문이죠. 예를 들어 중국이나 일본어에는 한자를 섞어 써야 하기 때문에 일단 영어 알파벳을 쓰고 일일이 한자로 바꿔줘야 합니다. 우리가 10초면 쓸 것을 그들은 1분 이상 걸리는 것이죠. 정보화는 속도가 중요하기 때문에 우리 한글이 가장 적합한 글자라고 할 수 있습니다.

이 드라마에는 세종의 한글 창제를 방해하는 세력으로 '밀본'의 정기준이란 인물이 나옵니다. 정기준은 정도전의 조카로 정도전의 재상 중심 체제를 실현하기 위해 자신의 정체를 숨기고 밀본을 이끄는 가상의 인물입니다. 그런데 세종이 한글을 비밀리에 창제하고 있다는 것을 알고, 이를 방해하는 과정에서 세종이 문자 권력을 백성들에게 주려고 하는 의도를 알게 되죠. 정도전 역시 민본주의에 따라 재상 중심 체제를 주장하였지만 진정으로 민본주의를 실천한 것은 세종이었습니다. 지배층의 수탈과 억압에 대항할 수 있는 한글이란 무기를 백성들에게 준 것이죠. 지배층 사대부의 대표라고 할 수 있는 정기준 역시 이러한 위험성을 세종에게 경고하였고, 세종 역시 한글을 반포하는 것에 대해 고민합니다. 실제로 세종대왕이 백성들에게 문자 권력을 주기 위해 한글을 창제하려 한 것은 아니었을 겁니다. 그러나 그 의도와 상관없이 세종대왕은 우리 민족의 문화와 민주주의의 발전, 그리고 현대사회의 정보화 발전에 큰 영향을 주었다고 할 수 있습니다.

■ 조선의 역사 편찬과 민족문화

조선 역시 건국 초부터 실록(국왕이 죽으면 이어서 즉위한 국왕 때 실록청을 설치하고 사초, 시정기 등을 중심으로 정리하여 편년체-연대순으로 역사를 서술하는 형식-로 편찬하였습니다)을 편찬하였습니다. 그리하여『태조실록』부터『철종실록』까지 편찬되었는데,『조선왕조실록』은 현재 세계기록문화유산으로 지정되어 있습니다.

태조 때 정도전은『고려국사』를 편찬하였습니다. 고려는 망할 나라였으니까 망하였고, 조선이 건국된 것은 당연하다는 주장이 핵심이었습니다. 정도전 등 혁명파 신진사대부들이 주도한 조선 건국을 합리화하기 위한 목적이었던 것이죠. 15세기 중엽에는 기전체로 쓰인『고려사』와 편년체로 쓰인『고려사절요』를 편찬하여 고려시대의 역사를 재정리하였습니다. 또 성종 때 편년체 통사(단군부터 고려 말까지)로『동국통감』이 간행되었고, 16세기에는 박상의『동국사략』등이 편찬되어 사림들의 중국 중심 역사관을 보여주기도 하였습니다. 사림들은 성리학적 명분론에 입각한 역사관, 즉 중국 중심 역사관을 갖고 있었죠.

조선 태종 때 만들어진「혼일강리역대국도지도」라는 세계지도가 있습니다. 현재까지 남아 있는 것 중 동양에서 가장 오래된 세계지도이죠. 세종 때「팔도도」라는 전국지도(압록강 이북까지 상세히 기록)가 만들어졌고, 세조 때「동국지도」를 완성하였습니다. 16세기에 만든 지도 중에는「조선방역지도」가 대표적입니다. 또한 세종 때 편찬된『신찬팔도지리지』, 성종 때 편찬된『동국여지승람』, 중종 때 보충하여 편찬된『신증동국여지승람』도 우리나라의 인문지리적 지식의 수준이 높았음을 보여줍니다. 조선 시대에 들어와 금속활자는 더욱 개량되어 태종 때에는 주자소를 설치하여 계미자를 주조하고, 세종 때에는 갑인자를 주조하였습니다. 조지서(종이를 생산하는 관청)에서는 여러 가지 종이를 대량 생산하였습니다.

조선은 불교에 비판적이었던 신진사대부들이 세운 나라였기 때문에 불교를 억압하였습니다. 조선은 초기부터 사원이 소유한 많은 땅과 노비를 몰수하여 불교를 경제적으로 약화시켰습니다. 또한 승려로 출가하는 것을 제한하여 불교계를 위축시키려고 도첩제를 실시하였습니다. 도첩이라는 승려 자격증이 없으면 승려가 될 수 없어 승려의 숫자가 늘어나는 것을 막았던 것입니다. 세종 때에는 선종 사원과 교종 사원을 합해 36개만 인정하고 나머지 절들은 인정하지 않음으로써 불교 세력이 위축되었습니다. 이와 달리 세조 때는 간경도감을 만들어 불경을 한글로 간행하는 등 일시적이나마 불교가 중흥기를 맞이하였습니다. 그러나 성종 때 이후로는 사림들이 다시 불교를 공격하여 산간 불교(지금도 산에 가면 절이 많

이 있죠? 절이 산속으로 쫓겨났기 때문입니다)로 **쫓겨났습니다.** 명종 때에는 문정 왕후(명종의 어머니로 명종이 어린 나이에 즉위하자 수렴청정을 하며 정권을 잡았죠. 드 라마 「여인천하」에서 중종의 중전이자 명종의 어머니가 문정왕후입니다)의 적극적인 지원으로 승려 보우가 중용되고 승과가 부활되었습니다. 이후 16세기 후 반에 휴정(서산대사) 등의 고승이 나타나고, 임진왜란 때는 승병들이 일본 군에 맞서 싸우는 등 크게 활약하였습니다.

조선은 유교의 나라였기 때문에 도교를 억압하였습니다. 도교 사원 이 없어지고 도교 행사도 줄어들었습니다. 그러나 국가에서는 소격서를 설치하여 제천행사를 열고, 강화도 마니산 참성단에서 초제를 열어 일월 성신(해·달·별)에 대하여 제사를 지냈습니다. 또한 평양에는 단군 사당이 세워지기도 했습니다.

풍수지리설과 도참사상은 태조 이성계의 조선 건국과 한양 천도에도 이용되었기에 이후에도 중요시되었습니다. 그리고 불교식으로 화장하던 고려의 풍습이 조선에 들어서는 묘지를 쓰는 매장으로 바뀌었습니다. 사람들은 명당에 조상 묘를 써서 복을 받기 위해 명당을 선호하였습니다. 특히 양반 사대부들이 묘지를 고를 때 풍수지리설이 크게 작용하였습니다. 그래서 명당을 둘러싸고 재판까지 벌어졌던 것을 산송이라고 하는데, 당시 사회에 풍수지리설이 얼마나 큰 영향을 미치고 있었는지를 보여주는 사례입니다.

■ 조선의 천문학과 역법

조선 태조 때 고구려부터 전해 내려오는 천문도를 돌에 새겼는데, 이것을 「천상열차분야지도」라고 합니다. 드라마 「대왕 세종」에서도 묘사된 것처럼 천체관측기구로 혼의·간의가 제작되고, 시간 측정기구로 자격루(노비 출신 과학 기술자였던 장영실이 제작한 물시계로서 정밀 기계 장치와 자동으로 시간을 알려주는 장치를 갖추었습니다), 앙부일구(해시계) 등이 만들어졌습니다. 또 측우기를 만들어(1441년 세계 최초로 제작) 전국 곳곳에서 강우량을 측정하였고, 토지 측량기구인 인지의·규형을 제작하여 토지를 측량하고 지도를 만들 때 활용하였습니다. 세종 때는 당시 세계 최고 수준의 역법서인 『칠정산』을 만들어, 서울을 기준으로 천체 운동을 정확하게 독자적으로 계산하였습니다. 칠정산은 해, 달, 화성, 수성, 목성, 금성, 토성 등 일곱 천체의 위치를 계산하는 방법을 서술한 역법서입니다. 중국의 수시력과 아라비아의 회회력을 연구하여 만들었죠. 당시에 자국을 기준으로 천체 운동을 계산한 나라는 중국, 아라비아, 조선 등 세 나라밖에 없었다고 하니 얼마나 대단한 것인지 알 수 있겠죠?

해시계(왼쪽)와 측우기(오른쪽)

■ 조선의 의학과 무기 제조

　　　　　　　　　　　　조선시대에도 의료 업무를 맡은
관청인 전의감에서 의학 교육을 실시하고, 기술관을 뽑는 잡과 중에 의
원을 뽑는 의과가 있었습니다. 조선시대에는 우리나라에서 나오는 약재
와 우리나라 사람들에게 맞는 치료 방법을 기록한 『향약집성방』을 편찬
하고, 『의방유취』(의학 백과사전)도 간행되었습니다.

　드라마 「대왕 세종」에 장영실과 함께 나오는 사람 중에 최해산이란
인물이 있었습니다. 최해산은 최무선의 아들입니다. 이미 태종 때부터 최
해산은 화약무기 제조를 담당하였습니다. 드라마에서 본 것처럼 조선은
초기부터 화약무기 제조와 개발에 많은 노력을 기울였습니다. 그래서 신
기전, 화차 같은 신무기를 개발하였죠. 작은 신기전을 연속으로 쏘는 화
차는 현대의 다연발로켓과 비슷하죠. 또 영화 「신기전」에 나오는 것처럼
큰 신기전은 현대의 로켓과 거의 같다고 할 수 있습니다. 기록에 나온 그
대로 신기전을 복원하여 실험한 결과 그 위력은 로켓과 다름없었죠. 조

선 세종 때에는 이렇게 개발한 화약무기 제작 기술을 정리한 『총통등록』을 편찬하였고, 문종 때에는 우리나라의 전쟁사를 정리한 『동국병감』을 간행하였습니다. 군사훈련 지침서인 『병장도설』도 편찬되었습니다.

화차 : 신기전(사진 속 화약통을 단 화살)을 연속으로 발사했죠.

3.
응답하라
조선의 신분제와 사림의 성장

■ 조선의 신분제도

　　　　　　　조선은 법적인 신분을 양인과 천인으로만 나누는 양천제도를 실시했습니다. 양인(양반, 중인, 상민)은 과거를 통하여 관리가 될 수 있는 자격이 있는 자유민으로 조세, 공물, 역의 의무를 저야 했습니다. 이에 반해 천인은 개인 또는 국가에 종속되어 천한 일에 종사하는 비자유민이었죠. 당연히 과거에 응시할 자격이 없습니다. 그러나 실제 신분은 반상제도(양반과 상민 간의 신분적 차별을 두는 것)에 따라 양반, 중인, 상민, 천민으로 구분되었습니다. 반상제도에 따라 양인을 상부 지배층인 양반, 하부 지배층인 중인, 피지배층인 상민으로 나눈 것이죠. 천민은 그대로이고요. 이러한 신분은 엄격하게 구별되었으나 신분 이동은 가능하였습니다. 상민도 과거에 응시하여 관리가 될 수 있었으며(물론 이러한 일은 실제로 거의 없었죠), 양반도 반역죄 등 큰 죄를 지으면 형벌로 노비가 되기도 하였고, 재산을 모두 잃어버리고 중인이나 상민이 되기도 하였습니다. 다음은 조선시대 각 신분들의 가상 토론을 통해 조선시대 신분제에 대해 더 자세히 살펴보겠습니다.

● 양반 : 원래 양반은 문반과 무반을 함께 부르는 명칭, 즉 관료를 뜻하는 말이었는데, 점차 양반 관료의 일가친척들까지 양반이라 부르게 되어 신분 명칭이 되었습니다. 우리들은 조선의 지배층으로 과거를 통하여 관료가 되는 관료층이었으며, 땅을 많이 소유하고 있는 부유한 지주층이었죠. 또한 각종 국역을 면제받는 특권층이었습니다. 그래서 우리들은 기득권을 지키기 위하여 양반의 숫자가 늘어나는 것을 막기 위한 방법으로 문반·무반의 관직을 받은 자만 사족(양반)으로 인정하기도 하였습니다. 또한 중인들의 문과 응시를 금지하여 중인들이 양반으로 신분 상승하는 것을 막기도 하였습니다.

● 중인 : 우리들은 고려시대의 중류층과 같은 하급 지배층입니다. 양반과 상민 사이의 중간 계층으로 기술관만을 뜻할 때도 있습니다. 서리는 중앙 관청이나 지방 관청에서 일하는 하급 실무 관리들이고, 향리는 각 고을의 수령을 보좌하는 아전(이방, 호방 등 실무 행정을 맡은 관리)들이며, 기술관은 의관·역관 등 전문적 기술을 갖고 있는 관리들입니다.

● 서얼 : 우리들은 양반과 첩 사이에서 태어난 사람을 말하는데, 대표적인 사람이 바로 홍길동이죠. 홍길동이 아버지를 아버지라 부르지 못하고, 형을 형이라 부르지 못하는 이유가 바로 서얼이기 때문이죠. 서얼은 반쪽 양반이기 때문에 중인과 같은 신분으로 대우받았습니다. 그래서 서얼은 중서(중인 서얼)라고도 불렸습니다.

● 중인 : 우리들은 대개 직역을 세습하였습니다. 집안 대대로 서리, 향리, 기술관 등을 세습하여 하급 지배층의 신분을 유지하였죠. 우리들은 문과 응시가 금지되어 양반으로 신분 상승을 할 수 있는 기회가 거의 없었습니다. 가끔 무반직에 등용되어 양반이 되는 것 말고는 신분 상승이 불가능했죠. 또한 중인끼리 같은 신분 안에서 결혼하여 양반과 상민의

중간적 신분을 유지하였습니다. 우리들은 양반들에게 멸시와 하대, 즉 비웃음이나 욕을 먹고, 나이 어린 양반에게도 반말을 듣습니다. 정말 짜증납니다. 그러나 인구의 대부분을 차지하는 상민과 천민들에게는 하급 지배층으로서 어느 정도 영향력이 있습니다. 특히 역관들은 사신을 따라다니면서 통역을 하는 중인들인데, 개인적으로 무역을 하면서 큰 이득을 볼 수 있었죠. 그래서 조선 후기에는 역관 출신으로 큰 부자가 된 사람들도 나타났습니다. 또 향리는 수령을 보좌하면서 실제 백성들을 상대하며 세금을 부과하고 걷는 실무 행정을 맡았기 때문에 백성들에게는 큰 영향력이 있었습니다.

● 상민 : 우리들은 전체 인구의 대부분을 차지하고 있는 상민(평민)입니다. 상민의 대부분은 농민이고, 상인과 수공업자도 상민입니다. 고려시대와 마찬가지로 상민은 과거에 응시할 자격이 있었습니다. 그러나 과거 준비에는 돈도 많이 들고 공부할 시간도 많이 필요하였기 때문에 먹고살기 바쁜 우리들이 과거에 응시하는 일은 거의 없었죠. 결국 대부분의 상민들은 조세, 공납, 부역의 의무를 질 뿐 신분 상승의 기회는 거의 없었습니다. 상민 사이에서도 계층이 있었는데, 농민 아래에 수공업자와 상인이 있습니다. 조선은 유교적 가치관에 의해 농본억상(농업을 국가의 근본으로 중시하고 상업을 억제)을 기본 정책으로 삼았습니다. 즉 직업의 귀천이 있어서 사(선비), 농(농민), 공(수공업자), 상(상인)의 순서대로 차별대우하였습니다.

● 신량역천 : 우리들은 신분은 상민이지만 천역을 담당하여 거의 천민처럼 대우받았던 계층입니다. 칠반천역이라고 하여 수군(배 타는 일이 힘들죠), 조졸(조운 업무 담당. 마찬가지로 배 타는 일이라서 힘들죠), 조례(관청에서 잡역 담당. 잡일하니까 사람들이 무시하죠), 일수(지방 고을의 잡역 담당. 마찬가지로 잡일하니까 사람들이 무시하죠), 역졸(역에서 잡역 담당. 역시 잡일하니까 사람들이 무시하죠),

나장(형사 업무 담당, 사극에서 곤장 때리고 고문하는 사람들이죠. 당연히 사람들이 피하고 싶어하죠), 봉수군(전쟁 등 유사시에 봉홧불을 올리는 일을 담당, 봉수대가 산꼭대기에 있죠. 그러니까 매일 산꼭대기까지 오르락내리락해야 하니까 힘들죠) 등 **힘든 일**에 종사하는 7가지 직업의 사람들입니다. 우리들은 말 그대로 신분은 양인이지만 하는 일(역)은 천한 계층이죠.

● 천민 : 고려시대와 마찬가지로 조선시대 역시 우리들의 대다수는 노비입니다. 노비는 주인에게 예속된 일종의 가축으로 인격적 대우를 받지 못하여 가축처럼 매매, 증여, 상속되었죠.

● 양반 : 그래서 우리들 역시 고려시대 귀족들처럼 부모 중 어느 한쪽이라도 노비이면 그 자식도 노비가 되는 법을 이용하여 자신의 노비를 양민과 결혼시켜 그 사이에서 태어난 자식을 자신의 노비로 늘려나갔습니다. 또 법에 따라 자신이 소유한 여자 노비가 낳은 자식을 자신의 노비로 소유하게 되었죠.

● 노비 : 우리들은 크게 궁궐, 관청 등이 소유한 공노비와 개인이 소유한 사노비로 구분됩니다. 공노비는 다시 궁중, 중앙 관청, 지방 관청에서 시키는 잡역의 대가로 급료를 받는 입역 노비와 농사를 지어 얻은 수입 중 일정 액수를 관청에 신공(몸값)으로 내는 납공노비로 구분됩니다. 사노비는 주인의 집에 같이 살면서 잡일을 하는 솔거노비와, 주인과 따로 살면서 농사를 지어 얻은 수입 중 일정 액수를 포나 돈으로 신공을 바치는 외거노비로 구분됩니다.

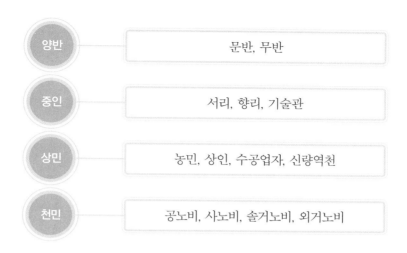

양반	문반, 무반
중인	서리, 향리, 기술관
상민	농민, 상인, 수공업자, 신량역천
천민	공노비, 사노비, 솔거노비, 외거노비

■ 사림, 아픈 만큼 성장하고

구분	훈구세력	사림세력
출신	급진 개혁파(혁명파)	온건 개혁파
관직 진출	조선 건국 참여	성종 때 진출 시작
토지 소유	대지주	중소 지주
사상	성리학 이외 사상도 포용	성리학 이외 사상에 배타적
정치	부국강병	왕도정치
정책	중앙집권	향촌 자치
학풍	사장(한문학)	경학(유교 경전)

조선이 건국되는 과정에서 신진사대부는 두 세력으로 갈라졌습니다. 온건 개혁파를 정계에서 제거하고 급진 개혁파가 조선을 건국하자 중앙 정계는 급진 개혁파들이 정권을 장악하였고, 온건 개혁파들은 정계를 떠나 지방 향촌사회에서 세력을 키웠습니다. 이들을 사림이라고 하는데, 경제적으로는 중소 지주였고 성리학에 몰두하

여 다른 사상이나 종교에 대해 배타적이었죠. 이들은 향촌 자치(자신들이 성장한 곳이 지방 향촌사회였기 때문이죠. 향촌사회는 자신들에게 맡기라는 거죠)와 왕도정치(도덕과 의리를 바탕으로 하는 정치로 성리학에서 가장 이상적인 정치로 생각하죠. 현실 정치에서 떨어져 있으면서 성리학밖에 몰랐던 이들은 이상적인 왕도정치를 주장했습니다)를 주장하였고, 성종 때부터 김종직과 그 문인들이 중앙 정계에 진출하기 시작하였습니다.

훈구세력은 조선을 건국한 급진 개혁파에서부터 출발하였습니다. 중앙 정계를 장악한 이들은 현실 정치에 참여하면서 문물제도 정비에 크게 기여하는 관학파가 되었죠. 이들은 실제 정치를 하고 있었기 때문에 성리학 이외의 학문과 사상도 수용하고 과학 기술에도 많은 관심을 보였습니다. 또한 정치적 실권을 갖고 있었기 때문에 이들은 중앙집권 체제를 강조하면서 현실적인 부국강병 정책을 주장하였습니다. 이후 세조의 집권 당시 공을 세운 공신들이 정치적 실권을 장악하고 막대한 토지를 소유한 대지주가 되었는데, 이들을 훈구세력이라고 합니다.

성종 때 사림세력이 진출하였던 것은 성종이 훈구세력을 견제하기 위해서였습니다. 일방적인 독주를 하고 있던 훈구세력을 사림세력을 이용하여 견제하였던 것이죠. 그래서 사림세력은 주로 전랑이나 3사의 언관을 맡아 훈구세력의 비리를 비판하고 견제하였습니다. 전랑은 인사 추천권을 갖는 관리였고, 특히 이조 전랑은 3사의 언관을 추천하는 권리를 갖고 있었습니다. 전랑과 3사의 언관들은 훈구세력의 비리를 조사하여 비판하고 인사 추천에 영향을 미침으로써 사림의 세력을 키우고 훈구세력을 견제하였던 것입니다.

그러나 연산군 때 무오사화와 갑자사화가 일어나면서 많은 영남 지역의 사림들이 몰락하였습니다. 무오사화는 김종직이 쓴 조의제문(세조가 단종의 왕위를 빼앗은 것을 비판한 내용)을 문제 삼아 이미 죽은 김종직은 부관참시(시체를 능지처참하는 것)되고, 그의 제자들이었던 사림세력들이 제거된 사건이었습니다. 한마디로 훈구세력이 자신들을 계속 공격하는 사림세력에 대해 반격을 가한 첫 번째 사건이죠. 갑자사화는 연산군의 생모인 폐비 윤씨의 사형에 찬성하였던 사람들을 제거한 사건이었는데, 이 중 대부분은 사림세력이었습니다. 이후에도 연산군은 자신에 대한 비판을 억누르고 향락을 일삼으며 국가 재정을 악화시키는 등 폭정을 일삼다가 중종반정으로 쫓겨났죠(1506).

중종반정으로 연산군을 쫓아내고 왕위에 오른 중종은 조광조를 비롯한 사림세력을 등용하여 반정 공신들을 견제하고 개혁을 하려 했습니다. 드라마 「여인천하」의 배경이 되는 시대입니다. 이 드라마에서도 묘사된 것처럼 조광조는 현량과(천거제. 추천으로 관리가 되었기 때문에 사림세력들이 낙하산으로 정계에 진출한 것이죠)를 통하여 사림세력의 정계 진출을 확대하고, 3사의 언관직을 차지하고 자신들의 의견을 공론이라 주장하면서 개혁을 추진하였습니다.

경연의 강화(사림세력을 강화하려는 의도에서 사림이 장악한 3사가 참여하였죠), 언론 활동의 활성화(사림들로 이루어진 3사의 언론 활동을 강화한 것이죠), 소격서의 폐지(소격서는 도교와 관련된 기관으로 하늘에 제사 지내고 그랬습니다. 당연히 성리학만 최고로 아는 사림들이 싫어했죠. 그래서 없애버린 것입니다), 『소학』의 보급(『소학』은 사림들이 좋아하는 성리학의 기본 서적이었습니다. 즉 성리학을 더욱 강화하여 사림들이 성장하기 쉬운 분위기를 만들어나갔죠), 방납의 폐단 시정(중앙 관청 서리들이 방납으로 폭리를 얻는 폐단으로 농민들은 큰 부담을 지어야 했죠. 당시 농민들의 불만을 해소할 수 있는 대책을 세우고자 하였죠), 위훈 삭제(중종반정 당시 공을 세우지 않았던 가짜 공신들의 공을 취소해야 한다는 주장이었습니다. 그러나 이러한 주장은 중종반정의 정통성을 문제 삼는 것이었죠. 결국 공신 세력의 반발과 중종이 조광조를 버림으로써 조광조와 사림세력이 제거되는 계기가 되었죠) 등 급진적 개혁을 추진하였습니다.

그러나 결국 공신들의 반격으로 기묘사화가 발생하여 조광조 등 많은 사림들이 몰락하였습니다. 이후 명종이 즉위하고 외척끼리의 권력 다툼(인종의 외척인 대윤 세력과 명종의 외척인 소윤 세력의 갈등)에 휩쓸려 많은 사림들이 또다시 정계에서 제거되었는데, 이를 을사사화라고 합니다.

★ **영화**와 **드라마로 역사** 읽기 – **영화** 「왕의 남자」

영화 「왕의 남자」의 배경 시대가 바로 연산군 때입니다. 연산군은 매일 술을 마시며 광대들의 놀이를 보며 좋아하죠. 연산군의 눈에 띈 공길이 속한 광대패는 궁궐 안에 거주하며 지내게 됩니다. 그러던 어느 날 연산군 앞에서 광대들이 폐비 윤씨의 사형을 소재로 중국식 경극을 하는 장면이 나오죠. 이를 계기로 폐비 윤씨 사사에 관련된 사람들이 처형당하는 피바람이 불자 광대들이 두려워하는 장면이 이어집니다. 바로 갑자사화를 묘사한 것이죠. 이 영화가 연산군이 쫓겨나는 것으로 끝나는 것처럼 실제로 연산군은 중종반정으로 쫓겨났습니다. 그런데 이 영화의 주인공 공길은 『조선왕조실록』에 나오는 실존인물입니다. 『연산군일기』에 실린 다음 내용을 봅시다.

이보다 앞서 광대 공길이 늙은 선비 장난을 하며 아뢰기를, "전하는 요(堯)·순(舜) 같은 임금이요, 나는 고요(皐陶) 같은 신하입니다. 요·순은 어느 때나 있는 것이 아니나 고요는 항상 있는 것입니다." 하고, 또 논어를 외어 말하기를, "임금은 임금다워야 하고 신하는 신하다워야 하고, 아비는 아비다워야 하고 아들은 아들다워야 한다. 임금이 임금답지 않고 신하가 신하답지 않으면 아무리 곡식이 있더라도 내가 먹을 수 있으랴." 하니, 왕은 그 말이 불경한 데 가깝다 하여 곤장을 쳐서 먼 곳으로 유배하였다.

이 기록에 따르면 연산군은 광대 공길의 공연 내용 중 "임금이 임금답지 않다."는 풍자와 비판에 기분이 나빴던 것으로 보입니다. 당시 무오사화, 갑자사화 등으로 많은 사람들의 목이 날아가는 상황에서 엄청난 용기가 아니었으면 연산군 앞에서 이런 풍자와 비판이 담긴 공연을 할 수가 없었을 것입니다. 그런데도 처벌은 겨우 곤장과 유배였죠. 이 점에서 영화 「왕의 남자」가 출발한 것입니다. 감히 연산군에 대한 비판을 하여도 죽지 않은, 연산군과 매우 특수한 관계에 있던 '공길'에 대한 이야기가 상상되어 작품이 된 것이죠.

■ 붕당이 나타나다

시 기		선조		광해군	인조, 효종, 현종
붕당의 전개	사림	동인		북인	
				남인	
		서인			

　　　　　　　　　　이러한 사림세력들의 피해에도 불구하고 사림들은 향촌사회에서 서원(지방의 학교 역할을 하여 지방 사림들을 결집, 강화), 향약(향촌의 질서를 유지하는 향촌 자치 기능으로 지방 사림들의 지위를 강화)을 이용하여 꾸준히 세력을 확대하였고, 드디어 선조 때는 사림들이 정계를 장악하였습니다. 그러나 사림세력은 척신 정치(왕실의 외척들이 관리가 되어 정치에 참여하는 것)의 개혁문제에 대해 대립을 하게 되었습니다. 기성 사림은 척신 정치의 개혁에 소극적이었고, 신진 사림은 척신 정치의 개혁에 적극적이었습니다. 기성 사림은 이미 기득권을 갖고 있기 때문에 척신 정치의 개혁 필요성을 못 느낀 것이고, 신진 사림은 척신 정치를 개혁하여 자신들의 정치세력을 확대하려 했다고 볼 수 있습니다.

이러한 갈등이 심해지면서 기성 사림을 중심으로 서인이 형성되고, 신진 사림을 중심으로 동인이 형성되었습니다. 이조 전랑(이조 정랑과 이조 좌랑을 함께 말하여 이조 전랑이라고 합니다. 사간원, 사헌부 등의 관리 임명 추천권을 갖고 있었기 때문에 사실상의 인사권을 갖고 있던 중요한 자리였죠)의 자리를 서로 자기 당파가 차지하기 위해 싸움이 일어나면서 붕당이 갈라진 것이죠. 이때 서인의 중심 인물인 심의겸이 서울 서쪽에 살고 있어 서인이라고 하고, 동인의 중심 인물인 김효원이 서울 동쪽에 살고 있어 동인이라고 하였습니다.

이렇게 정파적 성격에 따라 갈라진 붕당은 학파적 성격을 동시에 가지게 되었는데, 서인은 기성 사림에 이이·성혼의 문인이 가담하였고, 동인은 신진 사림에 이황·조식·서경덕의 문인이 가담하였습니다. 서인은 이이·성혼의 문인들이 주로 기호 지방 출신이었기 때문에 기호학파, 동인은 이황·조식·서경덕의 문인들이 주로 영남 지방 출신이었기 때문에 영남학파라고 합니다. 기호 지방은 서울, 경기, 충청, 호남으로 우리나라의 서쪽에 있죠. 서인으로 기억하면 됩니다. 영남 지방은 경상도로 우리나라의 동쪽에 있죠. 동인으로 기억하면 됩니다.

■ 서원과 향약

향약은 중종 때 조광조가 처음 시행하였고, 지방 사림들을 중심으로 전국 각지로 퍼져나갔습니다. 향약은 우리 민족의 공동체 조직과 미풍양속을 이어받고, 유교 윤리(삼강오륜)를 강조하면서 백성들을 교화하여 향촌의 질서와 치안을 유지하는 등 자치 기능을 하였습니다. 향약의 궁극적 목적은 지방 양반들의 지위를 강화하는 것이

도산서원 : 경북 안동 소재. 이황을 모시는 서원입니다.

었습니다. 그래서 향약은 백성들을 위협하고 수탈하는 데 이용되기도 하였죠. 양반들은 백성들에게 모두 향약을 지키도록 강요하였습니다. 향약은 일종의 규칙입니다. 백성들이 말을 안 들으면 향약에 따라 두들겨 패는 거죠. 못된 양반들이 백성들을 수탈하거나 협박하기 위해, 한마디로 트집을 잡기 위해 이용하기도 했던 것이 바로 향약인 것입니다.

향약과 함께 지방 양반들의 지위를 강화시켜준 것이 바로 서원입니다. 처음 만들어진 서원이 풍기군수 주세붕이 세운 백운동서원입니다. 백운동서원은 후에 소수서원이라는 이름을 하사받아 최초의 사액서원(나라로부터 이름, 토지, 노비를 하사받고, 면세·면역의 특권까지 받았습니다)이 되었습니다. 서원은 존경받는 선비나 공신을 제사 지내고, 봄·가을에 향음주례(유생들이 학덕이 높은 손님을 모시고 술을 마시며 잔치를 하는 의례)를 하고, 유생들이 학문을 연구하며 향촌사회를 교화하는 일종의 사립학교였습니다. 또 서원은 향촌사회에 유교 윤리를 보급하고, 지방 양반들을 결집시키고 지위를 강화하는 역할을 하였습니다. 그런데 지방 양반들이 서원에서 같이 공부하면서 자기들끼리 뭉치고, 나라에서 서원에 주는 각종 혜택(면세, 면역)을 이용하여 백성들을 수탈하는 등 폐단이 점점 커져갔습니다.

■ 성리학적 사회 질서의 강화

양반들은 『소학』, 『주자가례』(두 책은 성리학적 도덕, 의례의 기본 서적들이죠)를 보급하고, 가묘와 사당을 건립하며(자기 가문의 훌륭한 유학자, 공신 등의 위패를 모시고 제사를 지내는 가묘, 사당을 만든 이유는 문중의 지위를 강화하는 것이었죠), 족보 편찬을 통해 성리학적 사회 질서를 유지하고자 하였습니다. 특히 족보는 가문의 내력을 기록한 것으로 조상들의 이름과 함께 높은 벼슬을 한 경우에는 그 벼슬 이름을 적어놓았습니다. 유명 입시학원들이 명문 대학 합격자 명단을 전단지나 플래카드로 만드는 이유는 무엇일까요? 다른 학원보다 자신들이 명문 대학에 잘 보내는 학원이라는 것을 자랑하며 우월의식을 보여주는 것이죠. 그리고 자신들의 학원에 더 많은 학생들이 오게 만들고 열심히 공부하도록 만드는 효과도 있죠. 이와 마찬가지로 족보도 종족 내부의 결속을 강화하고, 다른 가문이나 하급 신분에 대해 우월의식('족보도 없는 것들'이란 말이 있죠. 이러한 우월의식에서 생긴 말입니다)을 갖게 하는 역할을 하였죠. 혼인할 가문을 결정하거나 붕당을 구별할 때 족보가 중요한 자료가 되었습니다. 결혼 상대자 가문의 족보를 보고 뼈대 있는 집안이냐 아니냐를 파악하여 결혼을 결정했던 거죠. 붕당을 구별하는 데 족보가 이용된 이유는 대개 조상의 붕당과 후손의 붕당이 일치하기 때문이죠. 할아버지, 아버지가 남인이면 그 아들, 손자가 남인일 가능성이 높은 것입니다.

또한 사림들은 촌락 단위의 규약인 동계를 만들기도 하였습니다. 향약은 쉽게 말해 군현 단위의 넓은 범위의 규약이었죠. 그러나 동계는 자신들이 살고 있는 마을 단위의 좁은 범위의 규약이었습니다. 한마디로 얼굴을 일일이 다 알고 있는 조직이라고 할 수 있습니다. 당연히 백성들에 대한 통제력이 더 강하였고, 성리학적 신분 질서를 더욱 강화할 수 있었습니다. 이러한 강한 통제력을 바탕으로 동계를 통해 상부상조하는 경우도 많았고, 세금을 동 단위로 낼 때도 동계가 큰 역할을 하였습니다.

■ 조선의 유학이 된 성리학

고려 말 정도전, 권근 등의 혁명파는 조선을 건국하고 문물제도 정비, 부국강병을 추진하였습니다. 관학파라고도 불리는 이들은 성리학뿐만 아니라 다양한 사상을 포용하였습니다. 이들은 실제로 국가를 통치하면서 성리학만으로는 나라를 다스리기 어렵다는 것을 알았죠. 그래서 다양한 사상을 받아들여 국가 통치에 이용하였던 것입니다. 특히 국가의 통치 이념으로 『주례』(유교 경전의 하나로 주나라의 제도를 기록)를 중시하였습니다. 주나라는 유교에서 가장 이상적인 국가로 보는 모범적인 국가였기 때문에 혁명파들이 조선을 건국하면서 이를 모델로 삼았던 것입니다.

고려 말 온건 개혁파는 조선의 건국에 참여하지 않았습니다. 이들을 사학파라고도 하는데, 길재에서 시작한 학문적 전통은 지방에서 향촌

자치를 추구하던 사림이 계승하였습니다. 사림은 성리학 이외의 사상을 배척하였고, 왕도정치를 주장하였습니다. 지방에 내려가서 매일 성리학 공부만 하고 있으니 다른 사상은 눈에 들어오지도 않고, 성리학에서 최고의 정치로 치는 왕도정치 같은 이상만을 추구하게 되었던 것이죠. 이러한 가운데 즉위한 성종은 지나치게 힘이 세진 훈구세력을 견제할 방법을 찾게 되었습니다. 그래서 사림들을 중앙 정계에 등용하기 시작하였죠. 성종의 의도대로 사림들은 성리학적 명분론을 내세우며 훈구파를 비판하기 시작하였습니다. 이러한 비판에 훈구파들이 반격을 가해 사림들이 화를 당한 사건들이 바로 사화였던 것입니다.

16세기에 사림은 성리학의 이기론에 대한 연구를 활발하게 하였는데, 대표적인 학자들의 가상 토론을 통해 이들의 사상적 입장을 살펴보겠습니다.

▷ 사회자 : 16세기에는 사림의 이기론에 대한 연구가 활발하였습니다. 오늘 대표적인 학자들인 서경덕, 이언적, 이황, 이이 선생님을 모시고 토론을 진행하도록 하겠습니다. 먼저 서경덕 선생님 말씀해 주시죠.

● 서경덕 : 저는 주기론 연구의 선구자였다고 평가받고 있습니다. 저는 주기론적 입장에서 이(理)보다는 기(氣)를 중심으로 세계를 이해하였습니다.

● 이언적 : 저는 주리론의 선구자였다고 평가받고 있습니다. 저는 주리론적 입장에서 기보다는 이를 중심으로 이론을 전개하였습니다.

● 이황 : 저는 주리론의 대표적 학자로서 『주자서절요』, 『성학십도』 등을 저술하였는데, 인간의 심성을 중시하는 등 이상주의적 성격을 보인다고 평가받고 있습니다. 저의 사상은 일본에 전해져 일본의 성리학에도

영향을 주었습니다.

   ● 이이 : 저는 주기론의 대표적 학자로서『동호문답』,『성학집요』등을 저술하였으며, 기의 역할을 강조하여 현실적 성격을 보여서 수미법 같은 수취제도의 개혁을 주장하기도 하였습니다.

16세기 중반 성리학의 학설과 지역에 따라 서원을 중심으로 학파를 이루게 되었습니다. 선조 때에 사림들이 중앙 정계를 장악하면서 정파가 형성되었는데, 서경덕 학파, 이황 학파, 조식 학파는 동인이 되고, 이이 학파, 성혼 학파는 서인이 되었습니다. 이후 동인은 정철에 대한 처벌을 계기로 남인과 북인으로 분화되었는데, 북인은 의리와 실천성을 강조하는 조식의 학풍을 계승한 사람이 많았습니다. 대표적인 사람들이 바로 홍의장군 곽재우, 정인홍 등의 의병장들입니다. 임진왜란이 끝난 후 광해군 때에 북인 정권은 대동법, 중립 외교 등의 정책을 뒷받침하며 개혁적인 모습을 보이는 등 성리학적 의리 명분론에 구애받지 않았습니다.

이후 인조반정으로 정권을 잡은 서인이 정국을 주도하면서 주자의 이론을 중심으로 하는 이황과 이이의 성리학만을 연구하고 다른 사상들은 배척하였죠. 이후 서인과 남인은 명에 대한 의리 명분론(한마디로 명에 대한 의리를 지키자는 주장)에 따라 친명배금 정책을 내세우다가 결국 후금을 자극하여 정묘호란을 당하고, 후금이 국호를 청으로 바꾸고 군신관계를 요구하자 주전파가 득세하면서 다시 병자호란을 당하였습니다. 패전 이후 숨죽이고 있던 서인들은 인조 말엽부터 다시 송시열 등을 중심으로 척화론과 의리 명분론을 주장하면서 북벌론을 제기하였고, 효종의 즉위 이후 북벌이 준비되기도 하였습니다. 하지만 북벌은 현실적으로 불가능하였기 때문에 결국 실행되지는 못하였습니다.

■ 조선 전기의 건축 문화

　　　　　　　　　　조선은 건국 초기에 한양으로 천도하여 도성을 건설하면서 경복궁, 창덕궁, 창경궁 등을 세웠습니다. 현재는 창경궁의 명정전, 도성의 숭례문, 창덕궁의 돈화문 등이 남아 있습니다. 아시다시피 숭례문은 안타깝게도 2008년 불에 타서 2013년 복원을 완성하였죠. 지방에는 개성의 남대문과 평양의 보통문이 있습니다. 강진의 무위사 극락전도 유명하고, 합천의 해인사 장경판전은 지금까지 팔만대장경을 보존할 수 있을 만큼 과학적으로 설계되었습니다. 원각사지 10층석탑은 대리석으로 만든 것으로 이 시기 대표적인 석탑입니다.

　　16세기에는 사림이 성장함에 따라 서원이 많이 건축되었습니다. 서원은 주로 마을 근처의 산과 하천이 가까이 있는 한적한 곳에 위치하였습니다. 공부하기에 적당한 장소로 만들기 위해서였죠. 대표적인 서원으로는 경주의 옥산서원과 안동의 도산서원, 해주의 소현서원 등을 들 수 있습니다. 서원 건축은 가람 배치 양식과 주택 양식이 결합한 독특한 양식이었는데, 자연과의 조화를 추구한 선비들의 정신이 깃들어 있습니다.

■ 조선 전기의 문학

　　　　　　　　　　한글이 널리 쓰이게 되면서 시조 문학과 가사 문학도 더욱 발전하여 많은 작품들이 나타나게 되었습니다. 특히 정철이 지은 『송강가사』에 실린 「관동별곡」, 「사미인곡」 등의 작품 등이 유명합니다. 또한 사회 비판 문학이라고 할 수 있는 방외인 문학이 15세기 말 김시습으로부터 시작되었는데, 임제의 『원생몽유록』, 어숙권의 『패

관잡기』 등이 대표적이죠. 여성들 역시 문화 활동에 적극적이 되어 황진이가 지은 많은 시조 등이 유명하였고, 신사임당, 허난설헌과 같은 여성 예술가들이 활약하기도 하였습니다.

■ 조선 전기의 공예, 회화, 음악

　　　　　　조선을 건국한 신진사대부들은 유교적인 가치관을 갖고 있었기 때문에 실용과 검소를 중요시하였습니다. 그래서 조선의 공예는 고려시대의 귀족적인 사치품보다는 생활필수품이나 문방구 등이 발전하였습니다. 고려 말부터 제작된 분청사기는 조선 초기에도 계속 유행하였고, 16세기부터는 백자가 유행하면서 분청사기는 점차 쇠퇴하였습니다. 백자는 양반 사대부들이 선호하여 유행하였습니다. 드라마 「불의 여신 정이」에 나오는 것처럼 우리나라에서 만들어진 백자는 그 예술성과 기술이 뛰어났습니다. 이 외에도 목공예로 장롱과 문갑 등이 생산되었고, 돗자리 공예에서는 재료의 자연미를 살렸습니다. 화각 공예(쇠뿔을 쪼개어 무늬를 새기는 공예)와 자개 공예도 유명하며, 수와 매듭도 많은 작품이 있습니다.

　15세기의 그림은 도화서 화원들의 그림과 선비들의 그림으로 나눌 수 있습니다. 드라마 「이산」에서 송연이가 도화서 다모로 나와 화원들의 활동을 재미있게 묘사하였습니다. 또 「바람의 화원」은 도화서 화원들의 활동을 중심으로 만든 드라마였죠. 도화서 화원 출신인 안견의 「몽유도원도」는 최고의 작품으로, 현재 일본에 있습니다. 또 문인 화가인 강희안의 「고사관수도」가 유명합니다. 두 작품은 특이하게 도교, 노장 사상의 영향을 받은 작품들이기도 하죠. 또한 이 시기 조선의 그림은 일본에 영향을 주어 무로마치 시대의 미술이 발전하였습니다. 16세기에는 노비 출신 도화서 화원 이상좌의 「송하보월도」가 걸작입니다. 특히 선비들의 지조를 상징하는 사군자를 그린 문인화가 많이 그려지기도 했습니다. 또한 서예에서는 안평대군의 글씨, 양사언의 초서, 한호의 석봉체 등이 명필입니다.

세종은 박연에게 명하여 악기를 개량하거나 새로 제작하게 하였고, 「여민락」등 악곡을 직접 작곡하고, 「정간보」를 창안하였습니다. 그리고 아악을 체계화하여 궁중 음악으로 발전시켰습니다. 성종 때 성현은 『악학궤범』을 편찬하여 음악과 관련된 모든 것을 총망라하여 정리하였습니다. 국가의 각종 의례에서는 음악과 함께 춤도 필수였는데, 처용무가 대표적입니다. 민간에서는 농악무, 무당춤, 승무 등 전통적인 춤이 계승되었고, 산대놀이(탈춤)와 꼭두각시놀음(인형극)도 유행하였습니다.

4.
응답하라 1592

■ 명, 여진, 일본 및 동남아시아와 관계

응답하라 1592! 1592년은 임진왜란이 일어난 해입니다. 임진왜란을 도우러 왔던 명나라는 전쟁의 영향으로 더욱 약화되었고, 이 틈을 노려 여진족들이 통일을 이루어 후금이 세워지게 됩니다. 또한 후금이 청으로 나라 이름을 바꾸고 조선을 쳐들어온 전쟁이 병자호란입니다. 임진왜란과 병자호란이라는 두 번의 큰 전쟁으로 조선은 많은 변화가 이루어집니다. 즉 다른 나라들과의 관계가 우리 역사에 중요한 영향을 준 것이죠. 그렇다면 조선은 주변 나라들과 어떤 외교 관계를 맺고 있었는지 먼저 살펴보도록 하겠습니다.

조선의 기본적인 외교 원칙은 사대교린 정책이었습니다. 명나라와는 사대, 그리고 여진, 일본, 동남아시아 각국과는 교린이 기본 원칙이었죠. 가상 역사 토론을 통해 이에 대해 살펴봅시다.

▷ 사회자 : 먼저 명과의 관계에 대해 토론을 시작하겠습니다. 말씀해

주시기 바랍니다.

▶ 갑 : 조선과 명의 관계는 처음에는 좋지 않았습니다. 태조가 즉위한 건국 초에 정도전이 중심이 되어 요동 정벌을 준비(군사 훈련서 『진도』를 저술하여 군대를 준비함)하는 등 명나라와의 전쟁을 불사할 정도였죠. 명나라 또한 조선과 여진족이 교섭하는 것을 간섭하는 등 조선과 명은 불편한 관계였습니다. 그러나 태종이 명나라에 적대적인 정도전을 죽이고 집권하자 두 나라 사이의 관계가 좋아졌습니다.

▶ 을 : 이후 조선은 명나라에 대한 사대 정책을 유지하였습니다. 사대 정책은 큰 나라를 섬기는 정책으로 명나라 중심의 국제질서를 인정(명나라 황제의 책봉을 받아 왕위 계승의 정통성을 인정받고, 명나라 황제의 연호를 사용)하는 것이었죠. 다행히 명의 구체적인 내정간섭은 없었습니다. 조공관계는 중국 중심의 국제질서일 뿐 서로의 독립성이 인정되는 국제관계였기 때문입니다.

▶ 갑 : 그렇습니다. 조선과 명의 관계는 자주적인 실리외교, 문화외교이자 조공 관계를 이용한 공무역이었다고 할 수 있습니다.

▶ 을 : 맞습니다. 성리학에서는 국제관계에도 질서가 있습니다. 중국이 중화라면 우리는 소중화, 즉 넘버 2라는 국제적 지위를 확보하려는 생각이었죠. 큰 나라의 권위를 이용해 왕권을 안정시키고 다른 나라와의 관계에서는 우리가 큰 나라로서 교린한다는 생각이었습니다. 즉 자주적인 실리외교입니다. 또한 당시 가장 선진적인 문화를 갖고 있는 나라는 명나라였죠. 사신을 통해 선진 문화를 수입하려는 문화외교입니다. 그리고 조공은 인사하러 가는 것인데 빈손으로 갈 수 없잖아요? 그래서 선물을 가져가면 돌아올 때 회사라고 하여 선물을 받아왔습니다. 이렇게 선물을 교환하는 일종의 공무역이었습니다.

▷ 사회자 : 다음은 여진, 일본, 동남아시아 각국과의 관계에 대해 살펴보겠습니다. 이들 국가와는 교린 정책이 기본적인 외교 원칙이었습니다. 교린 정책은 이웃나라와 사귀는 정책, 즉 친구처럼 대등한 관계로 교류하는 것입니다. 먼저 여진과의 관계에 대해 말씀해주십시오.

▶ 갑 : 태조 이성계의 고조할아버지인 이안사가 여진족들 거주지에 가서 살면서 터를 잡은 이후 이성계 역시 여진족 사이에서 성장한 사람이었습니다. 그래서 이성계가 왕이 되어 조선을 건국하였을 때 여진족들이 매우 기뻐하였다고 합니다. 그러나 세종 때 국경 지방을 노략질하던 여진족들을 북쪽으로 몰아내고 4군(최윤덕의 활약) 6진(김종서의 활약)을 설치하였습니다. 그래서 압록강과 두만강까지 영토를 넓혀 현재의 국경선을 확정하였습니다.

▶ 을 : 우리나라에 귀순한 여진족에게는 관직을 주거나 토지, 주택을 주어 우리나라 사람으로 동화시켰죠. 또 사신들이 왕래하면서 무역을 하도록 허락하였고, 국경 지방에 무역소를 두고 국경 무역을 허락하였습니다. 그러나 이러한 교린 정책에도 불구하고 약탈을 위해 국경을 침입하는 여진족들에 대해서는 정벌을 하였던 것입니다.

▶ 갑 : 조선은 확보한 북방 영토를 안정시키기 위하여 삼남 지방(경상도, 전라도, 충청도)의 일부 주민을 확장한 북방 영토로 이주시키는 사민(주민들을 이사시키는) 정책을 실시하였습니다. 그리고 토착민을 토관으로 임명하는 제도를 만들어 민심을 수습하여 백성들을 안정시켰죠.

▶ 을 : 일본 및 동남아시아와의 교류 역시 교린 정책이 원칙이었습니다. 그러나 일본의 왜구들이 고려 말 이후 계속해온 약탈을 중단하지 않자 세종 때 이종무가 토벌군을 이끌고 가서 왜구의 소굴인 쓰시마 섬을 토벌하였습니다. 약탈 중단을 약속받은 조선은 3포(부산포, 제포-진해, 염포-

울산)를 개항하고, 계해약조를 맺어 범위를 제한하여 무역을 허용하였습니다.

▶ 갑 : 동남아시아의 여러 나라(류큐-현재 일본 오키나와, 시암-현재 태국, 자와-현재 인도네시아 등)와도 교류하였는데, 이들 나라는 사신을 보내 각종 토산품을 조공으로 바치고 옷, 옷감, 문방구 등을 선물(회사품)로 받아 가져갔습니다. 특히 류큐에서 온 사신들에게는 불경, 유교 경전, 범종, 부채 등을 전파하여 류큐의 문화가 크게 발전하기도 하였습니다.

■ 임진왜란이 일어나다

16세기에 이르러 조선과 일본의 관계는 악화되었습니다. 중종 때 3포왜란, 명종 때 을묘왜변 등 일본인들에 의한 소란이 일어났습니다. 이에 대응하여 조선은 비변사를 설치하여 군사 문제를 전담하는 등 대책을 강구하였습니다. 한편 일본에서는 도요토미 히데요시가 전국시대의 혼란을 통일하고 조선 침략을 준비하였습니다. 그리고 20만 대군으로 조선을 침략하여 임진왜란이 시작되었습니다(1592).

전쟁에 대한 대비가 소홀했던 조선은 급속도로 무너져갔습니다. 침략을 시작한 지 20일 만에 서울을 빼앗겼죠. 그냥 걸어도 15일이면 도착하는 거리를 20일 만에 도착했다는 것은 사실상 방어다운 방어를 하지 못했다는 것입니다. 선조는 신하들의 만류에도 불구하고 궁궐을 버리고 도망치기 시작했습니다. 도망치는 왕의 행렬을 본 백성들은 왕에게 돌을 던지며 분노를 표출했습니다. 그리고 텅 빈 경복궁으로 몰려가 궁궐에 불을 질렀습니다. 결국 선조는 국경 압록강 근처의 의주까지 도망가서 명나라에 원군을 요청하였습니다.

■ 이순신과 의병의 활약

복원된 거북선 : 경남 남해 소재.

    왜군은 매우 빠른 속도로 조선군을 격파하며 북쪽으로 진격하였습니다. 이는 일본 수군이 남해와 서해를 거쳐 식량 등 군사 물자를 보급하면서 육군과 합세한다는 수륙 병진 작전 때문이었습니다. 그러나 이순신이 이끈 조선 수군은 철저한 준비 덕분에 한산도 대첩(학익진 전법 사용. '학익'은 '학의 날개'란 뜻으로 우리 전함을 학의 날개 모양으로 배치하여 일본 전함들을 포위 공격한 전법) 등 여러 해전에서 연승을 거두면서 남해의 제해권을 장악하였습니다. 이로써 전라도 지방을 지키고(전라도는 우리나라 최대의 곡창 지대였기 때문에 전라도를 점령하지 못한 왜군은 식량의 현지 보급 이 어려워졌죠), 왜군의 침략을 막아낼 수 있었습니다(왜군은 배로 전쟁 물자를 북쪽으로 빠르게 보급하려는 작전이었습니다. 결국 물자 보급이 어려워지면서 왜군은 남 쪽으로 후퇴할 수밖에 없었죠).

한편, 전국 각지에서 의병들이 일어나 자발적으로 왜군에 맞서 싸우기 시작했습니다. 의병은 농민들이 대부분이었고, 의병장은 전직 관리, 양반, 승려 등이었습니다. 의병은 향토 지리에 익숙했기 때문에 지형 등을 활용하는 적절한 전술을 사용하여 소규모 인원으로도 왜군에게 큰 피해를 주었죠. 한마디로 게릴라 전술이었죠. 스타크래프트에서도 맵(지도)을 어떻게 활용하여 전술을 사용하는가에 따라 승패가 갈리기도 합니다. 자신이 잘 아는 맵에서 싸우면 그만큼 더 유리한 거죠. 그래서 의병들이 큰 활약을 할 수 있었던 것입니다.

■ 휴전 협상과 정유재란

조선이 급속도로 무너지자 명나라는 깜짝 놀랐습니다. 일본이 조선을 침략하면서 내세운 '정명가도'는 "명나라를 정벌하는 것이 목적이니 조선은 길을 빌려달라."는 뜻이었죠. 그래서 처음에는 조선이 일본과 짜고 왜군에게 길을 빌려주는 것으로 의심할 정도였죠. 그러나 조선의 상황이 실제로 심각한 것을 알게 되자 명나라는 원군을 파병하게 됩니다. 그러나 명나라 군대는 몸만 왔기 때문에 식량을 준비하느라 백성들이 죽을 고생 하였죠. 또 명나라 군대가 백성들에게 행패를 부리거나 약탈을 하기도 하여 "왜놈은 얼레빗(촘촘하지 않은 빗), 되놈은 참빗(촘촘한 빗)"이라는 말이 생길 정도였습니다. 왜군보다 명나라 군대가 더 백성들을 괴롭혔다는 것을 풍자한 말이에요. 이후 조, 명 연합군은 반격을 시작하여 평양성을 탈환하고, 행주산성에서는 권율이 이끈 관군과 백성이 힘을 합쳐 왜군의 대공세를 물리치는 행주대첩을 이루어냈습니다.

결국 왜군은 남쪽으로 후퇴하여 경상도 바닷가를 따라 주둔하면서 명과 일본 사이의 휴전 협상이 시작되었습니다. 조선은 휴전 기간을 이용하여 훈련도감을 설치하고, 속오법으로 지방군 편제도 바꾸었습니다. 또 우리 화포의 성능을 더욱 발전시키고 왜군의 조총을 모방하여 우리 힘으로 조총도 만들었습니다.

3년간의 휴전 협상이 결렬되자 왜군이 다시 전쟁을 시작했는데, 이를 정유재란(1597. 정유년에 재차 왜란을 일으켰다는 거죠)이라 합니다. 이 무렵 이순신은 역적으로 몰려 죽을 위기를 당했습니다. 연전연승을 하며 백성들의 영웅으로 떠오른 이순신 장군을 시기한 자들이 이순신 장군을 모함하여 역적으로 몰아 죽이려고 하였죠. 불행 중 다행으로 이순신 장군은 백의종군의 명을 받고 간신히 살아남았죠. 그사이 조선 수군은 일본 수군에게 참패를 당하여 배가 달랑 13척만 남았습니다. 그러나 이순신 장군은 "신에게는 아직 13척의 배가 있사옵니다." 하면서 13척을 갖고 300여 척의 일본 수군을 격파하였습니다. 이것이 바로 명량대첩입니다. 이 대첩으로 왜군은 기가 죽어 남해안 일대로 다시 후퇴하였습니다.

이때 마침 도요토미 히데요시가 죽자 왜군은 전쟁을 포기하고 일본으로 철수를 하게 되었는데, 마지막으로 왜군에게 큰 타격을 주며 이순신 장군이 전사했던 전투가 바로 노량대첩입니다. 임진왜란의 끝에 왜군은 일본으로 살기 위해 달아나려 하였고, 마지막 일격으로 다시는 침략할 생각을 못하게 하기 위해 이순신은 결전을 벌였습니다. 그러나 이순신은 노량해전을 지휘하다 총탄을 맞고 쓰러졌습니다. 이순신은 최후의 명령으로 "지금은 싸움이 급하니, 내가 죽었다는 것을 알리지 마라."라고 유언하고 죽음을 맞았습니다.

명량대첩을 이룩한 울돌목(왼쪽)과 쇠사슬 감기틀 상상 복원 모형(오른쪽)
현재는 울돌목 위에 진도대교가 세워져 있죠. 울돌목 바다 밑에 쇠사슬을 깔아놓았다가
감기틀로 쇠사슬을 감아올려 왜선들의 이동을 막았다고 합니다.

노량대첩이 있었던 경남 남해 앞바다(왼쪽)와 진주 촉석루 앞의 의암(오른쪽)
노량대첩에서 이순신 장군이 돌아가셨죠. 의암은 논개가 왜장을 안고 물에 뛰어든
곳입니다.

■ 임진왜란이 끼친 영향

　　　　　　　　　　　　임진왜란은 국내외에 많은 영향을
끼쳤습니다. 국내적으로는 먼저 인구가 크게 감소하였습니다. 왜군에 의
해 수많은 사람들이 살해되었는데, 지금도 일본에는 코무덤, 귀무덤이 있
습니다. 도요토미 히데요시가 우리나라 사람들을 얼마나 많이 죽였는지
알고 싶다고 시체의 코와 귀를 잘라 소금에 절여 일본에 보내도록 했기

때문이죠. 정말 인간 말종들이죠. 또 전쟁으로 농사가 제대로 안 되니 사람들이 굶어 죽고, 영양실조로 질병에 잘 걸려 죽다 보니 인구가 크게 감소하였습니다. 이렇게 농촌이 황폐화되자 이몽학의 난과 같은 농민 봉기가 발생하기도 하였습니다.

전쟁으로 토지대장, 호적이 대부분 불타 없어져 국가 재정이 궁핍해졌습니다. 세금을 걷을 근거가 없어졌으니까요. 그래서 국가에서는 납속책, 공명첩으로 신분을 팔아 국가 재정을 보충하였습니다. 결국 신분제가 동요하게 되는 출발점이 됩니다. 또 왜군이 불국사를 불태우고(현재의 불국사는 다시 복원된 것이고, 돌은 불타지 않으므로 청운교, 백운교, 축대, 석가탑, 다보탑은 원형 그대로입니다), 수많은 서적과 실록 등을 훔쳐가고 불태웠습니다(다만 경복궁은 왜군이 불태운 것이 아니라 백성들을 버리고 도망친 선조와 지배층에 대한 불만이 폭발하여 백성들이 불태운 것입니다). 또 수만 명이 일본에 포로로 잡혀가서 노비가 되거나 서양 상인들에게 노예로 팔리기도 하였습니다.

대외적으로 먼저 일본은 문화적으로 큰 발전을 이룰 수 있는 계기가 되었습니다. 조선에서 약탈해 간 금속활자, 그림, 서적과 포로로 납치해 간 성리학자, 인쇄공, 도공 등으로부터 우수한 문화를 습득하여 일본 문화를 발전시켰던 것입니다. 드라마 「불의 여신 정이」의 주인공 '정이'는 임진왜란 당시 일본으로 끌려간 백파선이란 여성 사기장입니다. 남편 김태도와 함께 일본에 끌려가 일본 도자기 발전에 큰 역할을 하였죠. 또 임진왜란 때 조선을 도우러 온 명나라는 전쟁 비용이 많이 들어 국가 재정이 악화되는 등 국력이 크게 약화되었습니다. 이 틈을 타 여진족은 세력을 확대하여 누르하치가 후금을 건국하기에 이르렀습니다. 이후 후금은 청나라로 이름을 바꾸고 더욱 성장하여 명나라를 대신하여 중국을 지배하게 되었습니다.

■ 광해군의
전쟁 복구 정책

　　　　　　　선조의 뒤를 이어 왕위에 오른 광해군은 북인들을 중심으로 정치를 하며 임진왜란의 피해로부터 벗어나려고 노력하였습니다. 광해군은 국가 재정을 안정시키기 위해 인구와 토지를 조사하여 새로 호적과 토지 대장을 만들고, 특히 대동법을 실시하여 공납의 폐단을 없애려고 하였습니다. 영화「광해, 왕이 된 사나이」에서도 나온 것처럼 광해군은 기득권 세력의 반대에도 불구하고 대동법을 처음으로 실시하는 데 성공합니다. 또한 어의였던 허준으로 하여금 『동의보감』을 저술토록 하여 질병 치료 지식을 널리 퍼뜨려 인구 감소를 막으려고도 하였습니다. 또한 광해군은 임지왜란 중 세자가 되어 임시 조정이었던 분조를 이끌었음을 강조하여 자신의 정통성을 세우려고 하였습니다. 이를 위해 왜란 중 목숨을 걸고 충성한 신하나 열녀를 떠받들었는데, 광해군 자신 역시 나라를 구한 충신, 열녀와 같은 정통성이 있음을 강조한 것입니다.

★ **영화와 드라마로 역사 읽기 – 드라마 「별에서 온 그대」①**

　　드라마 「별에서 온 그대」의 모티브가 된 역사 기록은 『조선왕조실록』에 실린 다음 기록에서 시작됩니다.

　　강원 감사 이형욱이 치계하였다. "간성군에서 8월 25일 사시(巳時) 푸른 하늘에 쨍쨍하게 태양이 비치었고 사방에는 한 점의 구름도 없었는데, 우레 소리가 나면서 북쪽에서 남쪽으로 향해 갈 즈음에 사람들이 모두 우러러 보니, 푸른 하늘에서 연기처럼 생긴 것이 두 곳에서 조금씩 나왔습니다. 형체는 햇무리와 같았고 움직이다가 한참 만에 멈추었으며, 우레 소리가 마치 북소리처럼 났습니다. 원주목에서는 8월 25일 사시 대낮에 붉은 색으로 베처럼 생긴 것이 길게 흘러 남쪽에서 북쪽으로 갔는데, 천둥소리가 크게 나다가 잠시 뒤에 그쳤습니다.

강릉부에서는 8월 25일 사시에 해가 환하고 맑았는데, 갑자기 어떤 물건이 하늘에 나타나 작은 소리를 냈습니다. 형체는 큰 호리병과 같은데 위는 뾰족하고 아래는 컸으며, 하늘 한가운데서부터 북방을 향하면서 마치 땅에 추락할 듯하였습니다. 아래로 떨어질 때 그 형상이 점차 커져 3, 4장 정도였는데, 그 색은 매우 붉었고, 지나간 곳에는 연이어 흰 기운이 생겼다가 한참 만에 사라졌습니다. 이것이 사라진 뒤에는 천둥소리가 들렸는데, 그 소리가 천지를 진동했습니다.

춘천부에서는 8월 25일 날씨가 청명하고 단지 동남쪽 하늘 사이에 조그만 구름이 잠시 나왔는데, 오시에 화광(火光)이 있었습니다. 모양은 큰 동이와 같았는데, 동남쪽에서 생겨나 북쪽을 향해 흘러갔습니다. 매우 크고 빠르기는 화살 같았는데 한참 뒤에 불처럼 생긴 것이 점차 소멸되고, 청백(靑白)의 연기가 팽창되듯 생겨나 곡선으로 나부끼며 한참 동안 흩어지지 않았습니다. 얼마 있다가 우레와 북 같은 소리가 천지를 진동시키다가 멈추었습니다.

양양부에서는 8월 25일 미시(未時)에 품관인 김문위의 집 뜰 가운데 처마 아래의 땅 위에서 갑자기 세숫대야처럼 생긴 둥글고 빛나는 것이 나타나, 처음에는 땅에 내릴 듯하더니 곧 1장 정도 굽어 올라갔는데, 마치 어떤 기운이 공중에 뜨는 것 같았습니다. 크기는 한 아름 정도이고 길이는 베 반 필 정도였는데, 동쪽은 백색이고 중앙은 푸르게 빛났으며 서쪽은 적색이었습니다. 쳐다보니, 마치 무지개처럼 둥글게 도는데, 모습은 깃발을 만 것 같았습니다. 반쯤 공중에 올라가더니 온통 적색이 되었는데, 위의 머리는 뾰족하고 아래 뿌리 쪽은 자른 듯하였습니다. 곧바로 하늘 한가운데서 약간 북쪽으로 올라가더니 흰 구름으로 변하여 선명하고 보기 좋았습니다. 이어 하늘에 붙은 것처럼 날아 움직여 하늘에 부딪칠 듯 끼어들면서 마치 기운을 토해내는 듯하였는데, 갑자기 또 가운데가 끊어져 두 조각이 되더니, 한 조각은 동남쪽을 향해 1장 정도 가다가 연기처럼 사라졌고, 한 조각은 본래의 곳에 떠 있었는데 형체는 마치 베로 만든 방석과 같았습니다. 조금 뒤에 우레 소리가 몇 번 나더니, 끝내는 돌이 구르고 북을

치는 것 같은 소리가 그 속에서 나다가 한참 만에 그쳤습니다."(『광해군일기』 중에서 발췌)

위 기록은 1609년(광해군 1년) 9월 25일 강원 감사가 중앙 정부에 보고한 내용입니다. 기록들을 볼 때 보고된 현상은 8월 25일 사시(오전 9~11시)에 간성(현재 고성), 강릉, 양양 등 강원도 영동지방과 춘천, 원주 등 강원도 영서지방에서 모두 관측된 것으로 보입니다. 그리고 이 현상은 호리병이나 세숫대야 같이 생긴 비행물체가 천둥소리를 내며 하늘을 날아다니는 것을 강원도 곳곳에서 많은 사람들이 본 것으로 보입니다. 현재까지도 미확인비행물체(UFO)를 보거나 촬영하였다는 뉴스는 많이 나왔지만 이처럼 땅에 상륙할 것처럼 내려오기도 하고, 천둥소리 같은 큰 소리가 들릴 정도로 확실한 관측은 없었습니다. 또한 이 기록은 당시 너무 많은 지역에서 너무 많은 사람들이 보았기 때문에 중앙 정부에 보고가 될 수밖에 없었던 것으로 보입니다. 게다가 『조선왕조실록』에는 UFO가 관측된 것으로 추정되는 기록이 또 있습니다. 다음 기록을 보시죠.

초저녁에 패성(孛星)이 북방에 나타나서 선회하고 유전(流轉)하다가 한참 만에 자취가 없어졌다. 그 크기는 주발(周鉢)만 하고 청적색이었다. 임금이 친히 보고 서운관에서 수경하던 조호선에게 물으니 알지 못한다고 대답하므로 하옥하라고 명하였으나, 이튿날 그를 석방하였다.(『태종실록』 중에서 발췌)

위 기록은 1413년(태종 13년) 7월 22일의 기사입니다. 기록들을 볼 때 보고된 현상은 주발, 즉 밥그릇 모양의 청적색 별이 초저녁에 나타나 선회, 유전, 즉 하늘에서 빙글빙글 돌아다녔다는 내용입니다. 당시 이 현상이 너무 신기했던지 태종이 직접 나와 이를 보고 서운관(당시 천문 관측 담당 기관)의 관리에게 물어보았지만, 관리가 모르겠다고 하자 감옥에 가두었다가 그다음 날 석방했다는 내용이죠. 과연 당시 하늘에서 선회한 별은 무엇이었을까요? 아무리 봐도 UFO일 가능성이 크다고 생각됩니다. 드라마 「별에서 온 그대」의 작가 역시 『광해군일기』의 기록을 바탕으로 1609년 UFO를 타고 온 외계인이 지금까지 400년 동안 지구에 살아왔다는 이야기를 상상했다고 밝혔습니다. 만약 『태종실록』의 기록을 바탕으로 했다면 600년 동안 살아온 외계인이 남자 주인공이 되었겠죠? ㅋㅋ

이 드라마에서는 외계인 남자 주인공이 지구에 도착하여 아역 여자 주인공을 만났을 때의 이야기가 회상 장면으로 여러 회에 걸쳐 묘사되었습니다. 여자 주인공은 15살의 어린 나이에 과부가 되었는데, 시댁에서 청부살인업자를 시켜 여자 주인공을 죽이려고 하죠. 여자 주인공은 외계인 남자 주인공의 도움으로 위기를 넘겼지만 시댁에서는 이미 여자 주인공의 무덤을 만들고 열녀비를 받은 상황이었죠. 즉 열녀비를 하사받기 위해 과부가 된 며느리를 시댁에서 죽이려고 한 것입니다.

이 묘사는 당시 광해군 시대의 상황을 잘 보여주고 있습니다. 조선은 임진 왜란을 겪으면서 국왕과 양반들은 도망치기 바쁘고, 대다수 평민들과 천민들이 의병을 일으켜 일본군과 맞서 싸웁니다. 당연히 국왕과 양반들의 권위가 떨어 지게 됩니다. 특히 광해군은 후궁의 아들이라는 정통성의 약점을 충신과 열녀를 조사하고 추앙하는 것으로 보완하려고 했죠. 이후 열녀비, 열녀문을 하사받기 위해 시댁에서 과부들에게 자살을 강요하는 경우도 많아졌는데, 그 흔적이 남은 말이 바로 과부를 뜻하는 '미망인(未亡人)'입니다. 우리말로 번역하면 '아직 죽지 않은 사람'이라는 뜻이죠. 즉 남편 따라 죽지 않고 아직 살아 있는 과부라는 말입니다. 다시 말해 '미망인(未亡人)'은 절대 써서는 안 될 말입니다.

이 드라마에서는 『동의보감』을 쓴 허준이 나오기도 했습니다. 실제로 허준은 선조, 광해군 때 어의를 지낸 인물로 남자 주인공인 외계인이 광해군 1년에 지구에 왔기 때문에 허준이 치료를 해주었다는 이야기는 시기적으로 가능한 일입니다. 그리고 허준이 남자 주인공을 치료하면서 외계인이라는 것을 인정하고 충고하는 내용 중에 "통즉불통(通卽不痛) 불통즉통(不通卽痛), 통하면 아프지 않고, 통하지 않으면 아프게 되어 있습니다."라는 대사가 있었는데, 이 대사가 바로 『동의보감』에 나오는 내용이죠. 외계인이 기가 통하지 않는 지구에 살기 때문에 계속 지구에 머무르면 결국 '통하지 않으므로 아프게 될 날이 온다.'는 뜻입니다.

★ **영화**와 **드라마로 역사** 읽기 – **드라마**「별에서 온 그대」②

도라마「별에서 온 그대」의 남자 주인공 이름이 도민준입니다. 도민준은 광해군 1년부터 지금까지 약 400년을 살아온 외계인이죠. 드라마의 내용을 바탕으로 도민준이 살아온 400년간의 기록을 가상의 역사로 살펴본 글입니다.

도민준이 살아온 400년간의 기록

광해군 1년(1609) 지구에 도착하다

난 1609년 8월 25일 KMT184.05라고 지구인들이 부르는 행성에서 왔습니다. 우리 행성은 지구와 환경이 거의 비슷한 쌍둥이 행성이라고 할 수 있습니다. 그래서 자기장, 중력, 물 등 지구와 우리 행성은 거의 차이가 없어서 쉽게 적응할 수 있었죠. 그러나 우리 행성은 지구보다 문명이 더 발전되어 있습니다. 문명의 발전과 함께 의학이 발달하여 우리 행성의 사람들은 지구인들의 시간으로 거의 수천 년을 평균수명으로 살고 있죠. 그리고 지금으로부터 600여 년 전 우리 행성에서는 지구의 환경이 우리 행성과 거의 같고, 또한 많은 생명체들이 살고 있다는 것을 알게 되었습니다. 우리는 지구의 생명과 문명에 대한 연구를 위해 조사단 파견을 결정하였습니다. 그리고 현재 지구인들이 UFO라고 부르는 우리 행성의 우주선을 타고 왔죠. 지구를 400여 년 주기로 돌고 있는 딥사우스 혜성을 테라포밍(Terraforming)하여 우리 행성 사람들이 살 수 있는 곳으로 만들어 딥사우스 혜성을 일종의 우주선으로 이용한 것입니다. 그렇게 200여 년을 이동하여 지구 근처에 도착한 저를 포함한 조사단은 우주선을 타고 지구 곳곳을 조사하고 다녔습니다. 그러던 중 1609년 8월 25일 조선이란 나라 동쪽에 있는 강원도 지역에 도착하였습니다. 그때 우리 우주선을 본 사람들의 증언이 강원도 곳곳에서 강원 감사 이형욱에게 올라갔고, 이형욱은 이를 다시 정리하여 9월 25일 조선 조정에 보고하였습니다. 이를 기록한 것이 바로 『광해군일기』에 실렸습니다.

제가 조선에 와서 처음 만난 사람이 이화입니다. 이화는 15살의 어린 나이에 과부가 된 소녀였죠. 그런데 이화의 시댁에서는 자객을 고용하여 이화를 죽이려고 하였지만 저의 도움으로 목숨을 구할 수 있었습니다. 시댁에서는 이화가 죽은 남편을 따라 자살한 것으로 위장하여 열녀비를 하사받으려고 한 것이죠. 시댁이 열녀비를 받기 위해 자신을 죽였다는 것을 알게 된 이화는 친정으로 돌아와 이 사실을 알립니다. 당시는 광해군 때로 이른바 조선 중기입니다. 조선 중기는 조선 후기처럼 여성의 지위가 아주 나빠지지는 않았지만 조선 초부터 여성의 이혼, 재혼이 법적으로 금지되었고, 재혼한 여성의 자손들은 과거 시험을 볼 수 없는 등 차별받았습니다. 나라에서는 열녀문, 열녀비 등을 내리는 경우가 점차 많아져 그 과정에서 희생된 여성들도 많았습니다. 또한 고려시대, 조선 전기는 남성들이 처가살이하는 경우가 많았지만 조선 중기 이후 점차 여성들이 시집살이하는 경우가 많아졌죠. 제게 친필이 들어간 도자기를 주신 허균 선생의 누나인 허난설헌 역시 시집살이를 했습니다.

독약을 먹고 죽을 위기에 처한 저를 치료해준 분이 바로 허준 선생입니다. 같이 온 동료들은 이미 우주선을 타고 떠났죠. 1608년 2월 선조가 죽자 당시 어의였던 허준 선생은 그 책임을 지고 유배를 갔다가 1609년 11월에 유배에서 풀려납니다. 제가 조선에 온 것이 1609년 8월이었고, 허준 선생은 석 달 동안 저를 치료해주신 이후 곧 유배에서 풀려나셨죠. 유배에서 풀려나시기 직전 허준 선생이 저에게 '통즉불통(通卽不痛) 불통즉통(不通卽痛)'이라는 충고를 해주셨습니다. '통하면 아프지 않고, 통하지 않으면 아프다.'는 뜻입니다. 이 말은 허준 선생이 쓰신 『동의보감』에도 실려 있는 내용이죠. 『동의보감』은 중국과 일본에서도 간행될 정도로 훌륭한 의서입니다. 우리나라에서 쉽게 구할 수 있는 약재나 가난한 백성들을 위한 단방 처방(한 가지 약으로 치료할 수 있는 처방) 등 가난한 백성들을 위한 허준 선생의 따뜻한 마음이 담겨 있죠. 하긴 허준 선생은 저 같은 외계인도 치료해주신 분이었으니까요.

허균 선생이 직접 써 준 글이 담긴 도자기를 얼마 전 천송이가 청소한다고 난리치다가 깨뜨려버렸죠. 제가 400년 동안 얼마나 애지중지 했던 것인데……

허균 선생은 최초의 한글 소설 『홍길동전』을 쓴 저자로 유명합니다. 『홍길동전』의 주인공 홍길동을 모르는 한국인은 아마 없을 겁니다. 그런데 홍길동의 실제 모델이 저입니다. 허균 선생이 제가 도술을 부린다는 이야기를 듣고 저를 찾아와 만난 적이 있었죠. 그래서 제가 순간 이동을 보여드리니까 굉장히 놀라시더군요. 그러니까 홍길동이 동에 번쩍 서에 번쩍 나타난 것은 저의 순간 이동을 묘사한 것이라고 할 수 있죠. 다시 말해 홍길동이 부린 도술은 사실 저의 초능력을 묘사한 것입니다. 물론 『조선왕조실록』 중 하나인 『연산군일기』에는 실존 인물이었던 홍길동이란 도적을 체포하였다는 기록이 있습니다. 또 『만성대동보』라는 족보에 홍길동이 '도술을 부린 자'라고 기록되어 있는데, 이 족보에 따르면 홍길동의 고향은 전남 장성이라고 합니다.

허균 선생은 저와 만나 많은 대화를 나누곤 하였는데, 지금도 『홍길동전』을 읽으면 허균 선생과 다시 대화하는 느낌이 듭니다. 우선 허균 선생은 위정자들이 '백성을 두려워해야 한다.'고 생각하였습니다. 『홍길동전』에는 이를 반영하는 내용들이 많이 나옵니다. 홍길동이 이끄는 활빈당은 이름 그대로 '가난한 사람들을 살리는 조직'입니다. 당시 백성들은 모두 가난한 사람들이었는데, 탐관오리들이 백성들을 착취하였기 때문이죠. 즉 홍길동은 백성들을 대표하여 혁명을 꿈꾸는 민중 지도자를 표현한 인물입니다. 홍길동이 바다 건너 섬에 세운 율도국 역시 허균 선생이 이상으로 생각한 나라를 보여줍니다. 무엇보다도 허균 선생이 민중을 중심으로 생각하였음을 보여주는 것은 『홍길동전』을 한글로 썼다는 것입니다. 『홍길동전』에서 말하고 있는 혁명 사상이 한글을 통해 백성들 사이에 퍼져 나가면서 광해군을 비롯한 지배층은 허균을 제거하기로 결심하였습니다. 결국 광해군 10년(1618) 허균은 영창대군(광해군의 이복동생)을 왕으로 만들려고 하는 역모를 꾀했다는 혐의로 처형당하였습니다. 참으로 안타까운 일이었습니다.

제가 읽은 책 중 가장 감명 깊은 책이 김만중 선생이 쓴 『구운몽』입니다.

『해리포터』보다 무려 400년이나 앞선 신 개념 판타지 소설이었죠. 이 책은 김만중 선생이 평안도 선천에 유배되었을 당시에 모친을 위해 쓴 소설입니다. 아들이 유배되어 걱정하고 계실 어머니께 재미있게 읽을 이야기를 지어드린 것이죠. 『구운몽』의 주인공은 '성진'이라는 천상의 인물인데, 8선녀를 희롱한 죄로 지상으로 내려와 '양소유'란 인간으로 태어납니다. 양소유는 출세하여 나라의 영웅이 되고, 8명의 아내를 두는 등 행복한 삶을 살다가 깨어나 보니 꿈이었다는 결론입니다. 그런데 『구운몽』의 주인공 '성진'의 실제 모델 역시 접니다. 김만중 선생이 유배지에서 제 이야기를 듣고 아이디어를 얻은 것이죠. 제가 하늘 위 별에서 왔고, 별로 돌아가지 못한 채 지구에서 살고 있다는 이야기를 천상의 '성진'이 인간 세상으로 쫓겨나 지상의 '양소유'로 살고 있는 것으로 각색한 것이죠. 그러니까 『구운몽』은 판타지 소설이 아니라 사실을 바탕으로 한 팩션 소설이었다고 해야 할 것입니다.

영조 때 김홍도의 그림을 선물받다

영조 때 한 기생이 저에게 사랑을 고백하며 건넨 그림이 단원 김홍도의 대표적 풍속화 「무동」입니다. 그 기생은 김홍도가 왕세손의 초상화까지 그렸다며 당시 최고의 화공이라는 말을 하였죠. 김홍도는 당시 영조의 초상화를 그렸을 뿐만 아니라 그의 손자, 즉 왕세손 이산(정조)의 초상화를 그릴 정도로 뛰어난 화공이었고, 정조 즉위 후에도 역시 정조의 초상화를 그렸으며, 각종 풍속화를 그린 대단한 화가였습니다.

홍대용으로 살며 『의산문답』을 쓰다

영조 때 저는 담헌이라는 호를 쓰고, 홍대용이라는 이름으로 살았습니다. 그때 술을 처음 마시고 취하여 초능력을 쓰고, 말을 타고 날아다니는 술주정을 부리는 큰 실수를 하기도 했죠. 어쨌든 관상감에서 일하면서 동료에게 지구가 둥글고 움직인다는 이야기를 했는데도 믿지를 못하더군요. 그래서 '허자'와 '실옹'의 대화로 이루어진 『의산문답』을 써서 '실옹'의 이름으로 제가 알고 있던 과학 지식을 알리기도 하였죠. '실옹(實翁)'은 '실력 있는 할아버지'라는 뜻입니다. 그때 이미 저는 150년 넘게 지구에 살고 있었기 때문에 '할아버지'라는 필명을 썼던 것이죠. 우주가 무한히 크다는 것을 설명하는 무한우주론과 지구가 자전,

공전한다는 것을 설명한 지전론 등을 매우 과학적으로 설명하였습니다. 2005년 한국 연구진들이 발견한 소행성을 제 이름 '홍대용'으로 명명하였는데, 그때는 정말 400년간 살아온 보람이 있었습니다.

병자년 방죽을 부릴 때 강화도조약을 맺다

고종 13년이 병자년이었는데, 그해 전국적인 가뭄이 들어 방죽이 모두 말라버렸습니다. 이를 보고 사람들이 건방죽이라고 했죠. 원래 방죽은 물을 막기 위해 쌓은 둑을 말합니다. 즉 건방죽은 물이 말라버린 방죽이죠. 즉 원래 물을 가득 담고 있어야 할 방죽이 자기 주제도 모르고 날뛰는 건방죽이 되었다는 뜻입니다. 이 '건방죽'이란 말이 현재 '건방지다'라는 말의 기원이 된 것이죠. 그런데 이렇게 가뭄이 들어 건방죽이 되어버린 해가 1876년, 고종 13년으로 일본과 강화도조약을 맺은 해입니다. 병자년에 맺은 조약이라 하여 병자수호조규라고도 하죠.

그런데 강화도조약은 최초의 근대적 조약이었지만 불평등 조약이었습니다. 일본이 우리나라의 연안 바다를 마음대로 측량하는 것을 허용하여 우리의 영토 주권을 침해했으며, 일본인들이 우리나라에서 벌인 범죄를 우리 법으로 처벌하지 못하는 치외법권을 인정하는 등 우리나라에 극도로 불평등하였습니다. 그래서 저는 당시 상황을 보며 '이런 밤중에 버티고개에 가서 앉을 놈들'이라고 욕을 했죠. 버티고개는 약수동에서 한남동으로 넘어가는 고개였는데, 당시엔 매우 좁고 험해서 도적들이 밤에 숨어 있다가 버티고개를 지나다니는 사람들의 재물을 도둑질하는 경우가 많았습니다. 그래서 '밤중에 버티고개에 가서 앉을 놈들'이라는 것은 '도둑놈들'이라는 뜻이죠. 당시 일본은 도둑놈들이었던 것입니다. 지금도 다른 나라들을 침략했던 과거에 대해 반성하지 않고 전쟁을 할 수 있는 헌법 개정을 하려는 일본 우익들에게 하고 싶은 말이 있습니다. '이런 야스쿠니에 가서 참배할 놈들'이라고요. 뜻은 '밤중에 버티고개에 가서 앉을 놈들'과 같습니다.

■ 광해군의 중립 외교와 인조반정

광해군은 명과 후금 사이에서 신중한 중립외교정책으로 대처하였습니다. 임진왜란으로 국력이 약화된 조선으로서는 두 강대국 사이에서 중립을 지키는 것이 가장 현실적이었기 때문입니다. 다음은 광해군과의 가상 인터뷰를 통해 광해군이 중립 외교를 하였던 이유를 살펴보겠습니다.

▷ 기자 : 명이 후금을 치기 위해 조선에 파병을 요구하자 임금님께서는 강홍립을 도원수로 임명하여 1만 3,000명의 군대를 파병하였습니다. 왜 파병하셨던 것이죠?

▶ 광해군 : 명의 요구에 어쩔 수 없이 파병하였습니다. 그러나 나는 파병하기 전 강홍립을 따로 불러 전쟁이 돌아가는 상황에 따라 이기는 쪽으로 붙도록 명령을 내렸죠. 결국 후금이 승리하자 강홍립이 이끈 조선군은 후금에 항복하였고 중립을 지키려는 나의 뜻을 전했습니다.

▷ 기자 : 명은 이후에도 계속 파병을 요구하였습니다. 어떻게 대처하셨나요?

▶ 광해군 : 나는 그때마다 이런저런 핑계를 대며 거절하고, 후금과 적대 관계가 되지 않게 대응하면서 중립적인 정책을 계속 유지하였습니다.

이러한 광해군의 중립 외교정책에 불만을 가진 사람들이 바로 서인이었습니다. 서인은 광해군이 인목대비(임진왜란 직후 광해군의 부왕인 선조의 중전이 되어 광해군의 계모가 되었죠. 광해군의 이복동생인 영창대군을 낳으면서 정치적 라이벌이 되었습니다. 광해군은 역모 혐의로 영창대군을 죽이고, 인목대비와 원수가 되었죠)

를 폐비하자, 이를 불효로 몰았습니다. 결국 친명배금(명나라와 친하고 후금을 배척하자) 정책을 내세우며 인조반정을 일으켰습니다(1623).

■ 호란의 전개 과정

반정으로 즉위한 인조는 서인들을 중심으로 정치를 하며 친명배금 정책으로 후금을 자극하였죠. 특히 1624년 일어난 이괄의 난은 후금이 조선을 쳐들어오는 계기가 되었습니다. 이괄은 인조반정에 참여한 공신 중 한 명이었지만 논공행상(공신들이 세운 공에 따라 상을 내리는 것)에서 소외된 것에 불만을 품었죠. 그래서 이괄을 중심으로 반란이 일어났지만 곧 진압되었고, 그 잔당들이 후금으로 도망쳐 "인조가 광해군을 쫓아내고 명나라를 도와 후금을 공격하려 한다."고 일러바쳤습니다. 이에 후금은 광해군의 복수를 내세우며 쳐들어왔는데, 이를 정묘호란이라 합니다. 정봉수, 이립 등이 의병을 일으켜 관군과 함께 힘을 합쳐 후금군과 맞서 싸웠습니다. 이러한 조선군의 활약 등으로 후금군의 보급로가 막히자 당황한 후금은 조선과 화의를 맺고 돌아갔습니다. 이로써 후금은 형이 되고, 조선은 동생이 되는 형제관계가 되었죠.

이후 후금은 국호를 다시 청으로 고치고 이제는 군신관계(임금과 신하의 관계)를 맺자고 조선에 요구하였습니다. 오랑캐와 형제관계를 맺은 것도 짜증나는데 이젠 군신관계를 맺자고 하니 기가 막힐 노릇이었죠. 이에 대한 대응을 두고 조선은 주전파(명나라를 위해 청나라와 싸우자는 세력)와 주화파(청의 침략을 막기 위해 군신 관계를 맺자는 세력)가 나뉘어 대립합니다. 결국 주전파가 승리하여 청의 제의를 거절하자 청이 다시 쳐들어오는데, 이를 병자호란이라 합니다.

인조는 강화도로 피신하려고 하였으나 길이 막히자 남한산성으로 피난하여 항전했습니다. 산성에 고립된 채 식량이 부족해지면서 결국 청에 굴복하고 군신관계를 맺고 말았습니다. 인조는 삼전도에서 청 태종에게 항복하며 땅에 머리를 9번이나 박아서 이마에 피가 흘러내렸다고 합니다. 이를 '삼전도의 치욕'이라고 하죠.

■ 임진왜란 이후 일본과의 관계

임진왜란이 끝난 후 일본은 도쿠가와 이에야스가 정권을 잡으면서 도쿠가와 막부(에도 막부)가 시작됩니다. 에도 막부는 선진 문물을 받아들이기 위해 조선에 국교 재개를 요청하였습니다. 이에 조선은 유정(사명대사)을 파견하여 일본과 다시 국교를 재개할 것을 합의하고, 왜란 때 끌려간 포로 1,500여 명을 데려왔습니다. 이어 기유약조(1609)를 맺어 부산포에 왜관을 설치하고 제한적인 교류를 허락하였습니다.

이후 조선은 일본에 '통신사'라는 사절을 12회 파견하였는데, 일본은 이들을 통하여 조선의 선진적인 문물을 배웠습니다. 통신사가 지나는 길에는 일본인들이 몰려 나와 조선 사신들에게 글과 그림을 받으려고 난리가 났죠. 이때 받은 글과 그림을 집안 대대로 가보로 삼아 지금까지 보존한 경우도 많다고 합니다. 요즘 우리나라 연예인들이 일본에 가면 공항에 일본 사람들이 몰려 나와 사진 찍고 사인 받으려고 난리가 나는 것과 비슷하다고 보면 됩니다.

울릉도와 독도는 신라 지증왕 때 정복하여 우리의 영토가 되었습니다. 그런데 우리나라는 쇄환 정책이라 하여 육지에서 멀리 떨어져 있는 섬에 사는 사람들을 육지에 나와 살도록 하면서 섬을 비우는 정책을 폈습니다. 그런데 숙종 때 안용복이라는 우리나라 어민이 울릉도에 출몰하는 일본 어민들을 쫓아내고, 일본에 건너가 울릉도와 독도가 조선의 영토임을 확인받고 돌아온 일이 있었습니다. 그런데 우리 정부는 대마도주의 항의를 받고 안용복을 감옥에 가두는 등 처벌하고 울릉도에 대한 쇄환 정책도 계속 유지하였습니다. 정말 한심한 일이었죠. 그러나 19세기 말 울릉도에 다시 주민들이 살도록 이주시켰고, 울릉도에서 독도를 관할하도록 만들기도 하였습니다.

■ 북벌 운동과 북학론

임금의 굴욕적인 항복에 충격을 받은 조선에서는 오랑캐(청)에게 치욕당한 것을 되갚아주고, 임진왜란 때 도와준 명나라에 대한 의리를 지키고 청나라에 복수하자는 움직임이 나타났는데, 이를 북벌운동이라고 합니다. 북(청)을 정벌하자는 운동이죠. 병자호란으로 인조는 치욕적인 항복을 하고 소현세자와 봉림대군을 청나라에 인질로 보냈습니다. 소현세자는 조선에 돌아오자마자 죽었고, 봉림대군이 왕위에 올라 효종이 되었습니다. 효종(효종은 효도한 임금이라는 뜻입니다. 즉 아버지 인조의 복수를 위해 청을 치려는 북벌을 준비할 만큼 효성스러운 임금이라고 기억하면 됩니다)은 아버지 인조가 당한 치욕과 자신이 인질로서 겪은 치욕을 복수하기 위해 북벌을 추진하였습니다. 그래서 당시 북벌을 주장했던 송시열, 송준길, 이완 등을 중심으로 군사력을 증강하고 성곽 수리 등 전쟁 준비에 만전을 기하였습니다.

그러나 서인 정권의 생각은 좀 달랐죠. 서인 정권은 자신들의 군사적 기반을 강화하기 위해 북벌을 이용했기 때문입니다. 그래서 실제로 북벌을 실행에 옮기는 것을 주저했습니다. 게다가 청과 러시아가 국경이 겹치면서 영토 분쟁이 일어나자 청은 조선에 파병할 것을 요구하였습니다. 조선은 북벌을 위해 준비했던 조총군을 파병하여 러시아군과 싸워 이겼는데, 이를 나선(러시아) 정벌이라고 합니다. 그러다가 효종이 죽으면서 북벌은 흐지부지 끝나고 말았습니다. 이후 숙종 때 윤휴를 중심으로 북벌이 다시 주장되었습니다. 그러나 현실성이 없었기 때문에 실제 행동은 없었답니다.

시간이 지나면서 청나라에 대한 복수심은 약해지고, 북벌을 실행할 수 없다는 것을 깨달았습니다. 그리고 청나라는 서양 문물까지 받아들여 문화가 점점 발전하였습니다. 그러자 우리에게 이익이 되는 문물을 청으로부터 배우자는 북학론이 나타났습니다. 북학론을 주장한 사람들을 북학파라고 하며 상공업을 중시했기에 중상학파라고도 합니다. 이들에 대해서는 뒤에서 더 자세하게 살펴보겠습니다.

청은 만주족들이 중국을 지배한 나라입니다. 만주족은 여진족입니다. 여진족이 살던 곳은 만주였죠. 그런데 만주족들이 만주를 떠나 중국을 지배하면서 만주는 사람이 살지 않게 되었고, 성역화되었습니다. 그런데 우리나라 사람들이 두만강을 건너 사냥을 하는 등 그 땅을 사용하는 경우가 생겼습니다. 그러자 청에서 이를 문제 삼아 국경 분쟁이 일어났죠. 그래서 조선의 대표와 청의 대표가 백두산 일대를 답사하고 국경을 확정하여 정계비를 세웠습니다(1712). 이 정계비에는 "서쪽으로는 압록강을 경계로 하고, 동쪽으로는 토문강을 경계로 한다."고 기록되어 있었습니다.

그리고 19세기 중엽부터 우리나라 사람들이 간도(두만강과 쑹화 강 상류 사이의 땅)에 들어가 살게 되면서 다시 조선과 청 사이에 국경 분쟁이 발생하게 됩니다. 여기에서 정계비의 기록을 해석하게 되었는데, 문제는 토문강이 어디냐는 것입니다. 조선은 토문강이 쑹화 강의 상류를 가리킨다고 주장하는 반면, 청은 토문강이 두만강이라고 주장합니다. 조선은 간도가 우리 땅이라는 것이고, 청은 간도가 청의 땅이라는 것이죠. 그러나 조선은 계속 간도에 대한 지배권을 행사하였고, 간도에 더욱 많은 우리나라 사람들이 건너가 살게 되었으며 지금도 많은 중국 동포들이 살고 있습니다. 따라서 일본이 청에 간도를 팔아넘긴 간도협약은 무효입니다. 불법적인 을사조약(1905)에 의해 외교권을 빼앗긴 상황에서 일본이 조선을 대신해 맺은 협약이었기 때문이죠.

5.
응답하라
조선 후기의 정치 변동

■ 조선 후기
   정치체제의 변화

　　　　　　　　　　임진왜란과 병자호란은 조선사회에 큰 변화를 가져옵니다. 그래서 양란(임진왜란과 병자호란) 이후를 조선 후기라고 합니다. 조선 후기는 근대 태동기라고도 하는데, 아직 근대사회가 되지는 않았지만 근대사회의 싹이 나타나는 시대였다는 뜻이죠. 태동은 엄마 뱃속에서 태아가 움직이는 것을 말합니다. 즉 아기가 아직 태어나지는 않았지만 탄생을 예고하는 것이 바로 태동인 것처럼 근대사회의 탄생을 준비하는 시기가 바로 조선 후기였음을 말하는 것이죠.

　　인조반정으로 정권을 잡은 서인들은 고위직을 독점하여 비변사를 장악하였습니다. 조선 전기에는 의정부와 6조 중심의 통치체제였는데, 조선 후기에는 비변사 중심의 통치체제로 바뀝니다. 비변사는 16세기 중종 때 여진족과 왜구의 침략에 군사적으로 대응하기 위한 임시 회의 기구로 설치되었습니다. 국방문제를 담당하는 회의 기구였죠. 그리고 임진왜란이 발생했습니다. 당연히 비변사가 열렸습니다. 전쟁이 심각하다 보니 의

정부의 3정승에 전직 정승, 5조(공조는 제외)의 판서(지금의 장관)와 참판(지금의 차관), 각 군영 대장, 대제학, 강화유수 등 국가 고위 관리들이 모여 군사, 외교, 재정, 사회, 인사 문제 등 거의 모든 정무를 총괄하였죠. 임진왜란이 끝나도 비변사는 계속 열렸고, 의정부와 6조 중심의 체제는 이름만 남고 실제로 하는 일은 없어졌습니다. 이렇게 비변사가 강화되자 왕권은 약화되었습니다. 왜냐하면 비변사는 고위 관리들이 모두 모여 회의를 열어 정책을 결정하였기 때문에 국왕이 비변사의 합의된 결과를 거부하기 어려웠던 것입니다. 신권이 강화되고 왕권은 약화된 것이죠.

3사의 기능도 변질되었습니다. 3사는 언론기관으로 관리의 비리를 감찰하고, 정사를 비판하며, 문필 활동을 하였습니다. 그러나 조선 후기에 3사는 각 붕당의 이해관계를 대변하는 기관들이 되었습니다. 상대 당파를 비판하여 자기 당파의 세력을 강화하고, 상대 당파를 견제하는 데 앞장섰죠. 원래 3사는 현재의 언론기관인 신문, 방송 등과 하는 일이 같습니다. 중립적인 위치에서 왕(대통령)이나 고위 관리들의 잘못을 비판하며 정치세력 간의 견제와 균형을 이루도록 심판 역할을 하는 거죠.

그런데 신문, 방송들 중에는 특정 정치세력에게 유리하거나 불리하도록 기사나 뉴스를 왜곡하는 경우가 있습니다. 심판 역할을 해야 할 언론기관이 자신들의 정치적 이익을 위해서 편파적으로 경기를 진행하는 것과 같죠. 마찬가지로 이조 전랑이나 병조 전랑도 중하급 관원들에 대한 인사권과 자기 후임자 추천권을 악용하여 자기 당파의 세력을 강화하고 상대 당파를 제거하는 데 앞장섰습니다. 인사권을 악용하여 자기 당파의 사람들은 주요 관직에 임명하거나 승진을 시키고, 상대 당파의 사람은 관직 임명을 방해하거나 좌천시켰던 것입니다. 자신이 물러날 때에 자기 당파의 인물을 후임자로 추천하는 것은 당연히 필수였죠.

■ 조선 후기
   군사제도의 변화

　　　　　　　　　　　　조선 초기의 중앙군은 5위를 중심으로
운영되었습니다. 그리고 조선 후기의 중앙군은 5군영 중심으로 운영되었
습니다. 임진왜란 중 훈련도감이 설치되었는데, 삼수병(포수-총, 사수-활, 살
수-칼) 체제입니다. 이들은 직업 군인으로서 봉급을 받는 상비군이었죠.
이어 후금의 침략에 대비하여 어영청, 총융청, 수어청 등이 설치되었고,
숙종 때 금위영이 설치되어 17세기 말에는 5군영 체제가 갖추어졌습니
다. 임기응변으로 그때그때 필요할 때마다 만들어졌죠. 정권을 잡고 있던
서인들이 자신들의 군사적 기반으로 이용하기 위해 필요할 때마다 5군영
을 만들어갔기 때문입니다.

5군영	설치 시기	주요 임무	공통점
훈련도감	선조	수도 방어 (임진왜란 중 설치)	
총융청	인조	북한산성 방어 (후금의 침략에 대비)	임기응변 식 설치 서인들의 군사적 기반
수어청	인조	남한산성 방어 (후금의 침략에 대비)	
어영청	인조	국왕 호위 (후금의 침략에 대비)	
금위영	숙종	국왕 호위, 수도 방어	

　　조선 초기의 방어체제는 진관 체제였습니다. 진관 체제는 지역별 방
어체제로 소규모 군대로 대규모 적의 침입을 막아내기 어려웠죠. 그래서
16세기 후반 제승방략 체제(각 지역의 병력을 모아 대규모 군대를 형성하여 방어하
는 체제)로 바뀌었는데, 임진왜란이 일어나자 별 효과가 없었죠. 그래서 다
시 진관 체제로 돌아가고 속오법에 따라 속오군 체제로 지방군을 편성했

습니다. 속오군은 양반에서 노비까지 신분에 상관없이 편성되어, 평상시에는 자신의 직업에 종사하다가 외적이 쳐들어오면 전투에 동원되었습니다. 한마디로 예비군이죠. 그러나 양반들이 노비와 함께 속오군에 들어가는 것을 싫어하여 "우리들이 상것들과 같이 속오군에 들어가야겠어? 내 이름 빼!" 이러면서 다 빠져나가 나중에는 상민과 노비들만 남게 되었습니다.

■ 조선 후기
조세제도의 변화

구분	조선 전기	조선 후기
조세	전분6등법, 연분9등법	영정법
공물	방납의 폐단	대동법
역	보법(정군, 보인) → 군포징수제	균역법

대동법은 임진왜란 이후 광해군이 경기도에 처음 시행하였고, 점차 전국적으로 확대되었습니다. 그 시간이 100년이나 걸렸죠. 왜일까요? 대동법은 특산물을 쌀(토지 1결당 12두=72리터), 삼베, 무명, 동전 등으로 내도록 하는 것이었죠. 그리고 집집마다 똑같이 내던 것을 토지 소유의 많고 적음에 따라 내는 방식으로 바꾸었기 때문에 토지를 많이 갖고 있는 지주들에게는 불리하고, 자영농이나 소작인 등 토지가 적거나 없는 농민들에게는 유리하였죠.

여러분, 생각해보세요. 여러분은 집이 한 채도 없는데, 집이 100채 있는 사람하고 똑같이 세금을 천만 원씩 내라고 하면 어떻겠어요? 짜증나겠죠? 그래서 나라에서 공평하게 세금을 거두려고 집이 한 채도 없는 사람은 내지 말고, 1채면 100만 원, 100채면 1억, 이런 식으로 내라고 한다고 생각해봅시다. 이렇게 하면 누가 가장 반대할까요? 맞습니다. 집을 많이 갖고 있는 집 부자들이 결사반대하겠죠? 마찬가지로 지주들이었던 양반들은 대동법에 반대하며 개혁에 저항하였고, 그래서 대동법을 전국적으로 확대하여 실시하는 데 100년이나 걸렸던 것입니다.

그러나 곧 지주가 내야 할 대동세를 소작농에게 전가시키는 등 폐단이 나타나면서 농민들은 또다시 고통을 받게 되었습니다. 땅을 많이 갖고 있는 지주에게 대동세를 내라고 하니까 지주들은 내기 싫잖아요? 그래서 자신의 땅을 빌려 농사짓는 소작농들을 불러 모아놓고 말하죠. "내가 이번에 대동세를 내게 되었는데, 니들이 대신 내줘라. 내년부터 내 땅에서 농사짓기 싫으면 말고." 소작농들이 속으로는 "열 받네!" 그러면서 "우리가 대동세를 내겠습니다." 그러죠. 완전 OTL.

조선 후기 전세의 부담을 줄이기 위해 인조 때 만들어진 것이 영정법(풍흉에 관계없이 토지 1결당 4~6두로 영원히 정한 법)입니다. 영정법으로 전세의 비율은 이전보다 낮아졌기 때문에 지주들의 부담은 줄어들었습니다. 그러나 실제 농사를 짓는 농민들이 내야 할 전세에 붙는 비용(여러 명목의 수수료, 운송비, 자연 소모-썩거나 쥐가 먹거나-에 대한 보충비 등등)이 전세보다 많을 정도였습니다. 배보다 배꼽이 더 컸죠. 한마디로 사기 치는 거였죠. 지주들이 내야 할 세금은 깎아주면서 농민들이 내야 할 비용은 더 많이 걷었던 것이죠. 즉 1결을 갖고 있는 지주가 전세인 4~6두를 내는 것으로 끝나는 것이 아니라 소작농들은 수수료 몇 두, 운송비 몇 두, 썩을 것에 대비해서 몇 두, 쥐가 파먹을 것에 대비해서 몇 두 등등 각종 보충비 등으로 원래 전세의 몇 배를 내는 어처구니없는 경우가 나타난 것입니다. 백성들을 완전 원숭이로 본 것이죠. 이러한 조세를 운반하는 것을 조운이라 하는데, 고려와 조선시대에 조세는 각 군현에서 강가나 바닷가의 조창으로 일단 운반하고, 그 이후에는 강 길과 바닷길로 운반하는 조운에 의해 수도로 운반하였습니다.

다음은 역(役)에 대해 살펴봅시다. 조선 후기가 되자 모병제(병사를 모집하는 제도)가 제도화되고, 군포를 내고 군대를 가지 않는 수포군이 더욱 늘어났습니다. 그런데 5군영, 감영, 병영 등이 각각 군포를 거두면서 장정 1명에게 2중, 3중으로 부과하는 경우가 많았습니다. 내야 할 군포의 양도 어느 소속이냐에 따라 2필 또는 3필 등으로 달랐죠. 여러분이 육군으로 군대를 갔다 왔는데, 해군에서도 군대를 가야 한다고 하고 공군에서도 군대를 가야 한다고 그러면 어떻겠어요? 짜증나겠죠?

게다가 조선 후기에는 납속, 공명첩 등을 이용하여 양반으로 신분을 상승시켜 군역을 면제받는 사람들까지 늘어났습니다. 앞에서와 마찬가지로 이들의 몫은 나머지 다른 농민들에게 돌아갔죠. 그러자 농민들은 또 도망을 가거나 아예 노비가 되기도 했습니다(노비는 세금을 내거나 군역의 의무가 없었으니까요). 또는 공명첩을 사거나 족보를 매입, 위조(원래 족보는 양반 가문에만 있었던 것입니다. 즉 양반의 족보를 돈을 주고 사서 양반이 되기도 하고, 족보 위조업자들에게 돈을 주고 위조된 족보를 사서 양반이 되기도 하였죠)하는 등의 방법으로 양반이 되어 군역을 피하기도 하였습니다. 이렇게 군역의 폐단이 심해지자 영조는 균역법을 시행하였는데, 1년에 군포 2필을 1필로, 즉 절반으로 깎아준 것입니다.

그렇다면 줄어든 군포 1필은 어떻게 보충했을까요? 맞습니다. 결작(토지 1결당 2두, 즉 12리터씩 더 걷었어요), 선무군관포(일부 상류층, 즉 부유한 양인들에게 선무군관이란 칭호를 주고 군포 1필을 납부하게 하였죠)를 더 걷고, 어장세, 선박세 등 잡세 수입으로 보충했습니다. 그러나 결작 역시 소작인들에게 전가

되고, 군적(군역을 지는 장정들의 명단)이 다시 문란해지면서(앞에서 배운 것처럼 한 사람에게 2중, 3중의 부담이 돌아가는 지저분한 상황이 다시 나타났죠) 농민의 부담은 다시 커졌습니다. 도망간 사람들의 군포를 이웃사람들에게 대신 내게 하는 인징, 친척에게 대신 내게 하는 족징, 갓난아이에게도 군포를 부과하는 황구첨정, 이미 사망한 사람에게도 군포를 거두는 백골징포 등의 폐단이 더욱 심해졌습니다. 만약 여러분의 어린 자식과 돌아가신 아버지에게 군대 가라는 영장이 나온다면 어떻겠어요? 기가 막히겠죠? 이렇게 말도 안 되는 일들이 벌어진 겁니다.

■ 붕당정치의 변천 과정

　　　　　　　　선조 때 사림들이 정권을 장악하자 동인과 서인으로 붕당이 나뉘었습니다. 그리고 동인이 남인과 북인으로 갈라졌는데, 원인은 정철에 대한 처벌 문제였습니다. 정철은 서인으로 정여립 모반 사건 때 동인들(정여립이 동인들과 친했기 때문이죠)을 탄압하는 데 앞장섰던 사람이었어요. 그래서 동인들에게는 언젠가는 복수해야 할 원수였던 것입니다. 그러다가 마침 정철이 선조에게 세자를 책봉해야 한다고 건의했다가 선조의 노여움을 사게 되었습니다. 이때 정철을 죽이자고 주장한 강경파가 북인, 살려주자고 주장한 온건파가 남인입니다. 이렇게 동인은 남인과 북인으로 분열하여 붕당은 모두 셋(서인·남인·북인)이 되었죠.

그런데 임진왜란이 일어나자 이때 의병을 이끈 의병장들 중에는 북인들이 많았습니다. 전쟁에 앞장섰던 북인들은 왜란이 끝난 후 정권을 잡았고, 광해군 때까지 정국을 주도하였습니다. 그러나 서인이 인조반정을 일으켜 정권을 잡으면서 북인은 몰락하였습니다. 이후 서인은 정권을 잡고 남인 일부와 연합하여 정국을 주도하였습니다. 이렇게 서인과 남인은 상대 당파의 학문적 입장을 서로 인정하기도 하고 비판하기도 하면서 공존하였던 것입니다.

붕당은 학파적 성격과 정파적 성격을 동시에 갖고 있었습니다. 붕당 내부에서는 토론을 벌이고 여론을 수렴하여 공론을 모았습니다. 공론이 중시되면서 비변사와 3사의 기능이 중시되었고, 산림(관직을 맡지 않고 향촌 사회에서 공론을 주도하는 지도자들이죠)이 출현하여 중요한 정치적 역할을 맡았습니다. 그리고 각 지방에서는 사족들의 의견을 모으는 장소로 서원, 향교가 중시되었습니다. 그러나 공론은 백성들의 의견을 반영하는 것이 아니라 양반들만의 의견을 수렴한다는 한계를 갖고 있었습니다.

그러다 현종 때 두 차례의 예송 논쟁이 발생하면서 서인과 남인의 갈등이 격화되었습니다. 예송 논쟁은 두 차례 발생하였는데, 1차는 효종이 죽은 후 인조의 계비가 큰아들에 준하는 상복을 입을 것인지를 둘러싸고 벌어진 논쟁입니다. 효종은 죽은 형인 소현세자 대신에 왕위에 올랐습니다. 그러니까 원래는 둘째아들인데 큰아들이 죽으면서 왕위를 이어받은 것이죠. 한마디로 애매하였습니다. 큰아들 같기도 하고 둘째아들 같기도 하고……. 이때 서인은 효종이 둘째아들이라는 입장이었고, 남인은 큰아들이라는 입장이었습니다. 즉 서인은 효종의 정통성이 없다는 주장이고, 남인은 정통성이 있다는 주장입니다. 현종은 효종의 아들로 어린 나이에 왕위에 올랐는데, 당시 정권을 잡고 있는 서인들의 입장을 지지할 수밖에 없었죠.

　그리고 다시 효종비가 죽자 2차 예송 논쟁이 벌어졌습니다. 인조의 계
비가 큰며느리에 준하는 상복을 입을 것인지를 둘러싸고 벌어진 논쟁입
니다. 본질은 1차 예송과 똑같습니다. 서인은 효종비가 둘째며느리라는
입장이었고, 남인은 큰며느리라는 입장이었습니다. 즉 서인은 효종의 정
통성이 없다는 주장이고, 남인은 정통성이 있다는 주장입니다. 그러나
이번에는 현종이 어른이 되어 왕권이 강해졌고, 남인의 입장이 받아들여
졌습니다. 자기 아버지에게 정통성이 있다고 하는 편을 들어주는 게 당
연하잖아요?

■ 숙종의 환국 정치와
　탕평론의 대두

　　　　　　　　　숙종 때 정국이 급격하게 전환하는 환국이
나타나기 시작하였습니다. 환국을 다른 말로 일당 전제화(조선 후기 신분제
가 동요하면서 양반들의 지위는 약화됩니다. 붕당 싸움에서 패해 지방에 내려가도 재기
할 수 있는 기반이 사라진 거죠. 결국 한 번 패배하여 쫓겨나면 다시 중앙 정치계로 돌아
갈 수 없었기 때문에 죽기 살기로 싸울 수밖에 없었던 것입니다)라고도 합니다. 특정
붕당이 정권을 독차지하는 상황이 나타났기 때문이죠. 즉 숙종은 남인
을 몰아내고 서인에게 정권을 주었다가 다시 서인을 몰아내고 남인에게
정권을 주는 일종의 널뛰기 정치를 했던 것입니다. 환국을 왕이 주도함
에 따라, 외척과 종실의 정치적 비중이 강화되었습니다. 왕의 의지에 따
라 정권이 바뀌었기 때문에 왕에게 영향을 줄 수 있는 외척과 종실이 붕
당과 연결되었던 것이죠.

서인이 남인을 역모로 몰아 정권을 탈환한 경신환국 이후 서인은 노론과 소론으로 갈라졌습니다. 노론은 송시열을 중심으로 대의명분, 민생 안정을 강조하였고, 소론은 윤증을 중심으로 실리, 북방 개척을 강조하였습니다. 숙종 시대는 사극의 배경으로도 자주 나옵니다. 너무나도 드라마틱한 변화가 일어난 시대이기 때문이죠. 인현왕후를 쫓아내고 장희빈이 중전이 되었다가 다시 장희빈이 중전에서 밀려나고 인현왕후가 중전으로 복귀합니다. 장희빈은 인현왕후의 초상화에 화살을 쏘며 저주를 하고 놀랍게도 인현왕후는 젊은 나이에 세상을 떠나죠. 장희빈이 저주를 한 사실이 발각되어 결국 장희빈은 사약을 받고 죽습니다. 이러한 스토리를 모르는 사람은 거의 없을 겁니다.

왜 이러한 반전이 마구 일어났을까요? 장희빈은 남인 세력과 연결되어 있었고, 인현왕후는 서인 세력과 연결되어 있었습니다. 일당 전제화, 즉 환국의 변화와 두 여인의 갈등이 연결되어 일어났던 것이죠. 중전이 된 장희빈이 낳은 왕자를 세자로 책봉하려고 하자 이를 반대한 서인들을 몰아내고 남인들에게 정권을 몰아주었던 사건이 바로 기사환국이고, 장희빈을 중전에서 쫓아내고 인현왕후를 다시 중전으로 되돌리면서 남인이 정계에서 완전히 축출된 사건이 바로 갑술환국이죠.

환국으로 붕당 정치가 변질되자 붕당 사이의 세력 균형이 깨지고, 상호 비판적인 공존체제는 없어졌습니다. 이렇게 불안정한 정국이 계속되자 왕권 자체도 불안해졌죠. 그래서 강력한 왕권을 중심으로 붕당 사이의 균형을 유지하려는 탕평론이 제기되었습니다. 숙종은 인사 관리를 공정하게 하여 붕당 사이의 세력 균형을 유지하려는 탕평론을 제시하였는데, 실제로는 한 당파를 한꺼번에 제거하고 다른 당파에게 모든 권력을 넘겨주는 편당적인(특정 붕당을 편드는) 인사 관리를 하여 환국이 일어나게 만들기도 하였습니다. 즉 숙종의 탕평론은 '말로만 탕평'이었습니다.

■ 붕당을 없애려고 한
   영조의 탕평정치

영조는 즉위하자마자 숙종의 친아들이 아니라는 의심을 받았습니다. 영조의 부왕인 숙종은 아들이 둘뿐이었는데 큰아들이 그 유명한 장희빈의 소생인 경종이고, 또 하나는 궁녀 출신이었던 숙빈 최씨의 소생인 영조입니다. 다시 말해 영조는 궁녀 출신의 어머니를 둔 왕이었습니다. 미천한 출신의 어머니를 두었던 영조가 즉위하자 '영조는 숙종의 자식이 아니'라는 유언비어가 퍼지기도 했습니다.

이렇게 정통성 논란의 약점을 갖고 있던 영조는 왕권을 강화하고 일당 전제화를 해결하기 위한 방법으로 붕당 자체를 없앨 것을 주장하였습니다. 영조는 붕당의 뿌리를 제거하여 붕당을 없애려고 했습니다. 붕당이 없어지면 붕당 싸움이 없어지고 정국이 안정될 것이라고 생각했던 것이죠. 그래서 이러한 영조의 논리를 따르는 탕평파를 중심으로 정국을 운영하였습니다. 먼저 붕당의 뿌리인 서원을 대폭 정리하였고, 붕당을 이끄는 공론의 주재자인 산림(대개 서원을 중심으로 그 지방의 여론을 주도하던 지도자)을 인정하지 않았죠.

또 3사가 붕당들의 싸움닭 역할을 하는 등 변질되었기 때문에 이를 견제할 필요가 있었습니다. 그런데 3사의 관리를 선발하는 관리가 바로 이조 전랑입니다. 즉 이조 전랑이 자신의 권한을 악용하여 자기 당파의 세력을 강화하고 상대 당파를 몰아내는 데 앞장섰죠. 그래서 이조 전랑이 3사의 관리를 선발하고 자신의 후임자를 천거하는 관행을 없앴던 것이죠. 그러나 이조 전랑의 후임자 천거권이 완전히 없어진 것은 정조 때에야 비로소 이루어졌습니다.

영조는 어려서부터 천한 출신의 어머니로부터 어려운 백성들의 생활을 많이 들어서인지 민생 안정에 많은 노력을 기울였습니다. 영조의 탕평정치로 정국이 안정되자 본격적인 개혁이 시작되었습니다. 군역의 부담을 1년에 2필에서 1필로 줄여주는 균역법을 시행하였고, 형벌을 너무 가혹하게 가하지 못하도록 하였습니다. 또한 사형수에 대한 3심제를 반드시 거치도록 하여 억울한 처형이 없도록 하였으며, 법전을 정리하여 『속대전』을 새로 편찬하였습니다. 또한 『속오례의』, 『동국문헌비고』 등을 편찬하여 문물제도를 정비하기도 했습니다. 게다가 백성들이 자신의 억울함을 알리기 위해 신문고를 칠 수 있는 제도를 다시 만들기도 하였습니다. 그러나 영조의 탕평책은 붕당정치의 문제점에 대한 근본적인 해결책이 되지 못했습니다. 단지 강력한 왕권을 중심으로 붕당 싸움을 하지 못하게 막았을 뿐입니다. 영조의 탕평정치는 한마디로 '힘으로 붕당을 없애려는 탕평'이었던 것입니다.

★ 영화와 드라마로 역사 읽기 – 드라마 「동이」와 「옥탑방 왕세자」

드라마 「동이」에서는 어린 영조가 친어머니 숙빈 최씨로부터 백성들을 위한 마음과 검소한 생활 태도 등을 배우는 장면들이 나옵니다. 궁궐에서 가장 미천한 궁녀 출신 숙빈 최씨의 아들로 태어난 영조는 원래 왕이 될 가능성이 거의 없었던 왕자였습니다. 어머니의 출신 신분도 좋지 않은데다가 한때지만 중전이었던 장희빈의 아들인 이복형 경종이 정통성을 갖췄기 때문에 그에게 왕위가 온다는 것은 거의 불가능한 일이었습니다. 그런데 어떻게 영조가 왕이 될 수 있었을까요? 가장 중요한 이유는 경종이 후사가 없었기 때문입니다. 어머니인 장희빈이 사약을 받기 전 마지막 소원으로 아들인 경종을 보고 죽고자 했는데, 사형 집행을 위해 둘을 떼어놓을 때 장희빈이 경종의 생식기를 다치게 하는 바람에 경종의 후사가 없게 되었다는 야사가 전해지기도 합니다.

경종의 어머니인 장희빈을 죽이는 데 앞장을 섰던 노론은 후사 없는 경종을 압박하여 연잉군(훗날의 영조)을 왕세제(王世弟)로 밀었고, 경종은 노론의 주장을 받아들여 연잉군을 세제로 책봉했습니다. 그러나 노론은 이에 만족하지 않고 경종을 더욱 몰아붙여 세제 대리청정까지 주장하기에 이릅니다. 이는 사실상 세제에게 정권을 넘기라는 것이었는데, 경종은 이를 받아들여 세제 대리청정을 허락했으나 소론이 격렬히 반발하고 나섰습니다. 소론 강경파들은 노론의 세제 대리청정 주장을 역모로 몰았고, 경종이 이를 받아들여 정권은 소론에게 돌아갔습니다.

사태는 여기에서 끝나지 않았고, 다음해 남인 목호룡이 "노론 쪽에서 경종을 살해하려고 했다는 이른바 삼급수 살해 사건(노론이 경종을 칼로 암살하거나 독약으로 살해하거나 하는 방법으로, 또한 음모를 꾸며 왕위에서 쫓아낼 것을 모의했다는 고변)을 고변하면서 임인옥사가 일어났습니다. 이 반역 사건에 관련된 연잉군은 목숨마저 위태로운 상황에 빠지게 됩니다. 소론 온건파의 도움으로 연잉군은 목숨을 유지할 수 있었고, 이듬해 경종의 갑작스런 죽음으로 왕위에 오르게 되었던 것입니다. 이러한 배경에서 나온 것이 바로 경종 독살설입니다.

경종 독살설이란 다음과 같습니다. 노론계인 대비 인원왕후와 연잉군(영조)이 경종에게 게장을 올리고 곧바로 생감을 올렸는데, 게장과 생감은 한의학적으로 꺼리는 상극이라고 합니다. 드라마 「옥탑방 왕세자」에서 현대로 타임슬립한 왕세자가 바로 경종입니다. 이 드라마에서 왕세자가 게장에 알레르기가 있는 것으로 묘사되어 죽을 위기를 겪게 되었는데, 경종 독살설에서 모티브를 얻은 장면이라고 볼 수 있죠. 어쨌든 바로 그날 밤부터 경종은 심각한 병세에 빠지고, 어의가 자신이 처방한 약과 상극이라면서 절대로 써서는 안 된다고 말렸던 인삼차를 올렸는데, 그날 경종이 세상을 떴던 것입니다. 이렇게 영조가 즉위하자 전국 각지에는 경종이 독살당했다는 벽서가 나붙기 시작했습니다. 영조 4년에는 이인좌 등 소론 강경파가 경종의 복수를 내걸고 군사를 일으키기도 했지만, 영조가 이 사태를 진압하고 난 뒤로 한동안 잠잠해집니다. 그러나 영조 31년에 발생한 나주벽서사건 등으로 경종 독살설이 다시 재연될 정도로, 정계에서 소외된 소론 강경파와 남인들은 경종 독살설을 사실로 받아들였습니다. 영조의 통치기간이 끝날 때까지 이 논쟁은 틈만 나면 재연되었던 것입니다.

■ 정조의 적극적인 탕평정치

정조는 국왕이 어느 붕당의 주장이 옳고 어느 붕당의 주장이 그른지를 비판하고 판단하는 '적극적인 탕평정치'를 내세웠습니다. 그래서 영조 때 세력이 커진 척신(외척으로 고위 관리가 된 신하)과 환관(내시) 등을 몰아냈습니다. 이들은 정조가 세자일 때부터 자객을 시켜 죽이려고 하고, 정조의 왕위 계승을 끝까지 방해했기 때문입니다(드라마 「이산」에서 많이 봤죠?). 그리고 소론, 남인 계열을 중용하였는데, 이들은 정조의 아버지인 사도세자가 억울하게 죽임을 당했다는 입장의 시파(시파의 반대파를 벽파라고 하죠. 벽파는 사도세자를 죽인 것은 옳은 일이었다는 입장이죠)였기 때문입니다. 즉 옳은 붕당은 중용하고 그른 붕당은 비판, 견제하고자 하는 적극적인 탕평정치입니다.

개혁을 위해서는 왕권의 강화가 필요하였고, 정조의 지지 세력이 필요하였습니다. 바로 그것이 규장각과 장용영입니다. 규장각은 왕실도서관으로서 각종 서적을 수집, 편찬하는 것이 기본 역할이었습니다. 그러나 실제 목적은 개혁을 지지하는 신진 문신들을 양성하는 것이었습니다. 규장각에 비서실, 문한 기능, 과거시험 주관, 문신 교육 등을 맡겨 국왕을 뒷받침하도록 하여 왕권을 강화하였습니다. 권력은 총구에서 나온다는 말처럼 가장 중요한 권력 기반은 무력입니다. 이를 위해 만들었던 것이 바로 장용영(국왕 친위부대)입니다. 장용영을 설치하여 왕권을 강화하는 군사적 기반으로 삼았던 것입니다(드라마 「이산」에서 '대수'가 장용영을 이끌며 정조에게 끝까지 충성하였던 것을 기억하시면 됩니다). 노론이 5군영을 통한 병권을 차지하고 있었기 때문에 정조는 이에 대응하여 장용영을 만들어 왕권을 강화하였던 것입니다. 장용영은 왕의 친위부대로서 점차 확대되어 2만여 명의 군대로 발전하여 왕권의 기반이자 개혁의 뒷받침이 되었습니다.

정조는 왕권을 강화하고 자신의 개혁 정책을 뒷받침하기 위해 초계문신 제도를 실시하였습니다. 초계문신 제도는 신진 관리, 중하급 관리 중에서 유능한 인재를 뽑아 정조가 주도적으로 재교육을 실시하여 정조의 지지 세력을 만드는 데 이용되었습니다. 정조는 노론의 근거지인 한양을 벗어나 수원에 화성을 세워 자신의 정치적 이상을 실현하기 위한 도시를 건설하고자 하였습니다. 자신의 아버지인 사도세자의 묘를 수원으로 이장하는 한편, 정치적·군사적 기능을 부여한 화성을 건설하였고, 상공인들을 이주시켜 상공업의 중심지로 만들려고 하였습니다.

또 정조는 수령의 권한을 더욱 강화하였습니다. 원래 향약은 지방 사림들이 주관하였는데, 군현 단위의 향약을 수령이 직접 주관하게 하여 수령의 권한을 강화하고 지방 사림의 영향력을 약화시켰던 것이죠. 붕당의 뿌리에는 지방 사림들이 있었습니다. 지방 사림의 약화로 붕당의 약화를 이끌어냈으며, 결국엔 왕권을 강화하였다고 할 수 있죠.

이 밖에도 정조는 서얼들(드라마 「이산」에서 정조가 규장각 검서관으로 이덕무, 박제가, 유득공 등을 등용하여 왕권을 뒷받침하던 것 기억나죠?)을 관직에 많이 등용하였고, 노비추쇄도감(도망 노비를 추적하여 잡는 기관)을 없애는 등 노비에 대한 차별도 완화하였습니다. 사실상 노비의 도망을 방치한 것이죠. 노비가 도망하여 상민이 되면 나라에 세금을 내게 되니, 국가 재정을 강화하려는 목적도 있었습니다. 또 자유로운 상업 행위를 허락하는 통공정책(금난전권 폐지)을 펴기도 했습니다(드라마 「이산」에서 정조가 시전상인들과 노론의 반발을 억누르며 금난전권을 폐지하는 내용이 여러 회에 걸쳐 묘사되었죠). 또 『대전통편』을 편찬하여 통치 규범을 재정리하였습니다. 법전이란 사실 왕의 명령을 상징하는 것으로 왕의 통치 방향을 보여주는 지침서라고 할 수 있습니다. 즉 왕권 강화를 목적으로 하였습니다. 또한 『동문휘고』, 『탁지지』 등을 편찬하여 문물제도를 정비하기도 했습니다.

그러나 정조의 탕평정치 역시 미봉책에 불과했습니다. 정조가 죽자 모든 개혁 정책은 옛날로 되돌아가고, 정약용과 같이 정조의 총애를 받던 신하들은 서학과 관련되었다는 등의 이유로 쫓겨나고 유배되었습니다. 정조의 어린 아들 순조가 왕이 되면서 왕실의 외척 가문을 중심으로 몇몇 가문들이 권력을 독차지하는 세도정치가 시작된 것 역시 우연이 아닙니다. 탕평정치의 궁극적 목적은 왕권 강화였습니다. 그러나 왕권 강화의 부작용은 왕과 관련된 사람들, 즉 왕비, 외척 가문 등의 권력이 강화되는 것이었습니다. 즉 나이가 어리거나 똑똑하지 못한 왕이 즉위했을 때 그 부작용이 더욱 심해질 수밖에 없었던 것입니다. 그리고 그 결과가 바로 세도정치입니다.

★ **영화**와 **드라마**로 **역사** 읽기 - **드라마** 「이산」

정조의 아버지인 사도세자를 죽음으로 내몰았던 노론은 사도세자의 아들인 정조(당시 세손)가 즉위하는 것을 반대하였습니다. 연산군이 자신의 어머니인 폐비 윤씨가 죽음을 당하는 데 관련된 인물들을 제거하며 복수하였던 것처럼 자신들도 제거될까 봐 두려웠던 것입니다. 그래서 이들은 세손을 끌어내리거나 죽이려는 음모를 꾸미곤 하였습니다. 드라마 「이산」에서 수없이 묘사되었죠.

영조는 1775년 세손의 대리청정을 추진하게 되었습니다. 당시 나이 24세였던 세손은 충분히 왕이 될 수 있는 성인이었지만 노론 세력이 세손의 즉위를 방해할 것을 영조는 걱정하였습니다. 그래서 영조는 세손에게 대리청정을 명하려고 하였습니다. 그러나 홍인한은 이때 이른바 '삼불필지설(三不必知說)'을 내세웠습니다. 이는 "동궁은 노론·소론을 알 필요가 없고, 이판·병판을 알 필요도 없고, 조정의 일은 더더욱 알 필요가 없다."라는 내용입니다. 이것은 세손의 왕위 계승을 인정하지 않겠다는 선언이었습니다. 얼마 후 영조는 대리청정을 명하였습니다. 홍인한은 이를 반대하면서 대리청정을 명하는 영조의 하교를 받아쓰려는 승지를 몸으로 가로막기까지 하였습니다. 이에 영조는 군대를 동원하겠다는 위협까지 하며 대리청정을 명하였습니다. 그리고 대리청정 후 2개월 남짓 만에 영조가 사망함에 따라 세손은 영조의 뒤를 이어 왕위에 오르게 됩니다. 정조는 즉위 직후, 세손 시절부터 자신을 위해하고 왕위 계승을 방해하였던 홍인한, 정후겸 등을 귀양을 보냈다가 처형하고 그 무리들을 처벌하였습니다.

또한 정조 즉위년에 3대 모역 사건이 일어났습니다. 첫 번째 사건은 국왕 암살단 20여 명이 궁궐에 침입하여 정조의 처소에까지 접근했다가 호위무사에게 발각되어 도주한 것이었습니다. 이들은 다시 궁궐 침입 시도를 하다가 결국 체포되었습니다. 이 사건의 주모자는 홍상범으로 홍계희의 아들입니다. 이 사건은 드라마 「이산」에서 묘사되기도 하였죠. 이 홍계희의 조카인 홍술해의 처 효임이라는 여자가 무당과 함께 정조와 홍국영을 저주하여 죽이려 한 주술 사건이 그 두 번째입니다. 세 번째 사건 역시 홍계희 집안의 홍계능, 홍상길 등이 주도하여 일어났는데, 정조를 몰아내고 정조의 이복동생인 은전군을 임금으로 만들려고 했던 사건이었죠. 물론 사전에 발각되어 실패했습니다. 그렇다면 홍계희 집안은 왜 이렇게 정조에 대항하여 모역 사건을 연이어 일으켰을까요? 그것은 홍계희가 사도세자 죽음의 주범이었기 때문입니다. 홍계희는 정조 즉위 전 이미 사망했지만 홍계희 집안은 정조 즉위 직후 숙청을 당하였고, 자신들의 목숨을 부지하기 위하여 최후의 발악을 하였던 것입니다. 이렇게 기존의 노론은 정조의 즉위를 방해하였고, 즉위 직후 모역을 일으키는 등 정조를 왕으로 인정하지 않았던 것입니다.

또한 정조는 사도세자의 묘를 다녀오는 명목으로 화성에 자주 행차하였는데, 이를 이용하여 백성들과 직접 만나 여론을 듣고 정책에 반영하는 등 백성들과 소통이 가장 활발했던 왕이기도 합니다. 능행은 6,000여 명의 인원과 1,400여 필의 말이 동원되어 왕실의 권위를 극대화시킨 대대적인 행사였고, 백성들과 직접 접촉할 수 있었던 좋은 기회였습니다. 드라마 「이산」에서도 역시 대규모 인원을 동원하여 실제와 비슷하게 묘사하기도 하였습니다.

실제로 정조는 화성 능행을 통해 수천 건의 상언과 격쟁을 처리하였다고 합니다. 상언은 백성이 직접 왕을 만나 자신의 억울함을 호소하는 것입니다. 왕을 만날 기회가 거의 없었던 당시에는 왕의 행차가 있다는 소식이 있으면, 행차의 길목을 지키고 있다가 대개는 격쟁, 즉 징을 쳐서 왕의 행차를 멈추게 하고 자신의 억울함을 호소하였습니다. 이러한 상언과 격쟁에 가장 적극적이었던 왕은 역시 정조였습니다.

왜 그랬을까요? 정조는 상언과 격쟁을 통해 백성들과 대화를 하고자 했던 것입니다. 어쩌면 백성들에게 임금과 말할 기회를 주기 위해 화성 능행을 12차례나 했던 것인지도 모릅니다. 백성들은 이러한 정조를 성군으로 생각했습니다. 자신들의 목소리에 귀기울여주는 임금이었기 때문입니다. 그렇다면 정조는 왜 백성들과 직접 대화하는 통치 방식을 썼을까요? 그것은 정조가 추진하는 개혁의 대상은 당시에도 강력한 정치세력이었던 노론 세력을 비롯한 기득권 세력이었기 때문입니다. 결국 정조의 개혁을 뒷받침해줄 수 있는 세력은 실질적으로 백성들뿐이었습니다. 이러한 정조의 의도를 간파한 노론 세력이 상언, 격쟁을 금지시켜야 한다고 주장하기도 했지만 정조는 뜻을 굽히지 않았습니다. 백성들과의 유대를 보이고 백성들의 지지를 명백히 보여줄 수 있는 기회를 절대로 빼앗길 수는 없었기 때문입니다.

■ 세도정치의 전개

순조 :
안동 김씨 → 헌종 :
풍양 조씨 → 철종 :
안동 김씨

정조가 죽고 어린 아들 순조가 즉위하면서 3대 (순조, 헌종, 철종) 60여 년간의 세도정치가 시작되었습니다. 순조 때 안동 김씨, 헌종 때 풍양 조씨, 철종 때 안동 김씨 등 왕의 외척 세력이 정권을 독차지하였던 시기입니다. 소수의 몇몇 가문들이 중앙 정치를 주도하면서 고위 관리들만 정치권력을 행사하고, 중하급 관리들은 행정 실무만 맡게 되었죠. 3사의 언론 활동 등이 약화된 겁니다. 왕은 허수아비처럼 되고 몇몇 가문들이 고위직을 독차지하고 비변사에 모여서 권력을 휘둘렀습니다. 당연히 3사의 관원들도 세도 가문들의 눈치를 보고 언론 기능을 제대로 하지 못했습니다. 세도정치는 소수의 몇몇 가문들만이 권력을 차지하는 정치입니다. 그래서 남인, 소론이나 지방 사림들은 정계에서 완전히 배제되었죠. 즉 노론 중에서도 안동 김씨, 풍양 조씨 등 몇몇 가문들만이 정권을 갖고 놀았던 것입니다.

■ 세도정치의 폐단과 삼정의 문란

이렇게 몇몇 가문들만이 권력을 차지했다는 것은 과거시험 같은 공식적인 관리 등용이 제대로 이루어지지 않았다는 것을 보여줍니다. 매관매직이 이루어졌죠. 매관매직은 관직을 매매, 즉 사고판다는 것입니다. 그러니까 정권을 잡은 세도가들이 돈을 받고 관직을 팔았던 것입니다. 이렇게 관직을 산 사또들이 자신이 관직을 살 때 들어간 돈을 뽑아내기 위해서 탐관오리(백성들을 착취하여 재산을 늘리는 관리)가 되어 백성들을 착취하였습니다. 이렇게 사또들이 백성들을 괴롭히고 있어도 이를 막을 사람들이 없었습니다. 정조 때 사또들이 향약을 주관하는 등 사또들의 힘이 극대화되었기 때문에 지방 양반들은 견제할 힘이 없었던 겁니다. 관권의 강화가 세도정치 시기에 이르러 매관매직한 탐관오리들에게 악용되어 백성들을 착취하는 최악의 결과로 나타난 것이죠.

　이처럼 세도정치의 폐단은 극에 달했습니다. 이를 삼정의 문란이라고 하는데, 삼정은 전정·군정·환곡의 문란이죠. 전정의 문란(토지세를 더 많이 걷었어요. 토지대장에도 없는 땅, 농사를 지을 수 없는 황무지에도 세금을 부과하였죠), 군정의 문란(군역을 이중 삼중으로 부담시켜서 군포를 더 많이 냈죠. 상민들이 양반이 되어 그 수가 점차 줄어드니까 그 부담이 상민들에게 몰린 거예요. 심지어는 황구첨정이라 하여 갓난아이에게도 군포를 부과하고, 백골징포라 하여 이미 사망한 사람에게도 세금을 거두었습니다), 환곡의 문란(원래 빈민 구제가 목적이었는데 오히려 고리대로 백성들을 괴롭혔죠. 애초에 이자율은 10% 정도였는데, 실제로는 고리대로 운영하여 사또와 아전들이 부당 이익을 챙겼어요). 이와 같이 부당하게 조세를 수탈하여 사또들이 자신의 재산을 늘리고, 아전들도 덩달아 백성들을 등쳐먹은 겁니다.

6.
응답하라
조선 후기의 경제, 사회, 문화

■ 모내기가 전국적으로
실시되다

고려 말에 이앙법(모내기)이 시작되기 전에는 논에 직접 볍씨를 뿌려서 재배하는 직파법을 썼습니다. 고려 말 이앙법이 남부 일부 지방에 보급되기 시작하였지만 조선 전기까지는 봄가뭄에 대비한 수리 시설이 필요했기 때문에 물이 비교적 풍부했던 남부 일부 지역에서만 모내기를 할 수 있었죠. 모내기를 하는 봄에 가뭄이 들면 농사를 완전히 망치게 됩니다. 갈라진 논바닥에는 모를 심을 수가 없으니까요.

그러나 조선 후기부터는 국가의 금지령에도 불구하고 농민들은 전국적으로 모내기를 하게 됩니다. 왜 그랬을까요? 그 이유는 모내기를 하면 생산량이 더 많았고, 벼와 보리의 이모작을 할 수 있으며, 잡초 제거가 쉬워서 광작을 할 수 있었기 때문입니다. 이앙법을 하면 모판에서 재배한 모 중 튼튼한 모만 골라서 모내기를 하기 때문에 생산량이 더 많았죠. 또 모판에서 모가 5, 6월까지 자라는 동안 논에서는 보리를 농사지

을 수 있었기 때문에 1년에 농사를 두 번 짓는 2모작이 가능하였습니다. 게다가 보리는 지주들이 먹지 않았기 때문에 소작료로 낼 필요가 없었습니다. 그래서 소작농들은 보리농사를 좋아했죠. 쌀보다는 맛이 없지만 배부르게 먹을 수 있는 소중한 식량이 되었기 때문이죠. 또 모내기를 하면 일정하게 줄을 맞춰서 모를 심기 때문에 잡초를 제거(이를 '김매기'라고 하죠)하기 쉬웠습니다. 삐져나온 것들이 잡초니까 구별하기 쉬웠기 때문입니다. 농사일의 대부분은 이 잡초 제거입니다. 1년 내내 잡초를 제거해야지 영양분을 빼앗기지 않고 농작물이 잘 자랄 수 있기 때문이죠. 그래서 모내기로 잡초 제거가 쉬워지자 한 사람이 넓은 농토(직파법보다 4~5배 정도의 토지)를 경작하는 광작(광대한 땅을 경작)을 하게 되었죠.

모내기가 보급되면서 '보'라고 하는 작은 저수지들이 곳곳에 만들어졌습니다. 모내기는 봄가뭄에 약하기 때문에 가뭄에 대비한 물을 보관해둘 필요가 있었기 때문이죠. 또한 모내기는 짧은 시기에 많은 사람들이 동원되어 모를 심어야 합니다. 그래서 오래전부터 내려오던 공동 노동 방식인 두레, 품앗이가 더욱 발달하기도 했습니다. 두레는 고대부터 내려온 전통적인 공동체 노동 조직으로 모내기가 전국적으로 실시되면서 더욱 활성화되었죠. 품앗이는 영어로 표현하면 'give and take'입니다. '주고받다.'는 뜻이죠. 다시 말해 품앗이는 네가 모내기할 때 내가 도와주었으니까 내가 모내기할 때 네가 도와달라는 것이죠.

밭농사에도 변화가 이루어져 견종법이 점차 확산되어갔습니다. 견종법은 밭을 물결처럼 만들어 밭고랑(땅속으로 들어간 부분)에 씨앗을 뿌리는 방법입니다. 이 방법 역시 농작물이 줄을 맞춰 자라기 때문에 잡초 제거가 쉬워 노동력이 적게 들었고, 땅의 양분이 농작물에 더 잘 흡수되면서 잘 자라 수확량도 많이 늘어났습니다.

17세기 중엽 신속은 『농가집성』을 편찬하여 모내기법을 보급하였습니다. 박세당의 『색경』, 홍만선의 『산림경제』, 서호수의 『해동농서』 등은 곡물·채소·과수의 재배와 원예·양잠·축산 등의 농업 기술을 소개하였습니다. 19세기에 서유구는 『임원경제지』(농촌생활 백과사전)를 편찬하였습니다.

■ 광작과 농민층의 분화

모내기법 보급 → 광작 → 농민의 분화 → 일부는 부농화 대다수는 빈농, 임노동자, 유랑민이 됨

　　　　　　　　　　광작은 농민층의 분화를 가져왔습니다. 지주들은 소작농들에게 빌려준 소작지를 회수하여 노비들에게 농사를 짓게 하거나 머슴을 고용하여 농사를 짓게 하였습니다. 노비나 머슴에게 농사를 짓게 하면 수확의 대부분을 자신의 것으로 할 수 있었기 때문이죠. 즉 광작으로 일부의 농민들은 더 많은 소득을 얻게 되어 부농으로 성장하였고, 대다수의 농민들은 소작지를 간신히 얻어 입에 풀칠만 하는 소작농이 되거나 아예 소작지를 잃고 농촌을 떠나 상공업에 종사하거나 임노동자가 되기도 하였습니다.

　　만약 여러분이 일을 하는 직장에서 원래 필요한 인원이 4명이었다고 합시다. 그런데 최신 기계가 도입되어 1명만 필요하게 되었어요. 그럼 사장이 어떻게 하겠어요? 당연히 일 잘하는 1명만 남기고 나머지 3명은 해고하겠죠. 1명은 일자리를 유지하고 더 많은 월급을 받으며 더 잘살 수도 있겠지만, 나머지 3명은 일자리를 잃고 아예 일자리를 찾아 떠돌아다니게 될 수도 있죠. 그리고 간신히 일자리를 찾아도 막노동처럼 더욱 힘이 드는 일을 하거나 계약제 비정규직 노동자가 되는 것입니다. 이와 같은 현상이 벌어진 것이 바로 농민층의 분화였던 것입니다.

　　조선 후기 전국 곳곳에 장시가 열리고, 상품화폐 경제가 발전하면서 농민들은 상품 작물(쌀, 목화, 채소, 담배, 약초 등 시장에 내다 팔 목적으로 재배한 농작물)을 재배하여 시장에 내다 팔았습니다. 특히 쌀은 조선 후기에 그 수요가 크게 증가하여 장시에서 가장 많이 거래되는 작물이 되어 상품화가 가장 활발하였습니다. 이렇게 쌀의 수요가 증가하자 지주와 농민은 밭을 논으로 바꾸어갔습니다. 쌀을 더욱 많이 재배하여 돈을 더 많이 벌기 위한 것이었죠.

　　지주전호제는 대개 양반들이 지주이고 상민들이 소작농이었습니다.

즉 양반이라는 신분적 지위와 지주라는 경제적 지위를 이용하여 소작료 이외에도 많은 부담을 상민인 소작농들에게 강요하였던 것입니다. 한마디로 지주전호제는 경제적 관계에 신분적 관계가 결합되어 일방적인 강요가 이루어지는 관계였습니다. 그러나 조선 후기 소작인들의 저항(소작쟁의-소작인들이 집단적으로 소작료 납부를 거부하는 등 지주에 대해 투쟁하는 것)이 강해지면서 지주들은 소작인의 소작권을 인정하여 함부로 소작지를 빼앗지 못하게 되었습니다. 또 수확량의 반을 내던 병작반수제(타조법)도 도조법으로 바뀌어 소작료를 일정액으로 내게 되면서 소작료의 부담이 줄어들었습니다. 즉 지주전호제의 신분적 관계가 약화되고 지주와 전호 사이의 경제적 관계로 바뀌어 지주가 소작농에게 일방적인 강요를 하던 상황이 점차 줄어들었던 것입니다.

■ 민영 수공업과 민영 광산의 발달

삼국시대부터 조선 전기까지는 기본적으로 관청에 수공업자를 배정하여 제품을 생산하는 형태였습니다. 16세기부터 부역제가 해이해지면서 관청 수공업이 쇠퇴하고 조선 후기에는 민영 수공업이 발달하였습니다. 당시 활동한 민영 수공업자와의 가상 인터뷰를 통해 조선 후기 수공업의 형태를 살펴봅시다.

▷ 기자 : 민영 수공업자들은 어떻게 생산 활동을 하였나요?

▶ 민영 수공업자 : 이전까지는 공장안에 이름이 올라가 관청에 소속되어 지시를 받아 할당량을 채워야 했죠. 이제는 국가에 장인세만 내면 자

유롭게 생산 활동을 할 수 있었습니다.

▷ 기자 : 민영 수공업자들이 일하는 작업장을 무엇이라고 부르죠?

▶ 민영 수공업자 : '점(店)'이라 부르는데, 철기점, 사기점, 유기점, 옹기점 등 만드는 물건에 따라 다르게 부릅니다. 이러한 '점'들이 모여서 한 마을을 이루기도 하였는데, 이를 '점촌'이라고 하죠.

▷ 기자 : 선대제 수공업에 대해 설명해주십시오.

▶ 민영 수공업자 : 우리들은 공인이나 상인으로부터 주문과 함께 자금, 원료를 미리 받아 제품을 생산합니다. 자금, 원료를 미리 받기 때문에 공인, 상인들에게 빚을 진 것과 마찬가지죠. 이를 선대제 수공업이라고 합니다. 빚을 지면 자기 마음대로 할 수 없잖아요? 결국 우리 같은 수공업자들이 공인, 상인들에게 종속되어 있었던 것입니다.

▷ 기자 : 계속 종속된 형태로 제품을 생산하였나요?

▶ 민영 수공업자 : 아닙니다. 18세기 후반이 되면 점차 공인, 상인들에게서 벗어나 독자적으로 제품을 생산, 판매하는 독립 수공업자들이 나타납니다.

▷ 기자 : 민영 수공업 이외에 다른 형태의 수공업은 없었나요?

▶ 민영 수공업자 : 농촌에서 가내 수공업이 이루어졌죠. 무명, 삼베 등 옷감을 생산하고, 그릇도 만들어 장시에서 판매하기도 하였습니다.

광산은 본래 정부가 백성들을 부역으로 동원하여 필요한 광물을 채굴하였습니다. 그러나 부역제가 점차 해이해지면서 부역 동원이 어려워지자 정부는 17세기 중엽부터 민영 광산을 허용하고 민간업자들에게 세금을 거두는 정책으로 바꾸었습니다. 당시 활동한 광산 경영 전문가인 덕대와의 가상 인터뷰를 통해 조선 후기 광업의 형태를 살펴봅시다.

▷ 기자 : 민영 광산이 허용되고 가장 많이 개발된 광산은 무엇인가요?

▶ 덕대 : 청은 은 본위 화폐제도였기 때문에 무역의 대가로 은을 요구했죠. 청과의 무역이 활발해지면서 은의 수요가 증가하자 은광이 많이 개발되었습니다. 원래 정부는 개인의 광산 개발을 허용하지 않았습니다. 그러나 부역제가 해이해지면서 17세기 이후에는 설점수세 정책(개인에게 광산 개발을 허용하고 그 대가로 세금을 걷는 정책)으로 전환하여 광산 개발이 늘어났죠. 그래서 17세기 말에는 전국적으로 약 70개소의 은광이 개발되었고, 18세기 이후에는 금광의 개발도 활발해졌습니다.

▷ 기자 : 국가의 허락을 받지 않고 개발된 광산도 있나요?

▶ 덕대 : 있습니다. 이렇게 광산 개발로 이익을 얻는 사람들이 늘어나자 국가의 허락 없이 몰래 채굴하여 이익을 얻는 잠채가 증가하였습니다.

▷ 기자 : 광산 경영 방식에 대해 설명해주세요.

▶ 덕대 : 먼저 나 같은 덕대가 상인 물주에게 자본을 받습니다. 일단 돈이 확보되면 광산 현장에서 작업을 이끄는 채굴업자인 혈주를 고용합니다. 혈주는 채굴 노동자, 제련 노동자 등을 지휘하면서 광물을 채굴, 제련하였죠. 그리고 이러한 작업 과정은 각자 역할을 분담하여 작업하는 분업에 토대를 둔 협업으로 이루어졌습니다.

■ 공인과 사상의
상업 자본 축적

조선 후기에 모내기가 전국적으로 실시되면서 농업 생산력이 증대되었고, 민영 수공업의 발달로 상품의 유통도 활발해졌습니다. 또 세금과 소작료를 상평통보로 내는 금납화(농민들은 전세, 대동세, 소작료 등을 내기 위해 시장에서 물건을 팔아 돈을 마련하였기 때문에 상품화폐 경제가 더욱 발달하였습니다), 전체 인구의 증가(특히 도시 인구가 많이 증가하였죠) 등으로 상품화폐 경제가 더욱 발달하였습니다.

상품화폐 경제가 발달하는 과정에서 가장 먼저 상업 활동을 주도한 것은 공인이었습니다. 공인은 대동법이 실시되면서 나타난 어용상인으로 관청에서 공가(대동세로 걷은 돈으로 관청에서 필요한 물품을 사오도록 공인에게 준 돈)를 미리 받아 필요한 물품을 사서 관청에 납부하였죠. 공인은 대량으로 물품을 구입하였기 때문에 시장에 상품 수요를 크게 증가시켰습니다. 상품 수요가 커지고 공가(돈)가 대량으로 시장에 풀리면서 상품화폐 경제는 더욱 발달하였던 것입니다. 그리고 공인들은 중간에서 나라의 심부름을 하는 대가로 큰 이익을 얻었고, 많은 자본을 축적하여 대상인(도고)으로 성장하여 상업 활동을 주도하였습니다.

18세기 이후에는 사상(난전 또는 자유 상인이라고도 하죠)이 전국적으로 활동하면서 상업 활동을 주도하였습니다. 서울에서 사상들의 활동이 활발해지자 시전들은 서울에서 사상(난전)을 금지하는 금난전권을 내세워 난전을 서울에서 몰아냈습니다. 그러자 난전들은 서울로 들어오는 길목인 칠패(현재 남대문 밖), 베오개(이현, 현재 동대문 밖), 송파 등에서 활발하게 활동하면서 계속 성장하였습니다. 정조 때는 통공 정책으로 금난전권이 철폐되면서 사상들은 서울 안에서도 상업 활동을 하게 되었습니다. 한성의 경강상인, 개성의 송상, 평양의 유상, 의주의 만상, 동래의 내상도 각 지방의 장시를 통해 물품을 유통시키고, 각 지방에 지점을 설치하여 전국적으로 상권을 넓히며 성장하였습니다. 특히 송상은 전국에 송방이라는 지점을 설치하고, 전국적인 유통망을 확보하였습니다. 또 인삼을 재배하여 유통망을 통해 판매하고, 대외 무역에도 활발한 활동(청과의 무역을 주도한 만상, 일본과의 무역을 주도한 내상을 중계하는 무역 활동)을 벌이며 막대한 부를 축적하였습니다. 경강상인은 미곡, 소금, 어물 등을 한강과 서해, 남해를 따라 배로 운송하여 포구를 중심으로 거래하였습니다. 이들은 운송업에 필요한 선박을 만드는 조선업까지 진출하기도 하였습니다. 운송에 필요한 배를 안정적으로 공급하기 위해서였죠.

위에서 살펴본 바와 같이 공인과 사상들은 상업 활동을 주도하면서 많은 부를 축적하였습니다. 이렇게 큰 부를 축적한 독점적 도매상인을 '도고'라고 합니다. '도고'는 '매점매석'을 뜻하는 말이기도 합니다. 박지원이 쓴 『허생전』에서 허생이 말총 등 특정 물품을 싹쓸이해서 사들여 시장에 공급 부족으로 가격이 올라가면 비싼 값에 파는 방식을 바로 '매점매석'이라고 하죠. 그렇다면 왜 '매점매석'이란 뜻의 '도고'가 독점적 도매상인을 뜻하는 말이 되었을까요? 맞습니다. 당시 공인이나 사상들이 '매점매석'의 방식으로 큰돈을 버는 경우가 많았기 때문이죠. 즉 '도고'의 성장은 상업 자본의 축적을 의미한다고 볼 수 있습니다.

■ 장시와 포구에서의 상업 활동

　　　　　　　　　보부상은 행상으로 여러 장시를 연결하여 하나의 유통망을 형성시킨 상인들입니다. 즉 장날(장시가 열리는 날짜)의 차이를 이용하여 일정 지역을 시장권으로 활동하거나 전국적으로 장시를 돌아다니며 활동했습니다. 지금도 택배회사가 없으면 전자상거래가 이루어질 수 없는 것처럼 당시 보부상들이 없었다면 장시의 발달과 상품화폐 경제의 발달은 이루어질 수 없었죠. 또한 보부상들은 보부상단을 만들어 상단의 이익을 지키고 강한 단결력을 발휘하였습니다. 일정 지역 또는 전국을 돌아다녀야 했던 보부상들은 집단적으로 이동할 뿐만 아니라 상행위도 담합을 통하여 단결을 해야만 자신들의 이익을 지킬 수 있었기 때문이죠. 그래서 보부상단은 내부의 위계질서를 강화하고 보부상단의 규칙을 지키지 않는 자들에겐 제재를 가하기도 하였습니다. 서양에서 도시와 상업이 발달하면서 상인, 수공업자들이 길드라는 조합을 만든 이유와 비슷하다고 할 수 있습니다. 상품화폐 경제가 더욱 발달하면서 18세기 말 광주 송파장, 창원 마산포장, 은진 강경장, 덕원 원산장 등은 상업 중심지로 성장하여 전국적인 유통망을 연결하는 상설 시장이 되었습니다.

　조선 후기 장시보다 더 대규모로 활발한 활동이 이루어졌던 곳은 포구였습니다. 지금도 소래 포구 같은 곳에 가면 배가 떠 있잖아요? 이렇게 배가 들락날락하는 곳을 포구라고 합니다. 원래 포구는 세금으로 낸 곡물이나 소작료로 낸 곡물을 배로 운송하는 기지의 역할을 하였죠. 그러다가 18세기부터는 강경포, 원산포 등이 상업 중심지가 될 정도로 포구의 발전이 이루어졌습니다. 포구를 중심으로 활동했던 상인들 중 가장 대표적인 상인들이었던 선상, 객주, 여각 등에 대해 살펴봅시다.

선상은 각 지방의 물품을 사서 배로 운송하여 각 포구에서 처분하는 운송업자들로 대표적인 상인이 바로 경강상인입니다. 객주, 여각은 포구에서 상품의 매매를 중개하여 중개료를 챙기거나, 상품을 운송해주고 보관하며 운송비, 보관비를 벌었습니다. 또 상인들에게 먹을 곳과 잠잘 곳을 제공하거나 돈이 필요한 상인들에게 돈을 빌려주기도 하는 등 상인들의 활동을 뒷받침하며 숙박비, 대출 이자를 벌기도 하였습니다. 이러한 객주, 여각은 포구뿐만 아니라 지방의 큰 장시에서도 활동을 하였습니다.

■ 무역의 발달과
　　화폐 유통

　　　　　　조선 후기에는 청과의 무역이 가장 활발하였
는데, 개시(중강 개시, 경원 개시, 회령 개시 등 국경 지역에서 공적으로 허용된 무역)와
후시(중강 후시, 책문 후시 등 국경 지역에서 열린 비공식적인 무역)가 있었습니다.
일본과도 왜관 개시를 통한 공적인 무역이 이루어졌으며, 왜관 후시라는
비공식적인 무역이 있었죠. 이러한 무역 활동에서 큰 활약을 했던 상인
들은 청과의 무역을 주도하면서 큰 재화를 축적한 의주의 만상, 일본과
의 무역을 주도하였던 동래의 내상, 그리고 양자를 중계하며 큰 이득을
얻었던 개성의 송상 등이 있었습니다.

　　조선 후기에 상공업이 발달하면서 화폐의 필요성이 커졌고, 상평통보
가 널리 유통되어 18세기 후반부터는 국가에 내는 세금과 지주에게 내
는 소작료도 동전으로 낼 정도가 되었습니다. 상평통보는 교환 수단으로
쌀, 무명보다 가볍고, 보관하기도 편했죠. 게다가 쌀, 무명은 썩거나 쥐가
파먹거나 불에 탈 수도 있었지만 동전은 썩지도 않고 쥐가 먹을 수도 없
고 불에 쉽게 녹아버리지도 않았기 때문에 오랫동안 저장해도 괜찮았습
니다. 이렇게 사람들은 상평통보가 재산 축적 수단으로 더 좋다는 것을
알게 되었고, 지주나 대상인들은 돈을 벌면 상평통보를 땅속 깊이 묻어
버렸습니다. 땅속 깊이 묻어두면 도둑이 훔쳐갈 수도 없었죠. 그런데 동
전이 유통되지 않자 시중에 동전이 부족한 전황 현상이 나타났습니다.
화폐가 부족하니까 화폐가치가 올라가고, 고리대를 빌린 백성들은 빚을
갚기 위한 화폐를 구하기가 더욱 어려워진 것입니다. 즉 돈이 없는 백성
들은 더욱 고통을 받았습니다.

　상품화폐 경제가 더욱 발달하면서 환, 어음 등의 신용화폐가 쓰였습니다. 환, 어음은 대상인 등이 발행한 것으로 작은 종이로 된 고액 신용화폐입니다. 대규모 상거래나 원거리 거래를 할 때 이용하였습니다. 많은 상평통보를 운반하기도 어렵고, 중간에 도둑을 만날 수도 있으니까 가벼운 종이로 만든 고액 신용화폐를 만들어서 쓴 것이죠. 현대의 사업가들이 어음을 사용하는 것도 이와 비슷합니다. 현대의 신용화폐인 신용카드도 마찬가지입니다. 우리가 마트에서 카드를 사용하여 물건을 사고 실제 통장에서 돈이 빠져나가는 것은 나중인 것과 같습니다. 특히 가격이 비싼 물건을 살 때나 멀리 여행갔을 때 신용카드가 필요한 이유와 환, 어음이 대규모 상거래나 원거리 거래를 할 때 필요한 이유가 같죠. 예전에는 신용카드가 잘 쓰이지 않았지만 지금은 거의 모든 사람들이 신용카드를 사용하여 거래를 하고 있죠. 신용카드 사용의 대중화는 그만큼 경제 구조가 발전했다는 것을 보여줍니다. 마찬가지로 환, 어음을 사용했다는 것은 대상인들의 자본 축적을 바탕으로 신용 거래가 이루어질 정도로 조선 후기에 상품화폐 경제가 성장하고 상업 자본이 성장하였음을 보여줍니다.

★ 영화와 드라마로 역사 읽기 – 드라마 「상도」

드라마 「상도」는 최인호의 동명소설을 각색한 드라마로 의주 만상을 이끌던 대상인 임상옥의 일생을 그린 작품입니다. 역관의 아들이었던 임상옥은 의주 만상에 들어가 대상인으로 성장합니다. 라이벌 상단으로 개성의 송상과 경쟁하는 모습과 평양의 유상, 동래의 내상, 한성의 경강상인 등 사상들의 활동도 묘사가 되었습니다.

특히 당시 청나라와 인삼 무역을 통해 큰 자본을 축적하는 모습, 개시에서 공식적인 무역을 하거나 후시에서 비공식적으로 몰래 무역을 하는 모습, 공인들이 관청에 필요한 물품을 사들이는 과정에서 큰 폭리를 취하는 모습, 보부상들이 조직 내의 위계질서를 위해 규칙을 어기는 보부상들을 때리는 모습, 송상이 전국 곳곳에 설치한 지점들인 송방을 연결하여 활동하는 모습, 경강상인의 배를 빌려 물건을 운반하여 포구에서 객주, 여각들과 장사하는 모습, 특정물품의 매점매석을 통해 큰돈을 버는 모습 등 당시의 상업활동을 재미있게 묘사하였습니다.

또한 부자들이 상평통보를 땅속에 묻어두어 시장에 돈이 부족하게 된 전황 현상을 묘사하기도 하였고, 당시 상인들이 환이나 어음 등 신용화폐를 사용하는 모습을 통해 조선 후기 상품화폐 경제가 높은 수준으로 발달하고 있었음을 보여주었습니다.

■ 양반 계층의 분화와 부농층의 신분 상승

조선 후기는 신분제가 동요하는 시기입니다. 한마디로 신분 이동이 활발하게 벌어진 시기이죠. 먼저 양반의 계층 분화를 살펴보면 벌열 양반(일당 전제화나 세도정치 등으로 권력을 잡은 일부 양반), 향반(정권에서 밀려나고 향촌사회에서나마 세력을 갖고 있는 양반), 잔반(토지를 잃고 몰락하여 소작농이 되거나 임노동자로 몰락하는 등 상민과 다를 게 없는 양반) 등으로 나뉘었습니다.

조선 후기에 일부 양반은 더욱 부를 축적하여 토지 매입을 확대하면서 천석꾼, 만석꾼이라고 불리는 대지주가 되기도 하였습니다. 농민들이 내야 할 세금이 많아지고, 고리채를 빌렸다가 높은 이자를 견디지 못하거나 관혼상제(관례, 혼례, 상례, 제례)를 치르면서 많은 돈이 필요할 때 자신의 토지를 헐값에 팔자 양반 관료, 토호, 상인 등은 적극적으로 토지를 사들여 대토지를 소유하게 되었습니다. 또 많은 부를 축적한 일부 양반들은 상인들에게 자금을 빌려주거나 고리대를 빌려주어 높은 이자 수입으로 더욱 큰 부를 축적하기도 하였죠. 그러나 이러한 경제 변화에 적응하지 못하고 몰락한 양반(잔반)들은 가난하게 되어 일반 농민들의 어려운 생활 형편과 다를 게 없을 정도였습니다.

조선 후기에 들어 양반의 수는 증가하고, 상민과 노비의 수는 감소하였습니다. 양반은 역을 면제받고 지배층의 수탈을 피할 수 있었기 때문에 부를 축적하기가 더욱 쉬웠습니다. 예전에 양반이 아닐 때는 "야, 군포 내!" 하면 "예." 하고 낼 수밖에 없었죠. 그런데 양반이 되면 "야, 군포 내!" 하면 "나 양반이야. 군포는 상놈들이나 내는 것이지. 이제는 군포 안 내도 된다.ㅋㅋ" 이렇게 역을 면제받고 수탈을 피하면서 돈을 더 많이 벌 수 있었습니다. 이러한 특권이 상민들의 신분 상승 욕구를 더욱 강하게 만들었던 것입니다. 또 노비가 도망을 가서 상민이 되는 경우가 많아지고, 상민이나 천민 중 일부는 부농이 되어 납속이나 공명첩 등으로 국가에 돈을 내고 신분 상승을 하고, 양반 족보를 매입하거나 위조하여 양반이 되는 경우도 많았습니다. 한마디로 돈만 있으면 양반이 될 수 있었죠. 이렇게 점차 양반은 증가하였고 상민, 노비는 감소하였습니다.

■ 중인층의 신분 상승 운동

앞에서 배웠다시피 서얼들은 중인 대우를 받았기 때문에 중서라고 한다고 했죠? 서얼들은 임진왜란으로 실시된 납속책과 공명첩을 이용하여 양반으로 신분을 상승시켜 관직에 진출하기 시작하였습니다. 특히 영조, 정조 때에는 서얼을 일부 등용하기 시작하였는데, 이를 기회로 삼아 서얼들은 집단적인 상소 운동을 벌여 서얼의 관직 진출을 막고 있는 제한을 아예 없애줄 것을 요구하였습니다. 이러한 신분 상승 운동의 결과 정조 때 유득공, 이덕무, 박제가 등 서얼 출신들이 정조의 정책을 뒷받침하는 규장각에 검서관으로 등용되는 등 서얼에 대한 차별이 완화되었습니다.

드라마 「이산」에서 규장각 검서관으로 정조를 돕는 사람들로 나왔던 유득공, 이덕무, 박제가 등이 바로 서얼들이죠. 정조가 이들을 등용하자 양반들이 반발하는 장면이 나온 적이 있는데, 이와 같은 배경에서 나온 장면입니다. 이러한 서얼의 신분 상승 운동은 중인들에게도 영향을 주어 집단적으로 소청 운동을 하는 등 신분 상승을 추구하였습니다. 그리고 역관들은 청에 파견된 사신들의 통역을 담당하면서 개인적으로는 무역을 하며 부를 축적하기도 하고, 서학(천주교) 등 외래 문화를 수용하는 데 앞장서기도 하였습니다.

■ 상민들의 신분 상승과 노비들의 도망

상민들 중 큰 부를 축적한 부농층은 경제력을 바탕으로 납속, 공명첩, 족보 매입, 족보 위조 등으로 양반이 되어 기존의 양반들에게 도전하게 되었습니다. 부농층은 경제력을 앞세워 수령(관권)과 결탁하여 향안(양반들이 향촌사회에서 세력을 강화하기 위해 만든 지방 양반들의 명단)에 자신들의 이름을 올리고, 향회(양반들의 결속을 강화하고 지방민을 통제할 목적으로 지방 양반들이 모두 모여 총회를 열었죠)를 장악하여 향촌사회에서 자신들의 영향력을 점차 강화해갔습니다. 일단 돈으로 양반 신분을 샀지만 향촌사회에서 양반으로 행세하기 위해서는 향안에 이름을 올려야 했습니다. 부농층이 가진 건 돈밖에 없잖아요? 역시 돈으로 관권과 결탁하여 향안에 이름을 올려 지방 양반의 지위를 얻고 향회에 적극적으로 참여하였던 것이죠.

조선 후기에 노비들도 신분 상승을 하는 경우가 많았습니다. 군공(전쟁 등에 나가 공을 세움)이나 납속(국가에 돈을 바치고 신분을 사는 것) 등을 통하여 신분 상승을 하기도 하였지만, 대개는 도망하여 노비 신분에서 벗어났습니다. 도망 노비들은 임노동자, 머슴, 행상, 화전민 등이 되어 떠돌아다니면서 생활을 유지했습니다.

이렇게 노비들의 도망이 늘어가자 영조는 아버지가 노비이고 어머니가 양민인 경우에 그 자식은 양민이 되도록 하는 노비종모법을 실시하면서 노비들의 신분 상승은 더욱 촉진되었습니다. 남자 노비들이 양민 여자와 결혼하면 자신의 자식들은 노비의 굴레에서 벗어날 수 있었던 것이죠. 이와 같은 분위기에서 노비들의 도망은 점점 늘어났습니다. 나라에서도 처음에는 도망 노비들을 잡으려고도 하였지만 점차 도망 노비들이 많아지고, 상민의 부족으로 국가 재정이 부족해지자 정조는 노비추쇄도감(도망 노비들을 추적하는 기관)을 폐지하여 도망 노비들을 잡지 않게 되었죠. 사실상 노비의 도망을 합법화한 것입니다.

국가에서는 상민 부족으로 국가 재정이 악화되자 일단 공노비 중 입역 노비(관청에서 급료를 받고 생활하는 노비)를 납공노비(관청에 몸값을 바치고 비교적 자유롭게 생활하는 노비)로 전환시켰습니다. 그리고 도망 노비 등 노비들의 신분 상승이 점차 증가하고 국가 재정이 더욱 악화되면서 순조 때인 1801년 공노비 6만 6,000여 명을 해방시켰습니다. 또 사노비는 갑오개혁(1894) 때 신분제가 폐지되면서 법적으로 사라졌습니다.

★ 영화와 드라마로 역사 읽기 - 드라마 「추노」

병자호란 이후 인조 시대를 배경으로 한 드라마가 바로 「추노」입니다. '추노'는 '노비를 추적하다'는 뜻입니다. 주인공인 추노꾼(직업적으로 노비를 추적하는 사람)이 노비들을 추적하면서 벌어지는 일들을 담고 있죠. 병자호란 당시를 회상하는 장면, 인조 때 소현세자의 의문의 죽음, 소현세자의 막내아들을 보호하려는 세력과 죽이려는 세력 사이에 벌어지는 이야기들이 잘 묘사된 재미있는 드라마입니다. 특히 당시 노비들의 비참한 생활을 보여줌으로써 왜 노비들이 자유를 찾아 도망치려고 했는지를 잘 보여주었습니다.

이 드라마에서는 노비들이 지배층에게 저항하기 위해 '살주계', 즉 '주인을 죽이는 모임'을 만들어 못된 양반들을 조총으로 저격하여 살해하는 내용들이 나오기도 하였습니다. 살주계는 당시 기록에 실재 존재했던 노비들의 조직으로 노비들의 신분제에 대한 저항의식을 잘 보여줍니다. 그리고 이러한 노비들의 저항운동과 노비들의 도망 등으로 노비제도를 더 이상 유지할 수 없었기 때문에 1801년 공노비 해방이 이루어진 것이죠.

■ 향촌사회의 갈등과 관권의 강화

조선 후기 신분제가 동요하면서 가장 큰 피해를 입은 것은 기득권을 갖고 있었던 양반들이었죠. 양반의 권위가 점차 약화되면서 군현 단위의 향약으로는 농민들을 통제하기가 어려워졌습니다. 그래서 촌락 단위로 농민들을 지배하는 동약을 실시하여 양반들의 위세를 유지하고자 하였습니다. 양반들의 목소리(권위)가 예전에는 군현 지역 곳곳에까지 들릴 만큼 컸는데, 양반들의 목소리가 작아지니까 군현 지역 곳곳에까지 들리지 않게 되어 촌락 단위로 지배 범위를 축소한 것이죠. 넓은 지역의 농민들을 지배하기 어려우니까 지역 단위를 좁혀서 농민들을 지배한 것입니다. 또 족적 결합(동족 마을의 형성이나 문중을 중심으로 세워진 서원, 사우를 말합니다. 동족 마을은 같은 성씨를 가진 문중끼리 모여 사는 마을이고, 문중 중심의 서원, 사우는 자신들 가문의 유명하고 훌륭한 선조들을 제사 지내는 것이죠)을 강화하여 양반들의 지위를 강화하기도 하였습니다. 양반들의 권위가 약화되니까 양반들도 집단으로 뭉쳐서 쪽수로 밀어붙였던 것입니다. 우리는 뼈대 있는 가문이니까 까불지 말라는 거죠.

이렇게 양반들의 권위가 약화되고 있는 반면에 부농층은 더욱 세력을 키워 정부의 부세(조세 수취) 제도 운영을 보좌하고, 향임직(향청의 실무를 맡은 사람 또는 직책)을 맡기도 하였고, 기존의 양반들과 타협하기도 하면서 점차 세력을 키워갔습니다. 이처럼 기존 양반들의 세력 약화와 새로운 부농층의 성장 배경에는 정부가 있었습니다. 정부는 부농층이 납속 등으로 양반이 될 수 있는 합법적인 길을 열어주었고, 향촌사회에서 부농층의 영향력을 강화할 수 있도록 향직을 팔기도 하였습니다. 기존 양반들은 점차 세력이 약화되었고, 새로운 부농층은 관권과 결탁하여 세력을 확대하고 있는 상황이었죠.

특히 향전이라 하여 기존의 양반들과 새로 양반이 된 부농들의 싸움이 벌어지면서 수령이 어부지리를 얻어 힘이 더욱 세지는 현상이 나타났습니다. 즉 원래부터 양반이었던 구향들은 "어디에서 굴러먹던 개뼈다귀들이 양반이라고 거들먹거려!" 하면서 자신들의 권위를 지키려고 하였고, 부농층으로 새로운 양반이 된 신향들은 "우리가 개뼈다귀면 니들은 소뼈다귀냐? 돈도 없는 주제에 어디서 거들먹거려!" 하면서 싸움이 벌어진 것이죠. 이러한 향전으로 향촌사회는 힘의 공백이 나타났고, 그 공백을 관권이 차지하였던 것입니다. 이렇게 수령을 중심으로 관권이 강화되었고, 향리들도 수령을 보좌하면서 힘을 키웠습니다.

결국 지방 양반들의 이익을 강화하기 위한 모임이었던 향회는 수령의 자문 기구가 되어 수령이 세금을 거두기 전에 양반들의 의견을 물어보는 형식적 모임이 되었습니다. 예전에는 지방 양반들이 향회를 통하여 의견을 제시하면 수령은 무시하기 어려웠습니다. 그러나 기존의 양반들은 약해지고 새로 양반이 된 부농들은 수령 덕분에 향회를 주도하고, 향임직을 차지하였기 때문에 수령 말을 잘 듣게 되었죠. 이제는 수령이 "올해 세금을 얼마씩 내면 좋겠냐?"라고 물어보면 "우리는 사또의 뜻을 따르겠습니다.”라고 말하며 수령의 명령을 지지해주는 모임으로 전락한 것이죠. 지방 양반들이 차지하고 있던 향촌사회의 권력을 수령 중심의 국가 권력이 장악하였던 것입니다. 이러한 관권의 강화는 세도정치 시기에 부작용을 일으켜 수령과 향리들이 농민 수탈을 마음대로 할 수 있는 배경이 되기도 하였습니다.

■ 조선 후기
여성 지위의 변화

　　　　　　　　　　　　조선 중기까지도 여성의 지위는 비교적 높은 편이었습니다. 처가살이하는 경우가 있었고(이이가 외가인 강릉의 오죽헌에서 태어나고 어린 시절을 보낸 것도 이러한 풍속 때문이었죠), 자녀 균분 상속이 일반적이었습니다. 다만 집안의 대를 잇는 자식에게 상속 재산 중 5분의 1을 더 주었습니다. 이외의 재산은 아들, 딸 모두에게 똑같이 나누어주었기 때문에 형제가 돌아가면서 제사를 지내거나 형제들이 제사 음식 등의 책임을 각각 나누어 준비하였습니다. 그러나 조선 후기에는 부계 중심 가족제도(가부장적 가족제도, 남녀 불평등 사회)가 더욱 강화되었습니다. 다음은 조선 후기 여성과의 가상 인터뷰를 통해 당시 여성들의 지위가 어느 정도였는지 살펴보겠습니다.

▷ 기자 : 부모의 유산은 어떻게 상속되었나요?
▶ 조선 후기 여성 : 형제들이 돌아가면서 지내던 제사를 큰아들이 지내게 되면서 재산도 큰아들에게 대부분 돌아가고, 다른 형제들은 일부의 재산만을 상속받게 되었습니다. 특히 딸들은 가장 먼저 재산 상속에

서 제외되었습니다. 아들 중심으로 제사와 재산 상속이 이루어지면서 반드시 아들을 낳고자 하는 남아 선호가 나타났고, 결국 아들을 낳지 못하면 양자를 들여서라도 대를 이었습니다.

▷ 기자 : 그렇다면 족보 편찬에도 변화가 나타났겠군요.

▶ 조선 후기 여성 : 그렇습니다. 이러한 변화는 족보에서도 나타나 조선 초기에는 아들, 딸 구별 없이 연령순으로 기재하던 것이 점차 부계 위주의 족보가 편찬되어 아들들을 연령순으로 먼저 기록하고 딸과 사위의 이름은 그다음으로 기록하였습니다.

▷ 기자 : 처가살이는 어떻게 되었나요?

▶ 조선 후기 여성 : 점차 처가살이가 사라지면서 같은 성씨의 사람끼리 거주하는 동성 마을이 많아지고, 개인은 개별적 존재가 아닌 종중(부계 위주 친족 집단)의 일부로서 존재할 뿐이었습니다.

▷ 기자 : 과부의 재가(재혼)는 어떻게 되었나요?

▶ 조선 후기 여성 : 엄격하게 금지되어 만약 재혼으로 태어난 자식인 경우에는 문과에 응시할 자격을 주지 않았습니다. 나라에서는 효자나 열녀를 표창하였는데, 젊은 과부가 남편을 따라 자살하여 열녀가 되는 분위기에서 많은 여성들이 희생되기도 하였습니다.

구분	고려	조선 전·중기	조선 후기
재산 상속	자녀 균분 상속	자녀 균분 상속 (집안의 대를 잇는 자식에게 상속 재산 중 5분의 1을 더 줌)	큰아들에게 대부분 상속
제사	자녀들이 돌아가면서 지내거나 책임 분담		큰아들이 지냄
호적(족보)	호적에 아들, 딸 구별 없이 연령순으로 기재	족보에 아들, 딸 구별 없이 연령순으로 기재	족보에 아들들을 연령 순으로 먼저 기록하고, 딸과 사위의 이름은 그다음으로 기록
처가살이	일반적		시집살이
과부 재가	일반적	일반적(국가에서는 금지)	엄격하게 금지

7.
응답하라
조선 후기의 실학과 서민 문화

■ 조선 후기의 유학과 교육

　　　　　　　　　　　　　　　　　17세기는 예학의 시대였습니다. 양란 이후 납속, 공명첩, 군공 등에 의해 신분제가 동요하는 등 유교적 질서가 흔들리자 더욱 예학이 중시되었습니다. 예학은 예절, 즉 위아래의 신분 질서를 강조하기 때문에 필요하였던 것입니다. 요즘에도 나이가 어리거나 경력이 적은 후배들이 예의가 없으면 "요즘 애들은 위아래가 없어. 예의도 모르고!"라면서 군기 잡는 것과 비슷하죠. 이렇게 예학이 중시되면서 각 학파 간 예학의 차이가 나타난 대표적 사건이 바로 예송 논쟁이었습니다. 예송 논쟁은 한마디로 말하면 상복을 입는 기간에 대한 논쟁이었어요. 다시 말해 예절을 어떻게 하는 것이 옳은가에 대한 논쟁으로 예학이 발달하면서 나타났던 대표적인 논쟁이었습니다.

　　이후 송시열을 중심으로 한 서인은 의리 명분론을 강화하며 주자 중심의 성리학을 절대화하였습니다. 주자의 본뜻에 충실함으로써 당시 조선사회의 모순을 해결할 수 있다고 생각한 것이죠. 반면 17세기 후반 윤휴와 박세당은 주자 중심 성리학에서 벗어나려고 했기 때문에 당시 권력을 장악하고 있던 서인(노론)들에게 사문난적(유교에서 교리를 어지럽히고 사상에 어긋나는 행동을 하는 사람. 한마디로 인간 말종이라는 욕이죠)으로 몰리는 등 공격을 당하였습니다. 한편 소론은 성혼의 사상(이황과 이이의 사상을 모두 비판적으로 흡수하여 절충한 사상)을 계승하고 성리학을 융통성 있게 이해하였습니다.

18세기에는 노론들(이이 학파 계승) 사이에서 인간과 사물의 본성 문제를 둘러싸고 호락 논쟁이 벌어졌습니다. 이는 호론(충청도 노론이 주장한 인물성이론, 즉 인간과 사물의 본성이 다르다는 주장)과 낙론(서울·경기 노론이 주장한 인물성동론, 즉 인간과 사물의 본성이 같다는 주장) 사이의 논쟁이었습니다.

명나라에서 나타난 양명학은 중종 때 조선에 전해진 새로운 유학으로 성리학에 대해 비판적이고 실천성을 중시하였습니다. 마음이 곧 이(理)라는 심즉리(心卽理)를 바탕으로 앎과 행함은 하나라는 지행합일설 등을 주장하였죠. 그러나 정통 주자학 사상의 대표자인 이황이 양명학을 비판하면서부터 이단으로 간주되기 시작하였습니다. 한번 낙인이 찍히자 양명학 연구는 거의 사라졌습니다. 일부 소론 학자들에 의하여 이어지던 양명학은 18세기 정제두가 학문적 체계를 갖추면서 학파로까지 발전하였습니다. 그는 통치의 대상이었던 일반민을 도덕 실천의 주체(양반과 일반민이 동등하다는 뜻)로 인정하였죠. 당연히 양반 신분제를 없애야 한다고 주장하였습니다. 정제두의 양명학을 계승한 제자들을 강화학파라고도 하는데, 정제두가 강화도로 옮겨 살면서 제자를 양성하였기 때문에 붙여진 이름이죠. 지금도 강화도에 가면 정제두 묘가 있습니다.

■ 실학이 나타나다

성리학은 조선 후기 경제, 사회적인 변화에 맞서 더욱 퇴보하는 등 변화에 대응하지 못하였습니다. 반면에 실학은 17, 18세기의 사회 경제적 변동에 따라 나타난 빈부 격차, 신분제 동요 등의 사회 모순을 해결하기 위한 대책으로 민생 안정, 부국강병을 제시한 사회 개혁론이었습니다. 이러한 흐름은 『지봉유설』이라는 백과사전을 저술한 이수광과 『동국지리지』라는 역사 지리서를 저술한 한백겸에서 시작되었습니다. 그 후 실학은 청에서 전해진 고증학과 서양 과학의 영향을 받으면서 더욱 발전하였습니다. 실학은 크게 농업 중심의 중농학파, 상공업 중심의 중상학파, 우리 민족의 역사, 지리, 국어를 연구하는 국학 등세 가지 방향으로 연구되었습니다. 이제 하나씩 살펴보도록 하겠습니다.

■ 중농학파의 실학 연구

18세기 전반 농업 중심 개혁론을 주장한 실학자(경세치용 학파. 실질적 이익을 줄 수 있는 학문을 연구해야 한다는 입장)들은 농촌사회의 모순을 해결하기 위하여 토지제도를 중심으로 각종 제도의 개혁을 주장하였습니다. 당시 농민들의 입장에서 가장 필요한 개혁은 토지개혁이었습니다. 농민들 중 일부는 부농이 되었지만 대부분의 농민들은 가난한 소작농이 되거나 토지를 잃고 임노동자가 되었습니다. 이러한 농민층의 분화는 빈부 격차의 심화로 발생한 것이었기 때문에 빈부 격차 완화를 위해서는 농민들에게 토지를 주어 자영농을 늘리는 것이 모든 개혁의 출발점이었던 것입니다. 다음은 농업 중심 개혁론을 주장한 유형원, 이익, 정약용의 가상 대화를 통해 그들의 주장에 대해 살펴보겠습니다.

● 유형원 : 저는 농업 중심 개혁론의 선구자라는 평가를 받고 있습니다. 17세기 후반에 활동하면서 『반계수록』을 저술하였습니다. 저의 토지 개혁론은 균전론입니다. 균전론이란 토지개혁을 할 때 관리, 선비, 농민 등 신분에 따라 차등을 두어 토지를 재분배하여 자영농을 육성하고 조세와 병역도 균등하게 조정하자는 주장입니다. 또 양반 문벌제도, 과거제도, 노비제도 등에 대해서도 문제점을 비판하였습니다.

● 이익 : 저는 농업 중심 개혁론을 더욱 발전시켰다고 자부합니다. 18세기 전반 유형원 선생님의 사상을 계승 발전시키고, 많은 제자들을 양성하여 제 호를 따서 성호학파를 형성하기도 하였습니다. 저는 한전론을 주장하였습니다. 한전론은 한 가정의 생계에 필요한 토지를 영업전으로 정하고, 법으로 영업전의 매매를 금지하여 영업전 이외의 토지만 매매를 허용하자는 주장이죠. 누구나 영업전은 반드시 소유하므로 모든 사람들이 자영농이 된다는 주장이 그 핵심입니다. 또한 나라를 갉아먹는 여섯 가지의 좀인 노비제도, 과거제도, 양반 문벌제도, 사치와 미신, 승려, 게으름을 비판하였습니다. 특히 노비제도를 없애기 위한 첫 단계로 노비 매매 금지를 주장하였습니다.

● 정약용 : 저는 농업 중심 개혁론을 중심으로 실학을 집대성하였습니다. 18세기 말 정조 임금의 개혁을 뒷받침하며 화성을 건설하는 데 공을 세우는 등 활약하였으나 정조 임금께서 돌아가시자 전라도 강진에 유배되었죠. 저는 이익 선생님의 사상을 계승하여 『목민심서』에서 지방행정 개혁론을 주장하였고, 『경세유표』에서 중앙행정 개혁론을 주장하는 등 500여 권의 저술인 『여유당전서』를 통하여 실학을 집대성하였습니다.

저는 토지제도 개혁론으로 처음에는 여전론을 주장하였습니다. 여전론은 1여의 인민이 공동으로 경작하고, 여장이 개개인의 노동량을 장부에 기록하고 노동 일수에 따라 여민에게 분배하자는 일종의 공동농장 제도입니다. 그러나 여전론은 현실성이 떨어졌기 때문에 나중에는 현실에 맞게 다시 정전제를 주장하였습니다. 정전제는 토지를 국유화하고 정전을 편성하여 9분의 1을 공전으로 만들어 조세를 걷고, 나머지 9분의 8은 농민들에게 분배하자는 개혁론입니다. 또한 통치자는 백성을 위하여 존재한다고 생각하였습니다. 그래서 백성의 의사가 반영될 수 있도록 정치 제도를 개선해야 한다고 주장하였고, 과학 기술, 상공업 등 다양한 분야에도 관심을 가졌습니다.

■ 중상학파의 실학 연구

18세기 후반에는 상공업 중심 개혁론을 주장하는 실학자들(이용후생 학파, 북학파)이 나타났습니다. 이들은 청나라를 배우자고 하였으므로 북학파라고 부르거나 부국강병과 이용후생(경제적 발전)을 주장하였으므로 이용후생학파라고도 합니다. 다음은 상공업 중심 개혁론을 주장한 유수원, 홍대용, 박지원, 박제가의 가상 대화를 통해 그들의 주장에 대해 살펴보겠습니다.

● 유수원 : 저는 상공업 중심 개혁론을 처음 주장하였습니다. 18세기 전반 『우서』를 저술하여 상공업 발달과 기술 혁신의 필요성을 주장하였습니다. 또한 사·농·공·상의 직업적 차별을 없애고 각각의 직업에 전문화가 이루어져야 한다고 주장하였습니다.

● 홍대용 : 저는 청에 다녀온 경험을 바탕으로 『임하경륜』, 『의산문답』 등을 저술하여 기술 혁신의 필요성을 강조하고, 문벌제도의 비합리성을 주장하고, 중국 중심 세계관을 비판하였습니다.

● 박지원 : 저 역시 청에 다녀온 경험을 바탕으로 『열하일기』를 저술하여 상공업을 발전시키기 위한 방법으로 수레와 선박을 이용할 것과 화폐 유통의 필요성 등을 제시하였습니다. 또한 『양반전』, 『호질』 등의 한문 소설을 통해 양반 문벌제도의 비생산성과 비합리성을 비판하였고, 농업 생산력을 높일 수 있는 농업 기술 발전 등에도 관심을 가졌습니다.

● 박제가 : 저는 박지원 선생님의 제자입니다. 저 역시 청에 다녀온 경험을 바탕으로 『북학의』를 저술하여 청과의 통상 강화, 수레와 선박의 이용을 통해 상공업을 발전시키자고 주장하였죠. 특히 청나라에 무역선을 보내 청나라에서 이루어지고 있는 세계 무역에도 참여해야 한다고 주장하였죠. 또한 우물물을 사용하지 않으면 우물이 말라버리고 우물물을 많이 사용하면 물이 계속 솟아나는 것처럼, 물건을 많이 소비하면 생산자들이 돈을 많이 벌어 결국엔 상공업이 발전하고 나라가 부강해진다는 우물론으로 소비를 장려하고, 생산을 자극할 것을 주장하였습니다.

■ 실학자들의 국학 연구

조선 후기에 국학이 발달하면서 이익은 실학자답게 성리학적 명분론에 입각한 중국 중심의 역사관에서 탈피할 것을 주장하였습니다. 안정복은 이익의 역사의식을 계승하여 『동사강목』을 저술하였는데, 역사 사실들을 치밀하게 고증하여 고증사학의 토대를 닦기도 하였습니다. 고증사학이란 역사 기록을 그대로 받아들이지 않고 고증을 통하여 진짜와 가짜를 규명하는 것을 말합니다. 이어서 이긍익의 『연려실기술』은 객관적이면서 실증적으로 조선의 정치, 문화를 정리하였고, 한치윤의 『해동역사』는 고조선부터 고려까지의 역사를 실증적으로 정리하였습니다. 또한 이종휘의 『동사』는 고구려 역사를 정리하였고, 유득공의 『발해고』는 발해 역사를 정리하였습니다. 이 외에도 김정희의 『금석과안록』 등이 편찬되었습니다.

조선 후기 국학이 발달함에 따라 국토에 대한 연구가 활발해져서 우수한 지리서가 편찬되고 정밀한 지도가 제작되었습니다. 역사지리서로는 한백겸의 『동국지리지』와 정약용의 『아방강역고』 등이, 인문지리서로는 이중환의 『택리지』(각 지방의 자연환경, 풍속, 인물 등을 기록한 인문지리서)가 편찬되었습니다. 지도로는 정상기가 최초로 100리척(100리, 약 40킬로미터를 1척, 약 30센티미터로 축소하여 지도를 그리는 방법)을 사용하여 정확하고 과학적인 「동국지도」를 제작하였고, 김정호가 만든 「대동여지도」는 산맥·하천·포구·도로 등을 정밀하게 표시하고, 10리마다 눈금을 표시하여 거리를 알수 있습니다. 특히 지도를 목판에 새겨 대량 인쇄를 가능하게 하였죠.

우리의 한글을 연구한 신경준의 『훈민정음운해』와 유희의 『언문지』 등이 나왔고, 우리의 지방 사투리와 다른 나라들의 언어를 정리한 이의봉의 『고금석림』도 편찬되었습니다. 또 백과사전류의 저서가 많이 편찬되었는데, 최초의 백과사전은 17세기에 쓰인 이수광의 『지봉유설』이며, 18~19세기에는 이익의 『성호사설』, 이덕무의 『청장관전서』, 서유구의 『임원경제지』, 이규경의 『오주연문장전산고』 등이 편찬되었습니다. 영·정조 때는 『동국문헌비고』(한국학 백과사전)가 편찬되기도 하였습니다.

■ 조선 후기의
과학 기술 연구

조선 후기에 김육 등은 시헌력을 도입하였습니다. 시헌력은 청나라에서 선교 활동을 하던 아담 샬이 주도하여 만든 더욱 정확한 역법으로 당시 청나라에서 사용되었죠. 이를 우리나라에 도입하여 사용하였던 것입니다. 또한 서양 선교사인 마테오 리치가 제작한 「곤여만국전도」와 같은 세계지도가 중국을 통해 도입되어 조선 사람들의 세계관이 확대되었습니다. 중국이 가장 크고 중심에 있는 나라라고 생각했는데, 세계지도에는 중국보다 훨씬 큰 세계가 그려져 있었기 때문에 조선 사람들은 큰 충격을 받았던 것이죠.

실학자였던 이익이 청을 통해 들어온 서양 천문학을 연구하였으며, 김석문은 우리나라에서 처음으로 지전설을 주장하여 우주관을 크게 바꾸었습니다. 지전설은 지구가 자전을 하고 태양 주위를 공전하고 있다는 주장이죠. 지금은 우리 모두가 알고 있는 사실이지만 당시에는 세계관을 바꿀 만한 충격적인 사실이었습니다. 성리학적 세계관에서는 중국이 세계의 중심에 있는 나라입니다. 하지만 지구는 둥근 공이 자전하는 것과 같기 때문에 중심이 되는 나라가 있을 수가 없죠. 중국이 세계의 중심이라고 생각하는 성리학적 세계관이 잘못되었다는 비판의 근거로서 지전설이 이용된 것입니다. 북학파 실학자였던 홍대용 역시 지전설과 무한 우주론을 주장하였습니다. 우주는 무한하기 때문에 우주의 중심이 없고, 따라서 지구는 우주의 중심이 아니라는 주장이었죠.

17세기 초 허준이 저술한 『동의보감』은 중국과 일본에서도 간행될 정도로 뛰어났습니다. 이는 우리나라에서 쉽게 구할 수 있는 약재, 가난한 백성들을 위해 한 가지 약으로 치료할 수 있는 단방 처방 등 우리 민족의 한의학을 정리한 의서입니다. 허임은 침과 뜸을 이용하여 치료하는 침구술의 대가였는데, 침구술을 집대성한 『침구경험방』을 저술하였습니다. 18세기 말 실학자였던 정약용은 홍역을 연구한 결과를 『마과회통』으로 남기고, 박제가와 함께 종두법을 실험하였습니다. 19세기에 활동한 이제마는 『동의수세보원』을 저술하여 사상의학을 확립하였습니다. 사상의학은 사람의 체질을 태양인, 태음인, 소양인, 소음인의 4종류로 구분하여 환자의 체질에 맞게 약을 쓰고, 침을 놓는 등 치료 방법을 다르게 해야 한다는 체질의학 이론으로 현재 한의학계에서도 받아들여지고 있습니다.

17세기경 인조 때 정두원은 화포, 천리경, 자명종 등 서양 문물을 들여왔습니다. 또 우리나라 근처 바다에서 표류하여 조선에 살게 된 네덜란드 출신의 벨테브레이는 훈련도감에 배치되어 서양식 대포를 만들고 사용하는 법을 가르쳐주었습니다. 역시 네덜란드 출신인 하멜 일행은 조선에 억류되어 있다가 탈출하여 네덜란드로 돌아가 『하멜 표류기』를 써서 조선을 서양에 알렸습니다.

정조 때 건설된 수원 화성은 방어를 하면서도 공격이 가능하도록 만든 성곽입니다. 종합적인 도시계획에 따라 건설된 계획도시답게 잘 정비되어 있었습니다. 특히 정약용은 수원 화성을 축조할 때 거중기를 만들어 공사 기간을 단축하고 공사비를 줄이는 데 크게 공헌하였습니다. 거중기는 서양 선교사가 중국에서 펴낸 『기기도설』을 참고하여 제작하였는데, 매우 과학적인 기구입니다. 또한 정약용은 정조가 수원에 행차할 때 한강에 배다리를 놓아 쉽게 수원으로 이동할 수 있도록 하였습니다.

정약용 동상(왼쪽)과 거중기 복원 모형(오른쪽)

■ 실학의 의의

　　　　　　　　이와 같이 실학은 중국을 중심으로 한 성리학적 세계관이 잘못되었음을 실증적으로 입증하였고, 국학 운동을 통해 우리 민족의 주체성을 강조하였습니다. 또한 '실사구시(實事求是)'라는 과학적, 실증적 연구를 통해 학문의 수준을 높였습니다. 특히 중상학파의 사상은 19세기 후반 개화사상으로 이어져 우리나라 근대화에 큰 영향을 주기도 하였습니다.

■ 예언 사상의 유행

　　　　　　　　이러한 상황 속에 백성들 사이에는 비기(비밀 기록, 즉 미래에 대한 비밀을 기록한 책이죠.『정감록』등의 예언서를 말합니다.『정감록』에서는 이씨 왕조가 멸망하고 새로운 세상을 열 '진인[眞人]'인 '정도령'이 나타나 새로운 왕조를 세울 것이라고 예언하였습니다), 도참설(도참은 예언한다는 뜻이죠) 등 예언사상이 유행하였습니다. 말세의 도래(세상이 망할 것이다!), 왕조의 교체(이씨가 망하고 정씨가 왕이 될 것이다!), **변란의 예고**(반란이 일어나고 전쟁이 일어날 것이다!), **후천개벽**(이 세상이 완전히 뒤바뀌어 새로운 세상이 올 것이다!) 등 **낭설**(헛소문)이 돌아 민심을 혼란시켰습니다. 또 **무격신앙**(요즘에도 무당에게 점 보러 가는 사람들이 있죠. 대개 하는 일이 잘 안 되거나 불행한 일이 있을 때 무당에게 찾아가죠. 세도정치 시기에 사회가 불안해지니까 무당들에게 도움을 구했던 것입니다)과 함께 미륵신앙(미래에 미륵불이 나타나 중생을 구제한다는 신앙)이 널리 퍼져 자신이 미륵불이라고 하면서 백성들을 속이며 세력을 키우는 무리들도 나타났습니다. 신라 말기에 궁예가 "나는 미륵이니라~"하면서 미륵신앙을 이용하여 나라를 세우고 왕까지 되었던 것 기억하시죠? 한마디로 궁예 짝퉁들이 나타나 백성들을 속여 자신을 따르는 무리들을 만들었던 것이죠.

■ 천주교의 전파

천주교는 처음에 서학으로 우리나라에 소개되었습니다. 17세기 청의 베이징에 있던 천주당(현재의 성당과 같은 곳이죠)을 방문하여 천주교를 접한 우리나라 사신들이 천주교 서적을 갖고 돌아와 소개한 것이죠. 학문으로 연구되던 서학은 18세기 후반부터 남인 계열 실학자들 중 일부가 신앙으로서 믿기 시작하였습니다. 당시 남인들은 정치에서 소외되어 있었죠. 그런데 천주교의 평등사상을 공부하면서 종교적 매력을 느꼈습니다. 불평등 사회에서 소외된 사람들은 평등 사회가 되면 이익을 보게 되니까 평등사상을 좋아하는 것은 당연했죠. 그래서 남인들이 천주교에 많은 매력을 느꼈던 것입니다. 종교 활동을 하다 보니까 천주교 신도가 되기 위해서는 세례가 필요하다는 것을 알게 되고, 드디어 이승훈이 베이징에 가서 서양인 신부에게서 영세를 받고 돌아왔습니다. 이제 제대로 된 종교 활동이 가능해진 것이죠.

정조 때에는 천주교에 대하여 비교적 관대하였습니다(정조는 개혁적 군주였기 때문에 서양의 문물인 천주교에 대하여 억압을 가하지 않았죠. 또 정조를 지지해 준 세력들은 남인, 소론 등이었는데, 남인들이 천주교에 관련되어 있었기 때문이기도 합니다). 그러나 순조가 즉위한 직후 수렴청정을 한 정순왕후에 의해 천주교에 대한 대탄압이 가해졌는데 이를 신유박해(1801)라고 합니다(드라마 「이산」에서 정조를 죽이려고 온갖 음모를 꾸미는 노론 세력들의 우두머리로 나오는 중전, 영조의 부인이 바로 정순왕후입니다. 정조가 죽자마자 왜 신유박해를 일으켰을까요? 바로 정조를 지지하는 세력들이 천주교와 관련된 경우가 많았기 때문이죠. 천주교 박해를 이용하여 정조의 세력을 모두 제거하고, 정조가 이룩한 개혁을 모두 되돌리기 시작한 것이죠).

신유박해로 천주교 신자들이 죽어가자 천주교 신자였던 황사영은 이러한 사실을 베이징 주교에게 알리고, 서양의 군대 파병을 요청하는 백서(청원서)를 보내려고 하였습니다. 그러나 황사영의 시도는 곧 발각되어 실패로 돌아갔고, 오히려 천주교가 서양의 침략을 불러올 수 있는 위험한 종교라는 인식만 강하게 만들었죠. 그러나 이렇게 대탄압이 이루어졌지만 세도정치 시기에 탄압이 주춤하자 다시 교세가 확대되고 교황청에서는 조선 교구를 설정하고 선교사를 파견하였습니다. 서양인 신부들은 비밀리에 우리나라에 숨어들어와 선교 활동을 해나갔고, 교세는 더욱 확장되었습니다.

■ 동학의 발생

경주 출신의 최제우는 1860년에 동학을 창도하였습니다. 유(교), 불(교), 선(도교)의 내용을 섞고, 민간신앙의 요소

들(주문-무당이 방울 흔들며 주문을 외우는 것 알죠?, 부적-무당이 나쁜 일을 막거나 좋은 일이 생기도록 부적 써서 파는 것 알죠?)이 합쳐져서 만들어진 종교입니다. 인내천(人乃天. 사람은 곧 하늘)과 시천주(侍天主. 하늘을 섬기듯이 사람을 섬겨야 함)를 내세워 모든 사람이 평등하다고 주장하며 반상 차별 철폐, 노비제도 철폐, 남녀평등, 어린이 존중 등을 내세웠습니다. 또한 보국안민(輔國安民. 나라를 돕고 백성을 편안하게 한다는 것으로 국가적 위기를 구하겠다는 뜻이죠. 반외세적 성격입니다)을 내세워 왜양(일본과 서양 열강들)의 침략에 맞서 싸울 것을 주장하였습니다. 그리고 후천개벽 사상(이 세상이 완전히 뒤바뀌어 새로운 세상이 올 것이라고 주장)으로 봉건적인 왕조 체제를 평등한 사회로 바꿔나갈 것을 주장하였습니다. 즉 반봉건, 반외세입니다.

　신분제 사회에서 평등을 주장하는 것은 반체제입니다. 현재 평등 사회에서 신분제 사회를 만들자고 주장하는 종교가 있다면 반체제 종교로 처벌받게 됩니다. 마찬가지로 당시 조선 정부에서는 신분제를 부정하는 동학을 사교로 규정하고 최제우를 처형하였습니다. 그 뒤를 이은 최시형은 『동경대전』, 『용담유사』로 교리를 정리하였고, 경상도·전라도·충청도를 중심으로 강원도·경기도 일대까지 교세를 확대해나갔습니다.

■ 농민봉기의 발생

　　　　　　　　　19세기 세도정치 시기에 매관매직으로 탐관오리들이 증가하였고, 이들의 탐학과 횡포로 삼정의 문란(가혹한 조세 수취)이 갈수록 심해졌습니다. 이렇게 나라가 난장판이 되니까 하늘도 도와주지 않았습니다. 가뭄, 홍수 등 자연재해가 계속 발생하면서 식량이 부족하여 백성들이 굶어 죽는 일이 생기고, 콜레라 같은 전염병이 돌면서 인구가 급속하게 감소하였습니다. 특히 1820년에 발생한 전국적인 수해와 1821년에 발생한 콜레라로 많은 백성들이 목숨을 잃었습니다. 이렇게 비참한 사태는 수년 동안 계속되어 백성들은 굶주리며 떠돌아다녔죠.

　이러한 사회 불안 속에 농민들은 점차 적극적으로 저항하였습니다. 처음에는 항조, 거세, 벽서(괘서), 소청 등으로 불만을 제기하는 소극적 형태로 저항했습니다. 항조는 지주에게 소작료를 깎아달라고 소작인들이 집단적으로 소작료를 내지 않으면서 투쟁하는 일종의 파업입니다. 거세는 국가에 낼 세금이 너무 비싸다고 항의하며 납세를 거부하는 투쟁을 말합니다. 벽서(괘서)는 민중들의 불만을 글로 적어 벽에 붙여 저항하였습니다(요즘에는 인터넷에 정부, 사회에 대한 불만을 마구 쓸 수 있지만 옛날에는 함부로 불만을 말했다가는 처벌을 받았죠. 그래서 군사정권 시기에 대학생들이 '대자보'라고 해서 전지에 정부, 사회에 대한 의견과 비판 등을 써서 몰래 학교 건물 벽에 붙이는 경우가 있었습니다. 현대판 '벽서'였던 것이죠). 소청은 관청에 가서 자신들의 불만을 호소하는 것을 말하죠.

　이러한 저항에도 나아지는 것이 없자 농민들은 봉기를 일으키기 시작하였습니다. 그 출발점이 바로 1811년에 발생한 홍경래의 난입니다. 몰락 양반인 홍경래가 평안도에서 가난한 농민, 중소 상인, 광산 노동자들을 끌어 모아 일으킨 봉기였습니다. 이후 5개월 동안 관군에 맞서 싸우다가 진압되었습니다. 그러나 세도정권의 부정부패는 계속되었고, 이에 불만을 품은 농민봉기도 전국 곳곳에서 계속 일어났습니다.

　그러던 1862년 단성 농민봉기, 진주 농민봉기를 시작으로 전국 곳곳에서 연이어 발생하였는데, 이를 임술년(1862)에 발생하였다고 해서 임술 농민봉기라고 합니다. 전국적인 농민봉기가 일어나자 세도정권 역시 이를 해결하기 위한 대책을 마련하였습니다. 농민봉기의 공통적인 원인이었던 삼정의 문란을 해결하기 위해 삼정이정청을 설치하였고, 암행어사를 파견하거나 안핵사(민란을 처리하기 위해 민란 발생 지역에 보낸 관리)를 파견하기도 하였습니다. 그러나 이러한 대책들은 미봉책에 불과했기 때문에 문제가 해결되지 못하였습니다. 결국 1863년 고종 즉위 후 정권을 잡은 흥선대원군이 삼정의 문란을 해결하기 위한 개혁을 시작하게 된 이유가 여기에 있습니다.

★ 영화와 드라마로 역사 읽기 – 드라마 「짝패」

짝패는 친구라는 뜻의 옛말이라고 볼 수 있습니다. 이 드라마의 주인공은 짝패인 두 친구입니다. 그런데 두 친구는 한 날 한 시에 태어났죠. 그리고 아기를 바꿔치기하면서 두 친구의 운명이 바뀌죠. 양반집 아들은 거지로 자라고, 거지로 태어난 아이는 양반집 도령으로 자랍니다. 그리고 두 사람은 청소년기에 다시 만나 친하게 되어 짝패가 됩니다.

드라마 「짝패」의 배경 시대는 세도정치 시기입니다. 매관매직을 일삼는 권력자들과 민중을 착취하는 탐관오리들의 부정부패가 계속됩니다. 삼정의 문란, 특히 이 드라마에서는 군정의 문란에 항거하여 민란이 일어나는 모습을 묘사합니다. 사발통문을 돌려 민란 참가자를 모으고, 탐관오리 사또가 있는 동헌으로 몰려가 곡식을 나눠 갖고, 백성들을 괴롭힌 아전들과 포졸들을 혼내줍니다. 당시 세도정치에 저항하여 일어난 민란들의 일반적인 모습들이죠.

짝패인 두 친구는 어른이 되어서도 우정을 나누지만 결국엔 포도청 관리와 '아래적'이라는 반정부세력의 두령으로 만나게 됩니다. 당시 세도정치에 대한 민중들의 저항에도 정신 못 차린 권력자들과 탐관오리들을 직접 처단하려는 '아래적'과 이를 지지하는 민중들의 활동이 박진감 있게 잘 묘사된 드라마였습니다.

■ 서민 문화의 발달

　　　　　조선 후기에는 상공업 발달과 농업 생산력의 증가로 서민의 경제적·신분적 지위가 상승하면서 서당 교육도 늘어나고 서민 문화도 발전하였습니다. 이러한 배경에서 발전한 서민 문화는 적나라한 표현을 사용하고, 양반들에 대한 야유를 통해 신분제 등 사회 모순에 비판적인 특징을 보여주었습니다. 서민 문화의 발달과 함께 민중의 의식이 높아지면서 양반 중심의 신분질서를 비판하거나 민중 스스로 사회 변혁을 꿈꾸는 문화 활동이 더욱 확산되어갔습니다. 특히 전국 곳곳에서 열린 장시는 서민 문화가 공유되고, 사회와 국가에 대한 불만을 공유하거나 민란을 계획하는 장소로 이용되기도 하였습니다.

■ 한글 소설과
　　사설시조의 유행

　　　　　허균의 『홍길동전』은 당시 서민들에게 널리 읽힌 최초의 한글 소설입니다. 주인공 홍길동은 서얼에 대한 차별에 저항하며 활빈당을 이끌고 백성들을 착취하는 탐관오리를 응징하였죠. 결국엔 홍길동이 율도국이란 먼 섬나라에 이상사회를 건설하면서 끝이 납니다. 또 한글 소설의 대표작인 『춘향전』은 기생의 딸인 춘향이 양반 이몽룡을 기다리며 정조를 지키고, 탐관오리 변학도에게 저항하는 모습을 묘사하면서 신분 차별의 폐단을 비판한 작품입니다. 『별주부전』은 자신의 병을 고치기 위하여 토끼의 간을 빼앗아 오라면서 자라를 육지로 보낸 용왕과 간을 꺼내놓고 왔다는 거짓말로 용왕을 속이고 살아남은 토끼의 이야기입니다. 『심청전』은 효녀 심청이 장님인 아버지의 눈을 뜨게 하기

『춘향전』의 배경 장소인 광한루 : 전남 남원 소재.

위하여 인당수에 빠졌지만 오히려 왕비가 되고 아버지는 눈을 뜨게 되었다는 이야기입니다. 『장화홍련』은 계모에게 살해당한 장화와 홍련 자매가 귀신이 되어 원한을 푸는 이야기입니다.

조선 후기에 유행한 사설시조에는 서민들의 감정이 솔직하게 드러나는 경향이 나타났습니다. 이전까지의 3·4·3·4, 3·4·3·4, 3·5·4·3 등의 격식에서 벗어나 마치 랩을 하듯 자유로운 형식으로 적나라하게 표현하고, 사랑하는 마음을 솔직하게 말하거나 사회 모순에 대한 비판을 거침없이 표현하였습니다. 양반들처럼 배운 사람들은 배운 그대로 격식에 매여 있었지만, 못 배운 서민들은 격식을 파괴하고 자신이 아는 상식으로 사회문제를 비판하며 자신의 느낌 그대로 표현하였던 것이죠. 요즘 유행하는 랩송의 가사를 보면 사랑을 직접적으로 표현하거나 사회·교육·정치 문제까지도 비판하고 심지어는 비속어나 욕을 섞어 쓰기도 합니다. 한마디로 사설시조는 조선 후기의 랩송이라고 생각하면 됩니다.

■ 판소리와 탈춤의 유행

　　　　　　　　　　　　　판소리는 광대가 노래에 해당하는 창과 이야기에 해당하는 아니리와 몸놀림인 발림으로 연출하는 일종의 모노드라마입니다. 판소리는 서민뿐만 아니라 양반 등 다양한 계층의 호응을 얻었습니다. 판소리 작품은 원래 열두 마당이 있었으나 지금까지 전해지는 것은 「춘향가」, 「심청가」, 「흥부가」, 「적벽가」, 「수궁가」 등 다섯 마당뿐입니다. 19세기 후반 신재효는 판소리 사설을 창작하고 정리하는 데 큰 공을 세웠습니다. 산대놀이는 가면극으로 하층 서민의 상징인 말뚝이와 취발이를 통해 양반과 승려들을 욕보이는 등 풍자로써 사회 모순을 비판하였습니다.

■ 조선 후기의 한문학과
　예술 문화

　　　　　　　　　　　　　조선 후기에는 양반들이 한자로 쓴 한문학에서도 사회 모순을 비판하였습니다. 중상학파 실학자였던 박지원은 『양반전』, 『허생전』, 『호질』, 『민옹전』 등의 한문 소설을 써서 양반 신분제를 비판하고, 실용과 문체 혁신 등을 주장하였습니다. 또한 중농학파 실학자인 정약용은 세도정치 시기 삼정의 문란으로 고통받는 백성들의 비참한 현실에 대한 한시를 썼습니다. 정조의 총애를 받던 정약용은 정조의 사망 이후 정계에서 쫓겨나 유배지에서 생활하면서 세도정치 시기에 탐관오리들이 백성들을 착취하는 상황을 직접 눈으로 보았습니다. 정계에서 쫓겨나 아무것도 할 수 없는 안타까운 마음에 현실을 비판하는 한시라도 지었던 것입니다. 중인층의 시 동호인들은 시사(시 동호회)를 조직하여 시를 짓고 모아서 시집을 간행하기도 하였습니다. 김삿갓, 정수동 등은 민중들 속에서 활동하며 풍자적인 시를 지어 사회를 비판하기도 하였습니다.

18세기 진경산수화는 정선이 개척한 것으로 우리의 자연을 직접 보고 사실적으로 그린 그림입니다. 정선은 경치가 좋기로 유명한 곳들을 직접 답사하면서 보이는 그대로 그렸습니다. 그가 그린 「인왕제색도」와 「금강전도」가 대표적인 진경산수화입니다. 풍속화는 당시 사람들의 일상적인 생활 모습을 생생하게 그린 그림입니다. 18세기 후반 김홍도와 신윤복이 대표적인 화가입니다. 드라마 「바람의 화원」에서도 나온 것처럼 두 화가는 도화서 화원으로도 유명하였죠. 김홍도는 산수화, 기록화, 신선도, 풍속화 등 다양한 그림을 많이 그렸습니다. 특히 풍속화로 밭갈이, 추수, 씨름, 서당 등을 묘사하면서 당시의 일상적인 생활 모습을 익살스럽게 표현하였습니다. 김홍도와 비교할 만한 또 한 명의 풍속화가인 신윤복은 주로 양반들과 부녀자들의 생활 모습과 유흥을 즐기는 모습, 남녀 간의 사랑 등을 묘사한 풍속화를 그렸습니다. 또한 강세황은 서양화 기법을 사용하였고, 19세기에는 장승업이 대표적인 화가로 유명하였습니다. 김정희 등의 문인화가 부활하기도 하였습니다. 조선 후기 또 하나의 중요한 그림으로 민중들이 그린 민화가 유행하였습니다. 해, 달, 나무, 꽃, 동물 등을 그려서 바라는 바를 기원하거나 생활공간을 장식하는 용도로 사용하였습니다.

17세기에는 김제 금산사 미륵전, 구례 화엄사 각황전, 보은 법주사 팔

상전 등이 대표적인 건물입니다. 18세기에는 논산 쌍계사, 부안 개암사, 안성 석남사 같은 사원이 대표적인 건물입니다. 19세기의 건축으로는 흥선대원군이 중건한 경복궁이 있는데, 현재 근정전과 경회루 등이 남아 있습니다.

서예에서는 이광사가 동국진체를 완성하였고, 김정희는 추사체를 창안하였습니다. 서민들은 민요를 즐겨 불렀고, 상업의 발전과 함께 광대나 기생들이 공연하는 판소리, 산조, 잡가 등이 더욱 인기를 끌었습니다. 조선 후기에는 청화백자(푸른 색 그림이 들어간 백자)가 유행하였습니다. 제기와 문방구 등 생활 용품과 서민들이 사용하는 옹기도 많이 제작되었습니다. 장롱·책상 등 목공예, 화각 공예도 더욱 발전하였습니다.

삶의 행복을 꿈꾸는 교육은
어디에서 오는가?

미래 100년을 향한 새로운 교육

혁신교육을
실천하는
교사들의 필독서

▶ 교육혁명을 앞당기는 배움책 이야기
혁신교육의 철학과 잉걸진 미래를 만나다!

핀란드 교육혁명
한국교육연구네트워크 총서 01 | 320쪽 | 값 15,000원

일제고사를 넘어서
한국교육연구네트워크 총서 02 | 284쪽 | 값 13,000원

새로운 사회를 여는 교육혁명
한국교육연구네트워크 총서 03 | 380쪽 | 값 17,000원

교장제도 혁명
한국교육연구네트워크 총서 04 | 268쪽 | 값 14,000원

새로운 사회를 여는 교육자치 혁명
한국교육연구네트워크 총서 05 | 312쪽 | 값 15,000원

혁신학교에 대한 교육학적 성찰
한국교육연구네트워크 총서 06 | 308쪽 | 값 15,000원

혁신학교
성열관·이순철 지음 | 224쪽 | 값 12,000원

행복한 혁신학교 만들기
초등교육과정연구모임 지음 | 264쪽 | 값 13,000원

서울형 혁신학교 이야기
이부영 지음 | 320쪽 | 값 15,000원

혁신교육, 철학을 만나다
브렌트 데이비스·데니스 수마라 지음
현인철·서용선 옮김 | 304쪽 | 값 15,000원

혁신교육 존 듀이에게 묻다
서용선 지음 | 292쪽 | 값 14,000원

다시 읽는 조선 교육사
이만규 지음 | 750쪽 | 값 33,000원

프레이리와 교육
한국교육연구네트워크 번역 총서 01
존 엘리아스 지음 | 한국교육연구네트워크 옮김
276쪽 | 값 14,000원

교육은 사회를 바꿀 수 있을까?
한국교육연구네트워크 번역 총서 02
마이클 애플 지음 | 강희룡·김선우·박원순·이형빈 옮김
352쪽 | 값 16,000원

**비판적 페다고지는
세상을 변화시킬 수 있는가?**
한국교육연구네트워크 번역 총서 03
Seewha Cho 지음 | 심성보·조시화 옮김 | 280쪽 | 값 14,000원

마이클 애플의 민주학교
한국교육연구네트워크 번역 총서 04
마이클 애플·제임스 빈 엮음 | 강희룡 옮김 | 276쪽 | 값 14,000원

미래교육의 열쇠, 창의적 문화교육
심광현·노명우·강정석 지음 | 368쪽 | 값 16,000원

대한민국 교사, 어떻게 가르칠 것인가?
윤성관 지음 | 320쪽 | 값 15,000원

아이들을 어떻게 가르칠 것인가
사토 마나부 지음 | 박찬영 옮김 | 232쪽 | 값 13,000원

아이들의 배움은 어떻게 깊어지는가
이시이 준지 지음 | 방지현·이창희 옮김 | 200쪽 | 값 11,000원

모두를 위한 국제이해교육
한국국제이해교육학회 지음 | 364쪽 | 값 16,000원
2015 세종도서 학술부문

경쟁을 넘어 발달 교육으로
현광일 지음 | 288쪽 | 값 14,000원

독일 교육, 왜 강한가?
박성희 지음 | 324쪽 | 값 15,000원

대한민국 교육혁명
교육혁명공동행동 연구위원회 지음 | 224쪽 | 값 12,000원

▶ 비고츠키 선집 시리즈
발달과 협력의 교육학 어떻게 읽을 것인가?

생각과 말
레프 세묘노비치 비고츠키 지음
배희철·김용호·D. 켈로그 옮김 | 690쪽 | 값 33,000원

성장과 분화
L.S. 비고츠키 지음 | 비고츠키 연구회 옮김
308쪽 | 값 15,000원

도구와 기호
비고츠키·루리야 지음 | 비고츠키 연구회 옮김
336쪽 | 값 16,000원

의식과 숙달
L.S 비고츠키 | 비고츠키 연구회 옮김
348쪽 | 값 17,000원

어린이 자기행동숙달의 역사와 발달 I
L.S. 비고츠키 지음 | 비고츠키 연구회 옮김
564쪽 | 값 28,000원

관계의 교육학, 비고츠키
진보교육연구소 비고츠키교육학실천연구모임 지음
300쪽 | 값 15,000원

어린이 자기행동숙달의 역사와 발달 II
L.S. 비고츠키 지음 | 비고츠키 연구회 옮김
552쪽 | 값 28,000원

비고츠키 생각과 말 쉽게 읽기
진보교육연구소 비고츠키교육학실천연구모임 지음
316쪽 | 값 15,000원

어린이의 상상과 창조
L.S. 비고츠키 지음 | 비고츠키 연구회 옮김
280쪽 | 값 15,000원

비고츠키와 인지 발달의 비밀
A.R. 루리야 지음 | 배희철 옮김 | 280쪽 | 값 15,000원

연령과 위기
L.S. 비고츠키 지음 | 비고츠키 연구회 옮김
336쪽 | 값 17,000원

수업과 수업 사이
비고츠키 연구회 지음 | 196쪽 | 값 12,000원

▶ 평화샘 프로젝트 매뉴얼 시리즈
학교 폭력에 대한 근본적인 예방과 대책을 찾는다

학교 폭력 어떻게 만들어지는가
문재현 외 지음 | 300쪽 | 값 14,000원

아이들을 살리는 동네
문재현·신동명·김수동 지음 | 204쪽 | 값 10,000원

학교 폭력, 멈춰!
문재현 외 지음 | 348쪽 | 값 15,000원

평화! 행복한 학교의 시작
문재현 외 지음 | 252쪽 | 값 12,000원

왕따, 이렇게 해결할 수 있다
문재현 외 지음 | 236쪽 | 값 12,000원

마을에 배움의 길이 있다
문재현 지음 | 208쪽 | 값 10,000원

젊은 부모를 위한 백만 년의 육아 슬기
문재현 지음 | 248쪽 | 값 13,000원

▶ 교과서 밖에서 만나는 역사 교실
상식이 통하는 살아 있는 역사를 만나다

전봉준과 동학농민혁명
조광환 지음 | 336쪽 | 값 15,000원

남도의 기억을 걷다
노성태 지음 | 344쪽 | 값 14,000원

응답하라 한국사 1·2
김은석 지음 | 356쪽·368쪽 | 각권 값 15,000원

즐거운 국사수업 32강
김남선 지음 | 280쪽 | 값 11,000원

즐거운 세계사 수업
김은석 지음 | 328쪽 | 값 13,000원

강화도의 기억을 걷다
최보길 지음 | 276쪽 | 값 14,000원

광주의 기억을 걷다
노성태 지음 | 348쪽 | 값 15,000원

선생님도 궁금해하는
한국사의 비밀 20가지
김은석 지음 | 312쪽 | 값 15,000원

걸림돌
키르스텐 세룹-빌펠트 지음 | 문봉애 옮김
248쪽 | 값 13,000원

역사 수업을 부탁해
열 사람의 한 걸음 지음 | 392쪽 | 값 17,000원

교과서 밖에서 배우는 역사 공부
정은교 지음 | 292쪽 | 값 14,000원

팔만대장경도 모르면 빨래판이다
전병철 지음 | 360쪽 | 값 16,000원

빨래판도 잘 보면 팔만대장경이다
전병철 지음 | 360쪽 | 값 16,000원

영화는 역사다
강성률 지음 | 288쪽 | 값 13,000원

친일 영화의 해부학
강성률 지음 | 264쪽 | 값 15,000원

한국 고대사의 비밀
김은석 지음 | 304쪽 | 값 13,000원

조선족 근현대 교육사
정미량 지음 | 320쪽 | 값 15,000원

다시 읽는 조선근대교육의 사상과 운동
윤건차 지음 | 이명실·심성보 옮김 | 516쪽 | 값 25,000원

음악과 함께 떠나는 세계의 혁명 이야기
조광환 지음 | 292쪽 | 값 15,000원

논쟁으로 보는 일본 근대교육의 역사
이명실 지음 | 324쪽 | 값 17,000원

▶ 창의적인 협력수업을 지향하는 삶이 있는 국어 교실
우리말 글을 배우며 세상을 배운다

중학교 국어 수업 어떻게 할 것인가?
김미경 지음 | 340쪽 | 값 15,000원

토론의 숲에서 나를 만나다
명혜정 엮음 | 312쪽 | 값 15,000원

토닥토닥 토론해요
명혜정·이명선·조선미 엮음 | 288쪽 | 값 15,000원

어린이와 시
오인태 지음 | 192쪽 | 값 12,000원

이야기 꽃 1
박용성 엮어 지음 | 276쪽 | 값 9,800원

이야기 꽃 2
박용성 엮어 지음 | 294쪽 | 값 13,000원

인문학의 숲을 거니는 토론 수업
순천국어교사모임 엮음 | 308쪽 | 값 15,000원

▶ 4·16, 질문이 있는 교실 마주이야기
통합수업으로 혁신교육과정을 재구성하다!

통하는 공부
김태호·김형우·이경석·심우근·허진만 지음
324쪽 | 값 15,000원

내일 수업 어떻게 하지?
아이함께 지음 | 300쪽 | 값 15,000원
2015 세종도서 교양부문

인간 회복의 교육
성래운 지음 | 260쪽 | 값 13,000원

교과서 너머 교육과정 마주하기
이윤미 외 지음 | 368쪽 | 값 17,000원

수업 고수들 수업·교육과정·평가를 말하다
박현숙 외 지음 | 368쪽 | 값 17,000원

도덕 수업, 책으로 묻고 윤리로 답하다
울산도덕교사모임 지음 | 320쪽 | 값 15,000원

체육 교사, 수업을 말하다
전용진 지음 | 304쪽 | 값 15,000원

교실을 위한 프레이리
아이러 쇼어 엮음 | 사람대사람 옮김 | 412쪽 | 값 18,000원

마을교육공동체란 무엇인가?
서용선 외 지음 | 360쪽 | 값 17,000원

21세기 교육과 민주주의
한국교육연구네트워크 번역 총서 05
넬 나딩스 지음 | 심성보 옮김 | 392쪽 | 값 18,000원
2016 세종도서 학술부문

교사, 학교를 바꾸다
정진화 지음 | 372쪽 | 값 17,000원

함께 배움
학생 주도 배움 중심 수업 이렇게 한다
니시카와 준 지음 | 백경석 옮김 | 280쪽 | 값 15,000원

공교육은 왜?
홍섭근 지음 | 352쪽 | 값 16,000원

자기혁신과 공동의 성장을 위한
교사들의 필리버스터
윤양수·원종희·장군·조경삼 지음 | 280쪽 | 값 14,000원

함께 배움 이렇게 시작한다
니시카와 준 지음 | 백경석 옮김 | 196쪽 | 값 12,000원

주제통합수업, 아이들을 수업의 주인공으로!
이윤미 외 지음 | 392쪽 | 값 17,000원

수업과 교육의 지평을 확장하는 수업 비평
윤양수 지음 | 316쪽 | 값 15,000원
2014 문화체육관광부 우수교양도서

교사, 선생이 되다
김태은 외 지음 | 260쪽 | 값 13,000원

교사의 전문성, 어떻게 만들어지나
국제교원노조연맹 보고서 | 김석규 옮김 392쪽 | 값 17,000원

수업의 정치
윤양수·원종희·장군 지음 | 280쪽 | 값 14,000원

학교협동조합,
현장체험학습과 마을교육공동체를 잇다
주수원 외 지음 | 296쪽 | 값 15,000원

거꾸로교실,
잠자는 아이들을 깨우는 수업의 비밀
이민경 지음 | 280쪽 | 값 14,000원

교사는 무엇으로 사는가
정은균 지음 | 292쪽 | 값 15,000원

마음의 힘을 기르는 감성수업
조선미 외 지음 | 300쪽 | 값 15,000원

작은 학교 아이들
지경준 엮음 | 376쪽 | 값 17,000원

감성 지휘자, 우리 선생님
박종국 지음 | 308쪽 | 값 15,000원

대한민국 입시혁명
참교육연구소 입시연구팀 지음 | 220쪽 | 값 12,000원

교사를 세우는 교육과정
박승열 지음 | 312쪽 | 값 15,000원

전국 17명 교육감들과 나눈
교육 대담
최창의 대담·기록 | 272쪽 | 값 15,000원

들뢰즈와 가타리를 통해
유아교육 읽기
리세롯 마리엣 올슨 지음 | 이연선 외 옮김 | 328쪽 | 값 17,000원

▶ 더불어 사는 정의로운 세상을 여는 인문사회과학
사람의 존엄과 평등의 가치를 배운다

밥상혁명
강양구·강이현 지음 | 298쪽 | 값 13,800원

좌우지간 인권이다
안경환 지음 | 288쪽 | 값 13,000원

도덕 교과서 무엇이 문제인가?
김대용 지음 | 272쪽 | 값 14,000원

민주 시민교육
심성보 지음 | 544쪽 | 값 25,000원

자율주의와 진보교육
조엘 스프링 지음 | 심성보 옮김 | 320쪽 | 값 15,000원

민주 시민을 위한 도덕교육
심성보 지음 | 500쪽 | 값 25,000원
2015 세종도서 학술부문

민주화 이후의 공동체 교육
심성보 지음 | 392쪽 | 값 15,000원
2009 문화체육관광부 우수학술도서

교과서 밖에서 배우는 인문학 공부
정은교 지음 | 280쪽 | 값 13,000원

갈등을 넘어 협력 사회로
이창언·오수길·유문종·신윤관 지음 | 280쪽 | 값 15,000원

오래된 미래교육
정재걸 지음 | 392쪽 | 값 18,000원

동양사상과 마음교육
정재걸 외 지음 | 356쪽 | 값 16,000원
2015 세종도서 학술부문

대한민국 의료혁명
전국보건의료산업노동조합 엮음 | 548쪽 | 값 25,000원

교과서 밖에서 배우는 철학 공부
정은교 지음 | 280쪽 | 값 14,000원

교과서 밖에서 배우는 고전 공부
정은교 지음 | 288쪽 | 값 14,000원

교과서 밖에서 배우는 사회 공부
정은교 지음 | 304쪽 | 값 15,000원

전체 안의 전체 사고 속의 사고
김우창의 인문학을 읽다
현광일 지음 | 320쪽 | 값 15,000원

교과서 밖에서 배우는 윤리 공부
정은교 지음 | 292쪽 | 값 15,000원

카스트로, 종교를 말하다
피델 카스트로·프레이 베토 대담 | 조세종 옮김
420쪽 | 값 21,000원

▶ 살림터 참교육 문예 시리즈
영혼이 있는 삶을 가르치는 온 선생님을 만나다!

꽃보다 귀한 우리 아이는
조재도 지음 | 244쪽 | 값 12,000원

선생님이 먼저 때렸는데요
강병철 지음 | 248쪽 | 값 12,000원

성깔 있는 나무들
최은숙 지음 | 244쪽 | 값 12,000원

서울 여자, 시골 선생님 되다
조경선 지음 | 252쪽 | 값 12,000원

아이들에게 세상을 배웠네
명혜정 지음 | 240쪽 | 값 12,000원

행복한 창의 교육
최창의 지음 | 328쪽 | 값 15,000원

밥상에서 세상으로
김흥숙 지음 | 280쪽 | 값 13,000원

북유럽 교육 기행
정애경 외 14인 지음 | 288쪽 | 값 14,000원

▶ 남북이 하나 되는 두물머리 평화교육
분단 극복을 위한 치열한 배움과 실천을 만나다

 10년 후 통일
정동영·지승호 지음 | 328쪽 | 값 15,000원

 선생님, 통일이 뭐예요?
정경호 지음 | 252쪽 | 값 13,000원

 분단시대의 통일교육
성래운 지음 | 428쪽 | 값 18,000원

 김창환 교수의 DMZ 지리 이야기
김창환 지음 | 264쪽 | 값 15,000원

▶ 출간 예정

근간 **공자던, 논어를 말하다**
유문상 지음

근간 **학교 민주주의의 불한당들**
정은균 지음

근간 **혁신학교의 모든 것**
송순재 외 지음

근간 **교장, 학교를 개혁할 수 있는가?**
마이클 풀란 지음 | 서동연·정효준 옮김

근간 **교육과정 통합, 어떻게 할 것인가?**
성열관 외 지음

근간 **학교생활기록부를 디자인하라**
박용성 지음

근간 민주시민교육을 위한
역사수업 어떻게 할 것인가?
황현정 지음

근간 **통합적 수업 일체화:**
성취기준에서 학생의 성공까지
리사 카터 지음 | 박승열 옮김

근간 **핀란드 교육의 기적은 어떻게 만들어지나**
Hannele Niemi 외 지음 | 장수명 외 옮김

근간 **초등학교 전 학년 슬로 리딩 수업 이야기**
박경숙 외 지음

근간 삶을 위한
국어교육과정 수업 어떻게 할 것인가?
명혜정 지음

근간 **함께 배움을 성공시키는 교사의 말하기**
니시카와 준 지음 | 백경석 옮김

근간 **세계 교육개혁의 빛과 그림자**
프랭크 애덤슨 외 지음 | 심성보 외 옮김

근간 민주시민을 위한
수업·교육과정·평가를 어떻게 할 것인가?
염경미 지음

근간 **한글혁명**
김슬옹 지음

참된 삶과 교육에 관한
생각 줍기